U0938537

明代中央決策系統的權力關係

方志遠 著

中華書局

內閣、內監與皇帝：明代中央決策系統的權力關係

方志遠　著

責任編輯　李夢珂
裝幀設計　鄭喆儀
排　　版　黎　浪
印　　務　劉漢舉
策　　劃　梁湘陰

出版　中華書局（香港）有限公司
香港北角英皇道 499 號北角工業大廈一樓 B
電話：（852）2137 2338　傳真：（852）2713 8202
電子郵件：info@chunghwabook.com.hk
網址：http://www.chunghwabook.com.hk

發行　香港聯合書刊物流有限公司
香港新界荃灣德士古道 220-248 號
荃灣工業中心 16 樓
電話：（852）2150 2100　傳真：（852）2407 3062
電子郵件：info@suplogistics.com.hk

印刷　美雅印刷製本有限公司
香港觀塘榮業街 6 號海濱工業大廈 4 樓 A 室

版次　2025 年 5 月初版

規格　16 開（240mm×170mm）

ISBN　978-988-8912-73-5

本書經由中國廣西師範大學出版社授權出版。

目　錄

導論

一、中國古代國家制度的基本特徵及形成道路

六、七世紀來到中國的日本、朝鮮留學生及外交使節，曾經為中國政府的強有力統治和中華民族的璀璨文化而驚歎；但同時期來到中國的波斯商人，窺測到中國皇帝的虛榮心和中國政府的自欺欺人。13 世紀來中國的意大利探險家馬可．波羅，曾經記載了中國的繁榮和強盛；但在十六世紀末、十七世紀初，馬可的同胞利瑪竇教士更多地看到這個天朝大國的愚昧和落後。法蘭西哲人伏爾泰 18 世紀還在大聲讚頌：當我們還漫遊在亞平寧原始森林之中的時候，中華帝國就已經治理得像一個家庭一般。但不到一個世紀，他的國人就夥同盎格魯．撒克遜人的後裔，曾一度佔領了這個有五千年文明史的偉大國家的都城北京。

其實，無論是日本、朝鮮留學生及馬可、伏爾泰看到的和聽說的中國，還是波斯商人、利瑪竇及英法聯軍與之打過交道的中國，它們並沒有什麼實質上的區別，都是在一個皇帝和一大羣官吏的統治之下，都是以天朝大國自居。如果沒有「野蠻」的「胡人」「洋人」的威脅，如果沒有「該死」的「流賊」「亂民」的鬧事，這個國家的君主永遠是「偉大的」，因為在他們的統治下，這塊東方大地曾經有過輝煌的時代和燦爛的文明。即使這樣，這個國家的人民也只是習慣於日復一日地日出而作、日落而息，他們關心的是居家過日子，因為當時的政府只讓他們無條件地承擔義務，但對國家事務，他們沒有任何話語權和參與權。

當西方還在神權統治下的黑暗時代，我們為有一個強有力的政府、一個高高在上的君主「普降甘露」而沾沾自喜；當西方擺脱混亂和愚昧，並建立起發達文明和民主政治之後，我們又不禁埋怨，為什麼中國舊有的政治體制和習慣勢力竟是如此頑固，使我們改革的步履如此艱難，乃至興一

利出百弊，新的問題、新的矛盾層出不窮。於是比較研究之風蔚然而起。經過一段時間的探討，有人豁然開朗：原來，西方之所以能夠建立近代政治制度和經濟秩序，很大程度是因為他們中世紀政治上的分裂割據、經濟上的莊園林立，還有教皇和無數教堂在參與政治鬥爭和經濟生活。於是有人進一步發現，原本作為古代中國繁榮昌盛三大基石的君主制、大一統、小農經濟，竟然是阻礙中國走出中世紀進入近代社會的三大障礙。那麼，中國是否應該退回去，退到那個曾經被詛咒過的西方中世紀，然後再由中世紀進入近代社會？

中世紀的西方人並不願意自己的國家破碎，正如當代中國人不可能接受頭上有一個至高無上、操持生殺大權的君主一樣。西方中世紀的黑暗（儘管黑暗中孕育着積極因素）和近代的進步，中國中世紀的繁榮（儘管繁榮下掩蓋着愚昧痼疾）和近代的落後，都不是有意識的選擇，而是各自歷史發展的結果。如果不將中國和西方進行橫向比較，如果東西方不發生接觸，只是孤立地從各自的發展軌跡來看，不僅僅西方在進步，中國同樣也在進步。誰能不顧歷史事實，認為明清時期的中國比漢唐或宋元時期的中國落後？但又有誰能夠斷定：如果沒有鴉片戰爭，如果沒有西方資本主義的猛烈撞擊，如果中國不被捲入世界經濟發展的潮流之中，清王朝也必然是中國的末代王朝，明清時期也肯定是中國「封建社會晚期」？

既然上帝把東方和西方安頓在同一個星球上，那就無法不讓它們相互影響。我們詛咒西方殖民主義者把東方變為他們的殖民地和半殖民地，給包括中國在內的各國人民造成了巨大的災難；西方也曾經詛咒，東方的「黃禍」，把一個好端端的羅馬帝國折騰得七零八落，從而導致了近十個世紀的黑暗時代。但是，從歷史的進程來看，如果沒有「黃禍」的西進浪潮，也許就沒有西方近代民主制度產生的土壤；如果沒有大航海時代的開啟和全球一體化，或許就沒有近五個世紀以來的現代化過程。

每個民族、每個國家，都有因為自然環境、人文環境和政治生態形成的生產方式和生活習慣、政治體制和權力結構，但是，這些生產方式和生活習慣、政治體制和權力結構，也並非一成不變，它們將隨着自然環境、人文環境和政治生態的變化而變化，隨着全球化時代的到來而日益趨同。

現有的文獻記載和考古發現表明，從我們的祖先由野蠻時代邁入文明時代的這一步起，就決定了此後幾千年的基本政治格局：家天下和君主制。中國幾千年的光榮與恥辱無不與此相關。但如何走到這一步，先賢們卻有不同的看法。

孟子在任何情況下都不忘記宣傳「性善」。他告訴人們，中國的家天下是溫文爾雅地形成的：當年大禹東巡，死於會稽（今浙江紹興），死前將天子之位授予自己的助手益。三年之後，益又主動將天子之位讓給了禹的兒子啟，自己則隱居於箕山之陽（箕山又名許由山，今河南省登封市南）。啟不但是禹的兒子，而且大賢大德，所以天下歸心。（《孟子．萬章篇上》）這是一個美好動聽、令人感動的故事。而且，箕山也是一個很有紀念意義的地方。據稱，當年堯要將天子之位讓給許由，許由為了躲避，就隱居在這潁水之陽的箕山。孟子將益也「安置」在箕山隱居，是有深意的。當然，孟子並非第一個性善論者。最早講述此類「禪讓」故事的是《墨子》：「古者堯舉舜於服澤之陽，授之政，天下平。禹舉益於陰方之中，授之政，九州成。湯舉伊尹於庖厨之中，授之政，其謀得。文王舉閎夭、泰顛於罝罔之中，授之政，西土服。」（《尚賢上》）

與《墨子》《孟子》的看法不同，《戰國策》的作者認為，啟的王位是從益手中奪來的：禹在位時，不斷委以兒子啟重任，臨死前卻又宣佈益為自己的接班人。益的威望不高，在禹身邊的時間也不長，大小酋長不買他的賬。在他們的支持下，啟在禹死後不久即攻殺益而取其位。（《燕策一》）司馬遷《史記》也持這一說法，並畫龍點睛地加了一筆：「天下謂禹名傳天下於益，已而實令啟自取之。」（《燕召公世家》）《荀子》更完全否定有「禪讓」之事：天子至高無上，沒有「與讓」的道理。（《正論篇》）《韓非子》更將舜、禹和湯、武並稱：舜逼堯、禹逼舜、湯放桀、武伐紂，「此四王者，人臣弒其君者也」。（《說疑篇》）

但是，《戰國策》《荀子》《韓非子》的說法不僅為後儒所忌，也不被當代歷史教科書所採用。人們寧願相信有堯、舜、禹溫文爾雅的「禪讓」，也不願看到比比皆是的暴力和陰謀。這樣既可以證明當時確實有「軍事民主制」的存在，也有望為後世留下一個是非標準。但即使是所謂「軍事民主制」，也是以軍事實力為前提的。舜通過輔佐堯而積勢，禹通過多年的治水，名望和實力大增。堯、舜年事已高，兒子無能，故舜、禹得以取而代之。在韓非子的眼裏，這都是篡奪。但從當時的情況來看，可以視之為軍事民主制的傳統戰勝了世襲制的萌芽。在對武力的迷信方面，禹更超過堯、舜。劉向《説苑》有一段很有意思的記載：「當舜之時，有苗氏不服…… 禹欲伐之，舜不許，曰：『教諭猶未竭也，究教諭焉。』而有苗氏請服。」（《君道》）就算劉向的這個説法比較接近事實，但如果沒有禹的用兵主張的威懾，光靠舜的「教諭」，不知有苗氏會請服否？又據《國語．魯語下》，禹繼位後，大會諸侯於會稽，防風氏後到，禹即殺之，可見其獨斷的威勢已有後世君主的風範。此後啟斷然攻殺益，實有其父之遺風。同時也説明，隨着社會財富的積累和私有意識的加強，世襲的觀念已經在武力的支持下戰勝了軍事民主傳統。

美國著名人類歷史學家摩爾根，在他的那部被馬克思和恩格斯高度評價的《古代社會》中指出，世襲制的最初出現，最可能是由於暴力建立起來的，而不大可能是由於人民的心甘情願。[1] 馬克思在摘錄這段話時，將其推向極致：「世襲繼承制在凡是最初出現的地方，都是暴力（篡奪）的結果，而不是人民的自由許可。」[2] 看來，《荀子》《韓非子》《戰國策》和《史記》的説法，比《墨子》《孟子》更符合馬克思主義的國家學説，也更符合「國家」形成的規律。

如果將視野延伸，還可以從傳説中進一步發現，華夏族的始祖軒轅氏黃帝也是以武力鏟除異己的。黃帝和炎帝本為同胞兄弟，但性格各異，炎帝盛氣淩人，黃帝將各方面關係處理得很好，並加緊訓練軍隊。兄弟反目後，在阪泉連戰三場。由於得到諸侯的幫助，黃帝大敗炎帝，奪了他的部

1　[美]摩爾根：《古代社會》，北京：商務印書館，1977年，第141頁。

2　[德]馬克思：《摩爾根〈古代社會〉一書摘要》，北京：人民出版社，1965年，第123頁。

落，佔了他的地盤。(《國語・晉語四》) 後來，黃帝又帶着中原各部落攻滅了三苗首領蚩尤，勢力幾乎擴大到整個黃河中下游地區。

不管經典文獻如何說黃帝及堯、舜、禹、啟的大仁大德，有一點卻是肯定的，他們的地位都是以實力為基礎，或者直接通過戰爭而取得的。後來的湯伐夏桀、武王伐商紂也一樣。如果沒有軍事力量，即使仁德如孔孟，也只能搖脣鼓舌敲邊鼓。可見，「鎗桿子裏面出政權」，乃千古至理。

既然是戰爭，就需要權威和專斷，而一旦國家的形成由軍事征服來實現，一旦部落聯盟或軍事集團轉化為國家政權，一旦部落首腦或軍事首腦轉變為國家首腦，君主專制的局面就形成了。從全球範圍看，早期城邦國家，可能有過國民自治的方式，但我們所看到的中國歷史上國家的雛形，大抵都是戰爭機器。在中國境內，有文獻記載的全國性大帝國的建立，乃至地方性小朝廷的組建，無不通過戰爭的途徑來實現，或者以軍事實力為後盾。因此，這些政權無一例外都實行君主專制的政治體制，其權力結構，也是為維護這一體制服務的。

例外當然也有。秦亡後，項羽搞了大民主，分封十八位諸侯王，並且希望通過和劉邦談判的方式結束戰爭、瓜分地盤，結果弄得身敗名裂。五代時期的南唐後主李煜也是主張中國境內大小政權相安無事、和平共處的，但宋太祖趙匡胤則認為，這塊大地上只能是一人高臥，其餘的只能匍匐在地：「臥榻之側，豈容他人鼾睡！」可見，「天無二日，民無二主」早已成為根深蒂固、深入人心的意識。天上只能有一個太陽，一旦出現十日，不是由其中一個召集會議，討論如何輪流出來，以免禍害人類，而是乾脆造出一位后羿，將多餘的九個一一射落。一個民族、一個國家的集權意識，在傳說和神話中也得到體現。

二、國家權力與明代國家權力結構的演進軌跡

從秦漢到明清的全部歷史表明，在以個體農業為基本生產方式的中國土地上，在無數自耕農像馬鈴薯般散落的中國土地上，建立全國性統一政權的唯一途徑就是戰爭。其間或許有無數次的使節往來和討價還價，但

最終還是要靠武力解決問題。[1] 因而，君主制也成為唯一能夠存在的政治體制。在這一點上，明代與秦漢、隋唐、宋元並無本質的區別。但是，隨着時代的推進、文明的發展、中外交流的頻繁，明代的經濟社會較之秦漢、隋唐、宋元確乎發生了重大的變化，國家權力的構成方式、國家權力與其他社會權力的相互關係，也發生了顯而易見的變化。本套書所討論的，正是在明代的經濟社會中產生並演進的國家權力結構及其運行方式。

國家權力是一種社會公共權力。從社會政治學的角度來說，社會權力包括國家權力、家庭或家族權力、宗教及其他各種社會權力（如社區、社會羣體、社會組織、商會、會館等）、個人權力（如商人、士紳、富民、遊棍、貧民等）等。由於國家權力是社會公共權力，是各種社會權力的集中體現，因而它在各類社會權力關係中起着主導作用，具有協調各類權力關係的功能和責任，但同時又受其他各類權力體系的制約和影響。正如法國學者魏丕信所說，國家行政組織以及與之共同形成一個權力結構的那些社會羣體是不可能截然分隔的，它們緊密地聯繫在一起，而國家只是處於這個權力結構的頂點。[2]

傅衣淩先生在論及中國傳統社會權力結構時指出：「一方面，淩駕於整個社會之上的是組織嚴密，擁有眾多官僚、胥役、家人和幕友的國家系統。這一系統利用從國家直至縣和次於縣的政權體系，依靠軍隊、法律等政治力量和經濟習慣等方面的力量實現其控制權。」「另一方面，實際對基層社會進行控制的，卻是鄉族的勢力。鄉族保留了亞細亞公社的殘餘，但在中國歷史的發展中已多次改變其組織形態，既可以是血緣的，也可以是地緣性的，是一種多層次、多元的、錯綜複雜的網絡系統，而且是具有很

---

1 中國歷代國家政權的這一形成過程的影響是巨大的，它不僅決定了中國國家體制和權力構成的基本特點，也決定了國民心理的「非此即彼」，其表現是在人際交往和財產紛爭過程中的以權以錢壓人，而不是在平等前提下通過談判和契約的方式來解決矛盾和糾紛。而其極端，則是不斷發生的與錢權對抗的無賴和扯皮。

2 ［法］魏丕信著：《18 世紀中國的官僚制度與荒政》，南京：江蘇人民出版社，2003 年，第 4 頁。

強的適應性。」[1] 而鄉族勢力和國家權力又是相互依存和互為補充的。不僅如此，鄉族勢力還隨着人口的流動而在異域他鄉以新的方式出現，這就是明清時期普遍存在的同鄉「會館」及其他類似的組織，以及由「移民」而為「土著」的新鄉族。

在討論國家權力特別是國家權力結構時，必然涉及國家制度。這是兩個既密切相關又應該有所區別的概念。一般來説，國家權力是體現國家存在並貫徹統治者意圖的強制力量，國家權力結構是國家權力行使主體的構成方式或組織形式；國家制度指的是國家的階級屬性和關於國家權力結構的法律規定。國家制度更多地表現國家的階級屬性問題，國家權力結構則更多地表現國家權力機關的組織形式問題。但二者又是緊密結合在一起的，國家制度中包含着國家權力結構，國家權力結構又體現着國家制度。在討論國家權力結構時，應該包括以下內容：一、國家權力的結構或構成，既包括從上到下的縱向結構，也包括分層權力體系中的橫向結構，以及它們之間的相互關係。二、國家權力結構的變化，以及導致其發生變化的社會的、個人的因素，必然的、偶然的因素。三、國家權力與其他各類社會權力之間的關係，以及影響這一關係態勢的各種因素。四、國家權力的運行機制及其效率，體現國家權力結構自身的關係調整及與其他社會權力協調的過程。

經歷了春秋戰國、兩晉南北朝及宋遼夏金時期的社會動盪與民族融合，又經歷了秦漢、隋唐及元代的大一統與政權重構，中國國家權力結構在明代有了新的特點，更加趨於成熟而富於彈性。隨着社會經濟形勢和統治集團內部各種力量對比的變化，明代國家權力結構經歷了一個初創、定型、調整、再定型的演進過程。這一過程貫穿整個明代歷史。實際上，任何一個有着相當長統治時段的皇朝，都有過類似的過程。因此，研究明代國家權力結構演進，在一定程度上又是在探討中國國家權力結構演變的一般規律。

從明太祖奠基南京，到洪武十三年（1380）廢中書省、升六部，可

1　傅衣凌：《中國傳統社會：多元的結構》，《中國社會經濟史研究》1988 年第 3 期。

視為明朝國家權力結構由初創到定型的時期。在這一時期，明朝中央和地方政權的構成大致上承襲元朝。中央設中書省、大都督府（即元朝的樞密院）、御史台，並稱「三大府」，分掌政令、軍令和監察，分別對皇帝負責。地方設行中書省，既是省級最高權力機關，在體制上又是中央中書省在地方的派出機關。

但是，任何繼承都包含着改革和創新。

早在明朝建立之前，明太祖就已經開始對地方權力機關進行調整。行省一般不設平章，而以左、右丞為最高長官，規制已在降低；而且，明初的行省也並不像一般研究者理解的那樣，統有地方一切權力。在「行中書省」機構之外，各省另有作為中央大都督府在地方派出機構的「都督府」，以及作為中央御史台在地方分支機構的「提刑按察使司」，形成與中央三大府相對應的地方三大權力機關。洪武九年，改行中書省為承宣布政使司，與都指揮使司、提刑按察使司並稱「三司」，地方新的權力結構定型。

隨着統治集團內部鬥爭的激化，中央權力結構更發生了重大的變化，且充滿着腥風血雨。洪武十三年，明太祖以謀反罪殺左丞相胡惟庸、廢中書省，同時升六部品秩，讓其分掌政務，直接對皇帝負責，又將大都督府一分為五，稱「五軍都督府」，分統地方各都司；十五年，廢御史台，設都察院，掌監察。中央新的權力結構也告定型。

這可以說是明朝國家權力結構的第一輪變化，也是中國古代國家權力結構的重大變化。明太祖曾對這一權力結構進行總結：

> 自古三公論道，六卿分職。自秦始置丞相，不旋踵而亡。漢唐宋因之，雖有賢相，然其間所用者多有小人專權亂政。我朝罷相，設五府、六部、都察院、通政司、大理寺等衙門，分理天下庶務，彼此頡頏，不敢相壓，事皆朝廷總之，所以穩當。以後嗣君並不許立丞相，臣下敢有奏請設立者，文武羣臣即時劾奏，處以重刑。[1]

---

1 《明太祖實錄》卷 239，洪武二十八年六月己丑。

後來，這段話被列入《皇明祖訓》的「甲令」。其要害有二：

其一，將外廷權力機關視為對皇權的首要威脅，這就導致了「以內制外、內外相制」思想的產生，並將最終形成明朝國家權力結構中內廷宦官系統與外廷文官系統並存的雙軌制權力體系，實質上則是通過宦官系統對文官系統進行制裁。

其二，以各部門或各權力系統的相互制衡作為維護皇權的基本手段或方針。這是對皇帝集權而中央各部門分權、中央集權而地方各部門分權的明朝國家權力結構的基本原則的法律規定，並導致了「大小相制、上下相維」的權力格局的形成。

以上是明朝國家權力結構的兩個基本特點或原則，它既是明朝皇權的絕對權威得以維護的根本保證，也是明朝國家權力結構與歷代的區別所在。此後，明朝國家權力結構有過許多變化，但上述兩個特點或原則是不變的。

在明太祖精心設計的明朝國家權力結構中，除文官和武官系統外，還有兩股極為重要的力量，一是上面所說的宦官系統，二是諸王系統。雖然有記載說太祖立有禁令，宦官不得讀書識字、不得干預政務，但洪武時期十二監、四司、八局宦官「二十四衙門」的設置，以及宦官的出使、視軍、偵刺，已經顯示出宦官與外廷抗衡的「以內制外」的態勢。而從洪武三年開始分三批共封的二十四個諸侯王，少者領兵三千，多者統軍近兩萬，不僅足以挾制各省都司，而且負有在緊要關頭起兵「靖難」的「以外制內」的責任，至少最初的願望如此。

因此，明朝的國家權力就其結構來說，可劃分為兩大集羣。其一是中央到地方的行政、軍事及監察等權力機關，這是用以治理國家、管理民眾、鎮壓反抗、抵禦外侮，即主要用以維護國家穩定的權力體系。其二則是內廷宦官和外地諸王，這是專門用以控制文官武將以維繫朱明王室的權力體系，宦官的態勢是「以內制外」，諸王的態勢則是「以外制內」。

在明代的國家權力結構中，還有一個不可忽略的系統，由六科十三道組成的明代言官系統，體制上屬於文官，職能上又具有相對的獨立性。它是明太祖「以下制上、上下相維」治國理念的產物，擁有站在傳統道德和國家利益的立場上，對一切社會問題和官場弊病乃至君主的行為，進行揭露和抨擊的法律性權力。

明太祖在洪武時就已經確立了明朝的國家政治制度和國家權力結構，每次進行權力重新配置時，也總是胸有成竹、振振有詞。[1] 局部的調整也從洪武時開始，以中樞權力為例。廢中書省的當年，洪武十三年九月，明太祖便召幾位山鄉老儒進京，任為「四輔官」，說是為君者不可無輔臣；洪武十五年十一月，又任命幾位官員為「殿閣大學士」，說是為君者不可無顧問。這些措施並無實際意義，卻為後來內閣的形成提供了「祖制」依據，也使後來的一些研究者誤以為明代內閣始設於洪武。[2] 而真正具有意義的則是洪武十四年命翰林春坊官平駁諸司奏啟，這成為內閣基本職責票擬的發端。

1 以分封諸王為例，《明太祖實錄》卷 51，洪武三年四月辛酉條載：「上諭廷臣曰：『昔者元失其馭，羣雄並起，四方鼎沸，民遭塗炭。朕躬率師徒，以靖大難，皇天眷佑，海宇寧謐。然天下之大，必建藩屏，上衛國家，下安生民。今諸子既長，宜各有爵封，分鎮諸國。朕非私其親，乃遵古先哲王之制，為久安長治之計。』」分封諸王，本是明太祖所設計的整個國家權力結構中的極其重要的組成部分，但也是給明朝和中國社會造成巨大災難的制度。就在明太祖發表上述言論的六年後，山西平遙縣學訓導葉伯巨於洪武九年藉星變求言之機上疏，鑒古說今，指出這一制度的潛在危機：「臣恐數世之後，尾大不掉，然後削其地而奪之權，則必生觖望，甚者緣間而起，防之無及矣。」（《明史》卷 139《葉伯巨傳》）葉伯巨的忠告被明太祖視為離間骨肉之言，其人下獄致死。但事情的發展一如伯巨之預言，只是沒有等到「數世之後」。明太祖屍骨未寒，燕王朱棣即起兵南向，開始了長達數年之久的「靖難」之役，並奪取了皇位。作為歷史總結，《明史．諸王傳讚》（「四庫全書」本）對這一制度的演變和後果作了如下評述：「封建之不可行於後世也信矣！明太祖建立親藩，大封諸子，方謂枝葉相維，根本益固，乃一傳而有燕王之變，篡奪之禍，起不旋踵。厥後高煦、宸濠逆謀屢動，非所謂最強則最先反者歟。中葉以來，矯枉過正，防閑之峻，至於二王不得相見，省墓請而後許，識者譏焉。降及末季，盜賊充斥，社稷之危，在於呼吸，而起兵勤王者，且援祖制以罪之。諸王之據名城、擁厚資，束手就戮，所在皆是，其能資捍禦者誰耶？」按整個明朝，實封就藩的親王共 48 位（內太祖諸子 23 王、成祖諸子二王、仁宗諸子五王、英宗諸子五王、憲宗諸子七王、世宗諸子一王、穆宗諸子一王、神宗諸子四王），先後發生過大的宗室動亂四次（建文時燕王朱棣、宣德時漢王朱高煦、正德時安化王寘鐇及寧王宸濠）。

2 《明史．職官志》和現在大學通用的中國古代史教材即有此誤。

明朝國家權力結構的第二輪整體性調整和定型發生在永樂至嘉靖期間。這一時期，明朝的國家權力結構發生了四個方面的重大變化。

第一個變化發生在中央。一方面由翰林院分離出的內閣，始為皇帝的機要祕書班子，繼而成為處理國家政務的外廷中樞機關，六部長官視其顏色，地方大吏聽其指麾。另一方面司禮監逐漸淩駕於內官監之上，成為內府二十四衙門的首署，並成為處理國家政務的內廷中樞機關。內閣與司禮監，分掌「票擬」與「批紅」，內廷宦官全面參與國家事務，成為國家權力結構中的重要組成部分，形成中國歷史上僅見的貫穿於整個朝代的宦官與文官雙軌制權力體系。

第二個變化發生在地方。由吏部任命而掛銜都察院的巡撫都御史、由司禮監提名且主要由御馬監宦官充任的鎮守中官、由兵部任命而由都督府將領充任的總兵官，形成新的省級權力結構，被稱為「三堂」。其後鎮守中官陸續收回，總兵地位日漸下降，巡撫都御史成為一省軍政首腦。與此同時，都察院派出的巡按監察御史成為一省最高監察官員。原來的省級權力機關都指揮使司、布政使司、按察使司則下降為「道」級機關，布政司官為分守道，按察司官為分巡道、兵備道，而都司官員也多在各地「分守」。於是，地方在省、府、縣三級的基礎上多出了一個道，其介於省、府之間。兵備道的設置，更剝奪了都司的領兵權，使軍事將領徹底淪為「吏曹」。而分守、分巡、兵備道之間，則往往隨着形勢的變化而調整。

第三個變化發生在皇室。成祖朱棣以「靖難」為名起兵，經過四年的戰爭，奪取了建文帝的帝位。這一變故使得成祖即位後立即着手削弱諸王的軍事力量和經濟供給，藩王的地位從此在整個國家權力結構中迅速下降。永樂以後，雖然仍發生了數起藩王「謀反」事件，但諸王已經不具備和中央抗衡的力量。嘉靖以後，在國家權力結構中，諸王及其子弟已經可以忽略不計，大抵成為享受豐厚俸祿的外放「囚徒」。[1]

1 關於歷代政治家對分封與郡縣問題的討論，參見方志遠：《略論漢初的同姓分封與削藩》，《南昌職業師範學院學報》1987 年第 2 期。

第四個變化發生在最高統治者皇帝的身上。明太祖確立中央權力結構時強調各部門相互頡頏，不敢相壓，「事皆朝廷總之」，即事皆皇帝裁決。但皇帝直接過問庶事，陷於紛繁瑣細的日常事務之中，在格局上已降至政務官的地位。以明太祖的雄才大略和充沛精力，已是不堪重負，後世子孫更無法應付。成祖為奪取皇位，不惜起兵「靖難」，但奪取帝位後不久，已有厭政的跡象，加上主要精力用於北伐蒙古，庶政均由太子處理。永樂之後，仁、宣在位，號為「仁宣之治」，卻開了內閣票擬、內監批紅的先河，並在內府設內書堂，教小宦官讀書，進行參政訓練，為皇帝不親政做了制度上的準備。從成化開始，明朝皇帝基本上已不接見大臣，有的甚至不親理政務。世宗從嘉靖十九年（1540）開始，視朝、祀天，概不親臨。明代中後期，已不再像洪武、永樂時那樣，事無巨細，由皇帝親自裁決，而是依靠各系統、各衙門間的相互制衡。皇權的表現方式，由「事必躬親」演變為「垂拱而治」。至於崇禎帝的「親政」，只能視為明代皇權表現方式在特殊狀態下的變異。

宋人黃履翁《古今源流至論》說：

> 以天下之責任大臣，以天下之平委台諫，以天下之論付士夫，則人主之權重矣。夫權出於人主，則臣下稟國家之命而不敢欺，藩鎮憚京師之勢而不敢慢，夷狄畏中國之威而不敢侮。然人主之所謂總權者，豈必屑屑然親事務之細哉？夫苟屑屑然親之，則其聰明必有所遺而威福必有所寄。聰明有所遺者，乃生患之原；而威福之所寄者，即弄權之漸也。是故權不可以不歸於人主，而必重廟堂之柄以總之；政不可以不在廟堂，而必擇台諫之臣以察之；言不可以不從台諫，而必通天下之情以廣之。[1]

黃履翁提出了一個理想中的為君之道、理想中的國家權力結構，這本來在

1 黃履翁：《古今源流至論・別集》卷 2《君權（攬權不必親細務）》。

實踐上是很難行得通的，因為他沒有考慮到在權力分配問題上的難以調和性。但沒想到明太祖的子孫們，因不願親理政務而歪打正着地為黃履翁的設計提供了實證。

在國家核心權力體系發生變化的同時，其他如財政、軍事、司法、監察、科舉及官員選拔與任命等權力系統也都在相應地發生變化，以與核心權力體系的變化相適應。

明代國家權力結構的上述變化，有着明顯的演進軌跡，那就是：內廷機構的外廷化，中央機構的地方化，監察機構的行政化。這種軌跡其實也是中國歷代皇朝國家權力結構變化的普遍規律，只是在明代表現得特別突出。

在明朝國家權力的運行過程中，通過國家推行的鄉里制度及事實上長期存在的宗族社會等基層組織對民眾進行教化，並賦予基層組織部分行政處罰權，是值得特別重視的。它說明，明朝政府已經認識到基層社會組織在整個社會權力結構中的地位和作用，並且因勢利導，將其作為國家權力的延伸，充分發揮它們的社會控制功能。與此同時，對佛、道二教利用與打擊並舉，對儒家文化宣揚與改造並行，也可以看出明朝國家權力的全面滲透。從另外一個方面說，國家權力在基層社會中表現出來的每一個變化，都是國家權力和其他社會權力之間鬥爭與協調的結果。

比起明前期，成化以後的明代國家權力結構發生了許多被人們忽略的變化，而且這些變化的發生，既是社會經濟格局變化及社會思潮影響的結果，又導致了國家對社會生活直接干預程度的逐漸削弱。對於人民的日常生活和生產，國家權力的控制已經部分地讓位於基層社會組織及羣體。這樣，應該更有利於經濟和文化循着自身的規律發展。但是，由於在社會權力結構中，國家權力的地位仍然至高無上，因此一旦國家權力發生問題，而又必須同時面對來自底層的民眾反抗和來自外部的軍事挑戰時，整個社會便容易陷入權力癱瘓、無法收拾的地步。這是明朝也是中國歷代政府都沒有解決好的問題。

從明代國家權力結構的初創、定型、調整、再定型的全過程，我們可以看到兩個方面的力量在起作用，一是社會發展各階段關於國家權力結構調整的客觀要求，二是明朝統治者在適應社會要求和維護政權穩定方面的主觀努力。

就明朝統治者的主觀努力來說，有三個明顯的因素值得注意。一是明太祖本人維護朱明皇朝的主觀意願和殺伐果斷的性格因素，二是明初統治集團通過對歷代治亂興亡經驗教訓的總結而產生的整體認識，三是明代統治者在社會關係發生變化時的被動性適應。

三、有關明代國家權力結構的研究及本書的基本思路

由於明代在中國歷史上所處的特殊地位以及明朝國家制度和國家權力結構的顯著特點，從明中期開始，人們就開始對其進行討論。[1] 其著名者如霍韜、鄭曉、王世貞、呂坤、孫承澤、顧炎武、黃宗羲、萬斯同、全祖望等，他們的研究成為清修《明史》的重要基礎。

由於在開國之始就規定了立國原則，故後人無論是稱讚還是抨擊明朝的國家制度和權力結構，都是首先針對明太祖的。明人王瓊說，太祖立法「高出千古」[2]；鄭曉則說，「太祖之權衡度量，非後人所能測識也」[3]。清順治帝在和大臣討論歷代帝王時，更將明太祖列於漢高祖、唐太宗之上，稱為「秦漢以來中國第一帝」，原因是他所立的制度為後世定下了規矩。[4] 康熙帝不但連續三次「下江南」時皆前往南京的明孝陵祭奠、稱明太祖為「英武

1 嚴格地說，這種討論早已開始。如前引洪武九年山西平遙縣學訓導葉伯巨對分封諸王的做法所進行的批評即是。

2 張萱：《西園聞見錄》卷 26《宰相上》。

3 鄭曉：《今言》卷 1 之 92。

4 《清世祖實錄》卷 71，順治十年正月丙申載：「上幸內院……問：上古帝王聖如堯舜，固難與比倫。其自漢高以下、明代以前，何帝為優。對曰：漢高、文帝、光武、唐太宗、宋太祖、明洪武，俱屬賢君。上曰：此數君者，又孰優？名夏曰：唐太宗似過之。上曰：豈獨唐太宗。朕以為歷代賢君，莫如洪武。何也？數君德政有善者有未盡善者。至洪武所定條例章程，規畫周詳。朕所以謂歷代之君，不及洪武也。文程等奏曰：誠如聖諭。」

偉烈之主」，而且在孝陵題寫了「治隆唐宋」四字匾額。[1]

但是，明末清初黃宗羲則批評：「有明無善治，自高皇帝罷丞相始也。」[2] 顧炎武從吸取歷史教訓的角度，認為明朝中央控制過於嚴密，致使地方權力過於削弱。他認為地方權力應在封建制與郡縣制之間尋找適中點，應「寓封建之意於郡縣之中」，以避免「今天下官無封建而吏有封建」之弊。[3]

對於明代國家權力結構進行真正具有科學意義的討論，當自 20 世紀三四十年代始。八十年來，已經有許多成名學者在這個領域進行了長期而且卓有成效的研究。

孟森《明清史講義》（中華書局 1981 年版）的明代卷，既是一部明代政治和制度史，也是一部明代國家權力演進史，於明太祖的開國及建章立制，以及此後明朝的政治演繹、制度變遷作了精湛的闡釋。其中第二編第一章《開國》開篇云：「中國自三代以後，得國最正者，惟漢與明。匹夫起事，無憑藉威柄之嫌；為民除暴，無預窺神器之意。」[4] 既為漢、明開國正名，也指出漢、明兩代能夠建立起君主的真正權威及高度集權的君主制度的道義上的理由，這正是漢、明兩代少有顧忌地清除統治集團內部的異己力量、不斷調整國家權力結構的原因所在。

吳晗《朱元璋傳》（三聯書店 1965 年版）以人物傳記的方式，對明朝開國歷程及洪武時期的重大歷史事件和重要典章制度進行了綜述，而於明太祖廢中書省、升六部事，討論尤詳。其《讀史札記》（三聯書店 1956 年版）雖自謙為「若干專題史料的匯集」，但對明朝國家制度和國家權力的一些

1 《清聖祖實錄》卷 193，康熙三十八年四月壬子、甲寅。

2 黃宗羲：《明夷待訪錄・置相》。

3 顧炎武：《亭林文集》卷 1《郡縣論一、論八》，《顧亭林詩文集》，北京：中華書局，1959 年，第 12、17 頁。

4 孟森：《明清史講義》上冊，北京：中華書局，1981 年，第 13 頁。按：此書本為孟森先生 20 世紀 30 年代在北京大學歷史系授課的講義，經商鴻逵先生整理出版。明太祖在奪取政權之後曾反覆聲稱自己從未「預竊神器」：「朕本無意天下，今日成此大業，是皆天地神明之眷佑，有非人力之所致。」（《明太祖實錄》卷 58，洪武三年十一月丙申）

重要環節進行了比較細緻的研究。如《明教與大明帝國》討論了明太祖與紅軍、大明帝國與明教的關係，得出了明朝國號出於明教（摩尼教）的結論，揭示了明教及其他宗教特別是佛道二教與明朝國家權力的關係。再如《記大明通行寶鈔》聚焦於明太祖印造的大明寶鈔及其在歷朝流通的情況，兼及戶口、食鹽、商稅、薪俸等，實則討論了明朝國家權力在控制市場和經濟社會方面所作的努力。再如《明初的學校》對明代初期的官學即中央的國子監學和地方的府州縣學，以及官學與科舉的關係進行了討論，從而得出了官學為科舉附庸的結論。

丁易的《明代特務政治》（羣眾出版社 1983 年版），可以說是第一部有影響的探討明朝宦官參政與專權的著作，雖然因時代的影響而不免評價有所偏激，但對宦官在明朝國家權力結構中的地位以及國家事務中的負面影響進行了淋漓盡致的揭示。

梁方仲《明代糧長制度》和韋慶遠《明代黃冊制度》分別着眼於明朝前期田稅的徵收和國家賦役的制定，討論了國家權力在超經濟強制方面的表現方式和運作方式。前者對明代糧長制度的產生、演變及消亡的過程進行了翔實的討論，指出：糧長的主要職責是主持區內田糧的徵收和解運，同時也承擔着領導鄉民開墾荒地、對鄉民進行教化勸導乃至裁決地方事務的責任，從一定意義上說，實為國家權力在基層社會的表現。[1] 後者對被《明史》稱為「賦役之法」的黃冊制度的編制和推行、黃冊的管理和利用，以及編制黃冊過程中所發生的種種問題進行了討論，指出，黃冊制度並不是一個偶然的孤立存在的事物，從它的建立到最後瓦解的變化過程……是跟明代社會從初期一度穩定，到後期危機日益深刻的變化密切相關連的。[2] 也就是說，黃冊制度的推行和田賦力役的徵發效果與明朝國家權力的運行

1 梁方仲：《明代糧長制度》，上海：上海人民出版社，2001 年，第 29—50 頁。

2 韋慶遠：《明代黃冊制度》，北京：中華書局，1961 年，第 3 頁。又，欒成顯《明代黃冊研究》，北京：中國社會科學出版社，1998 年。對這一問題進行了更為細緻和深入的討論，可謂不辱先賢。

效率直接相關。

在 20 世紀六七十年代，相對中國大陸來說，港台及海外華人學者在明朝國家制度和國家權力方面的成果更值得關注。陶希聖、沈任遠《明清政治制度》（台灣商務印書館 1967 年版）的上編專論明代，對明朝的興衰過程及緣由、明朝國家權力的構成演繹及得失進行了條分縷析，並列專章對中央和地方權力機關，以及官員的選拔和管理進行了討論。楊樹藩《明代中央政治制度》（台灣商務印書館 1978 年版）將明朝中央權力結構分解成「政務機構」（含內閣、六部、翰林院、六科給事中等）、「監察機關」（都察院）、「業務機關」（含宗人府、大理寺、太常寺及太醫院、欽天監、國子監等）、「侍衛機關」（宦官二十四衙門及女官、宿衛等），並逐個分析，得出了西方的分權是為了民主，中國的分權則是為了專制的結論。杜乃濟《明代內閣制度》（台灣商務印書館 1967 年版）考察了中書省廢除後內閣由祕書機關演變成政治中樞的過程，同時考察了內閣與皇帝、六部、內監以及閣臣之間的關係。黃彰健《明清史研究叢稿》（台灣商務印書館 1977 年版）着重考察了明代國家權力的法律解釋、廢中書省後重建決策方式的嘗試，以及明太祖在構建國家權力體系特別是廢除中書省後重構國家權力過程中對宦官和諸王的倚重。賀凱《明代中國的監察制度》（斯坦福大學出版社 1966 年版）專論明朝的監察權力，特別是對言官在明後期國家權力結構中發揮的作用進行了比較細緻的分析和討論。

由於政治環境和學術環境的原因，中國大陸嚴格意義上關於明代國家權力的研究在中斷了近四十年後，20 世紀 80 年代初才重新開始。

20 世紀 80 年代的前中期，可被視為這一研究的啟動時期。

1980 年在天津南開大學召開的「明清史國際學術討論會」，無疑對新時期明清史研究同時也對明代國家制度和國家權力的研究，產生了重要的推動作用。參加這次會議的國內外學者提交的論文中，有多篇涉及明清國家制度和國家權力，如美國學者范德《明王朝初期（1350—1425）的政體發展》、李天祐《明代的內閣》、關文發《試論明朝內閣制度的形成和發展》、許大齡《試論明後期的東林黨人》、王德昭《清代的科舉入仕與政府》、鄭天挺《清代的幕府》等。[1] 中華書局在 1981 年和 1982 年，相繼出版孟森《明清史講義》和黃仁宇《萬曆十五年》，對於推動明代史特別是明代國家制度、國家權力的研究，無疑也起了重要作用。

以此為發端，雖然只有二十多年的時間，但無論是成果的數量還是質量，無論是研究的廣度還是深度，中國大陸的明史研究都取得了重大的進展。

政治高壓和學術禁錮在改革開放的初期不僅成為文藝作品也成為學術研究的主要批評對象，由此也導致了這一時期對於明朝國家制度和權力結構的研究以批判為主，首當其衝的自然是明太祖的集權統治。代表作有李天祐《論明清的封建專制》（《學術月刊》1980 年第 1 期）、陳梧桐《論朱元璋強化封建專制中央集權的統治》（《中央民族學院學報》1980 年第 2 期）、洪煥椿《明清封建專制政權對資本主義萌芽的阻礙》（《歷史研究》1981 年第 5 期）、郭厚安《關於明代專制主義中央集權高度強化的問題》[《西北師大學報（社會科學版）》1983 年第 4 期]、商傳《試論明初專制主義中央集權的社會基礎》（《明史研究論叢》1983 年第 2 輯）等。這些成果對明代國家權力高度集中的原因、途徑、作用和後果進行了多方面的分析和探討，並一致認為，它對於社會經濟的發展具有雙重的影響，其消極作用大大超過積極作用，嚴重阻礙了封建生產方式向資本主義生產方式的過渡。但是，鄭天挺《明代的中央集權》（《天津社會科學》1982 年第 2 期）和美國學者范德《明王朝初期（1350—1425）的政體發展》則指出，儘管明朝前期專制主義中央集權被極大地強化，但到後期已經明顯地行不通。

王春瑜和杜婉言《明代宦官與江南經濟》（《學術月刊》1984 年第 6 期）、欒成顯《洪武時期宦官考略》（《明史研究論叢》1983 年第 2 輯）、懷效鋒《明代中葉的宦官與司法》（《中國社會科學》1985 年第 6 期）以批判的態度從不同的角度對宦官在明朝國家政治中的地位和作用進行了討論。與上述研究

1 明清史國際學術討論會祕書論文組編：《明清史國際學術討論會論文集》，天津：天津人民出版社，1982 年。

不同，歐陽琛《明代的司禮監》（《江西師院學報（哲學社會科學版）》1983 年第 4 期）明確指出：明朝的宦官與漢、唐不同，它並非國家權力發生問題時的產物，而是明太祖構建的國家權力的重要組成部分，可以說是在真正意義上客觀地探討明代宦官的地位和作用。

學術研究特別是歷史研究從來就與時局密切相關。在當時整個國家的撥亂反正過程中，對於明朝國家權力的討論以及對明朝專制主義中央集權的批判，不僅開創了新時期明史研究的新局面，而且也可以視為當時中國史學界為肅清現實生活中封建專制主義殘餘，開展對歷史上封建專制主義的批判的重要組成部分，對當時全社會的思想解放產生了重要作用。

而黃仁宇《萬曆十五年》（中華書局 1982 年版）則以其新穎的篇章結構和獨特的審視角度（至少在當時的大陸學者看來如此），通過對正德—萬曆年間明朝政局變化的描述，對明朝國家權力結構的諸關係及運行狀況進行了解剖，從紫禁城中的囚徒（皇帝）到對皇帝進行教育、管理乃至制裁的文官（主要是大學士），從古怪的官僚（海瑞）到孤獨的將領（戚繼光），一一點評各類人物，對於當時中國學術界特別是明史學界，無疑具有啟示意義。

從 20 世紀 80 年代後期開始，隨着改革開放的深入和經濟建設成為社會發展的主旋律，關於明代國家制度和國家權力的研究進入一個相對理性的時期，並取得了三個方面的重要成果。

一、出現了一批從整體上研究明代國家制度和國家權力的著作。按著作出版的先後，主要有王天有《明代國家機構研究》（北京大學出版社 1992 年版），關文發、顏廣文《明代政治制度研究》（中國社會科學出版社 1995 年），張德信《明朝典制》（吉林文史出版社 1996 年版），杜婉言、方志遠《中國政治制度通史・明代卷》（人民出版社 1996 年版），王興亞《明代行政管理制度》（中州古籍出版社 1999 年版），李渡《明代皇權政治研究》（中國社會科學出版社 2004 年版）及唐克軍《不平衡的治理：明代政府運行研究》（武漢出版社 2004 年版）等。這些著作，是相關學者對明代國家制度和國家權力長期關注和研究的結晶，大多以前期的個案研究為基礎。如杜婉言、張德信、關文發、王興亞教授等從 20 世紀 70 年代末 80 年代初就開始致力於明代國家權力的研究，張德信教授積數十年之力完成的五百萬字的《明代職官年表》也於 2009 年由黃山書社出版。再如王天有 70 年代末師從許大齡教授讀研究生時，已經對萬曆、天啟年間因黨爭而引起的國家權力紛爭進行過研究，此後又在北大連續多年開設「明代國家機構研究」的課程並不斷有相關成果問世。方志遠在 70 年代末師從歐陽琛教授時，將明代內閣作為研究生畢業論文的課題，此後遂在江西師範大學為本科生和研究生開設「明代政治制度研究」課程並就此發表了系列論文。正因為如此，上述成果從討論問題的廣度和考察問題的深度而言，都有其獨到之處。此外，從上述成果也可以看出學者們在研究明朝國家制度和國家權力過程中向縱深推進的軌跡，即由制度的構成層面向制度的過程層面，進而向制度的貫徹和操作層面推進，或者說，由國家權力結構自身的研究向國家權力的表現和運作過程研究推進。學界在這個方面雖然不能說已經做得很好，但至少已經進行了努力。

二、出現了一大批就明朝國家制度和國家權力結構的某一個環節進行深入討論的專著和論文。雖然研究者的功力有深淺，討論層次也有高下，但幾乎有關明代國家制度和國家權力的所有環節，從內廷到外廷、從中央到地方、從官員到吏員、從行政到監察、從軍隊到司法、從成法到新例，均有重要成果問世。當然，作為國家權力結構變化的產物甚而樞紐之所在，內閣、巡撫及宦官，理所當然地引起更多的關注。

王其矩《明代內閣制度史》（中華書局 1989 年版）和譚天星《明代內閣政治》（中國社會科學出版社 1996 年版）是大陸學者研究明代內閣的代表性作品。前者對明代內閣制度的形成過程及各階段的主要特點進行了研究，後者則試圖「從權力結構的角度來研究明代內閣」。其實，他們的研究並非只反映出個人的成就，更體現了當時關於這一問題的研究狀況。早在 1980 年明清史國際學術討論會上，關文發、李天祐就分別提交了《試論明代內閣制度的形成與發展》《明代的內閣》。關文對明代內閣的發展階段及其特點進行了討論，李文論述了明代內閣的職能及其與翰林院、司禮監及君主專制的關係。歐陽琛《論明代閣權的演變》(《江西師範大學學報》1987年第4期)對閣權的演變進行了深入細緻的考察，認為閣權的日益擴大使首輔變成了真宰相，但太祖「六卿分制」的思維慣性，限制了歷代閣臣的政治作為。神宗皇帝削弱閣權，導致長期黨爭與朝政混亂。張德信《明代中書省、四輔官、殿閣學士廢立述略》(《史學集刊》1988年第1期)論述了明代洪武年間罷中書省與設四輔官、殿閣學士之間的關係，認為殿閣學士制為創建內閣制度奠定了基礎。趙軼峰《票擬制度與明代政治》(《東北師大學報》1989年第2期)則從內閣票擬制度的演變過程，探求了明亡的政治原因：隨着票擬之制趨於完備，首輔權力膨脹，皇帝養成不親躬、不近臣工、倚重宮奴之習。梁希哲《明代內閣與明代的官僚政治》(《史學集刊》1992年第2期)將明代內閣與官僚政治置於君主專制政體發展脈絡之中，並對其內在關係進行了橫向剖析與縱向研究，説明君主專制政體下官僚制度的弊病必然要左右和影響一代政治的發展。杜婉言《論明代內閣制度的特點》(《中國史研究》1992年第4期)對內閣制度的特點進行了深入剖析，認為內閣雖然成為明代國家機器不可缺少的一環，維繫着國家機器的慣性運作，但其特殊的地位成為了各種矛盾聚焦的中心，對明代政治沒有起到、也不可能起到應有的「贊輔」作用。孟昭信《試論張居正的「考成法」》(《吉林大學社會科學學報》1993年第5期)則認為，萬曆初年內閣首輔張居正所行考成法，是對中央政治體制的一次重大改革，旨在確立內閣作為輔弼機構的合法地位。田澍《明代內閣的政治功能及其轉化》(《西北師大學報(社會科學版)》1994年第1期)則在分析了明代內閣的各項政治功能及其轉化的前提、障礙和層次性後，得出了明代內閣產生於明代集權政治卻又被集權政治所閹割，功能衰竭、形同虛設的結論，並特別指出明代內閣的政治功能不等同於政治權力。方志遠的碩士論文《論明代內閣制度的形成》(1981年通過答辯，發表於中華書局1990年出版的《文史》第33輯)及《明代內閣的票擬制度》(《江西師範大學學報》1987年第4期)、《關於明代內閣建置的幾個問題》(《南昌職業技術師範學院學報》1990年第4期，署名劉禮芳)，對明代內閣從臨時性設置到明代政治中樞的全過程進行了考察，就明代內閣與唐宋翰林學士的異同，內閣與皇帝、內監、六部的關係進行了討論，並將票擬制度和首輔制度的確立視為明代內閣初步形成和最終確立的標誌。同時，對明代內閣的建制、名稱、閣址及票擬制度等具體問題進行了考辨。

隨着學術的推進和時勢的發展，某些歷史問題往往會在一個特定的時期引起眾多學者的關注。與 20 世紀 80 年代初明史學者們不約而同地將眼光投向內閣相似，80 年代中後期，則有一批學者同時將眼光投向了督撫。幾乎在同一時期發表了王躍生《關於明清督撫制度的幾個問題》（《歷史教學》1987 年第 9 期）、林乾《論明代的總督巡撫制度》（《社會科學輯刊》1988 年第 2 期）、方志遠《明代的巡撫制度》（《中國史研究》1988 年第 3 期）、羅冬陽《明代的督撫制度》（《東北師大學報》1988 年第 4 期）、范玉春《明代督撫的職權及其性質》（《廣西師範大學學報》1989 年第 4 期）、關文發《試論明代督撫》（《武漢大學學報（社會科學版）》1989 年第 6 期）、劉秀生《論明代的督撫》（《中國社會科學院研究生院學報》1991 年第 2 期）、朱亞非《明朝督撫制度淺議》（《山東師大學報》1991 年增刊）等多篇論文。這些文章對明代督撫的成因、選任、考核、督撫關係、與地方建設的關係和影響等多方面進行了討論。但嚴格來說，明代的總督和巡撫並不像清代那樣督撫並稱，因為在明代，巡撫已經成為地方最高長官，而總督則一直是臨時性的軍事派遣人員。因此，方志遠才專論明代巡撫，就巡撫的發生及其地方化、制度化過程，巡撫的類型、職責、作用及其所受到的各種力量的制約進行考察，指出：巡撫由臨時派遣的官員到後來正式成為地方一級權力機構最高長官並為清代所繼承。靳潤成《明朝總督巡撫轄區研究》（天津古籍出版社 1996 年版）對明代督撫的轄區範圍及其沿革演變的考證與論述，可補《明史・職官志》在這一方面的疏缺，也可以視為吳廷燮《明督撫年表》的後續研究，對於理解明代中央與地方關係的變遷具有重要意義。

與此同一時期或稍後，有一批學者將眼光投向了巡按監察御史，先後發表了《明代巡按御史》（李熊，《史學月刊》1988 年第 4 期）、《略論明代御史巡按制度》（王世華，《歷史研究》1990 年第 6 期）、《試論明代的巡按制度》

（高春平，《山西大學學報（哲學社會科學版）》1990 年第 1 期）、《明代巡按御史制度研究》（余興安，《中國史研究》1992 年第 1 期）等作品。這些成果對巡按的設置、職能、選拔、任用、考察、升黜、迴避制度，巡按制度在明朝地方權力結構中的作用及其與巡撫的關係進行了探討和研究，認為巡按制度對鞏固明朝統治起了巨大的清污除腐作用。而明代巡按御史制度的敗壞，從體制上說是因為弘治以後巡按權力的不斷擴張，攫取了不少監察外的行政、軍事權，使監察官員行政化；而從根本上說又是中國古代專制集權政體內重外輕的分權格局的必然結果。

研究明朝國家制度和國家權力，宦官是重要的對象。王春瑜、杜婉言《明代宦官與經濟史料初探》（中國社會科學出版社 1986 年版）和《明朝宦官》（紫禁城出版社 1989 年版），苗棣《魏忠賢專權研究》（中國社會科學出版社 1994 年版）以及冷東的《被閹割的守護神 —— 宦官與中國政治》（吉林教育出版社 1990 年版）是繼丁易《明代的特務政治》之後關於明代宦官研究的幾部重要著作。這些著作從不同的角度對明朝宦官在國家權力結構中的地位和作用進行了較為系統的討論。以往對明代宦官問題的研究，過分強調宦官專權亂政、挾制百官的勢焰，而忽視了皇權對宦官勢力的防範、牽制以至打擊，更沒有重視外廷文官與內廷宦官的合作關係。歐陽琛《明內府內書堂考略 —— 兼論明司禮監和內閣共理朝政》（《江西師範大學學報》1990 年第 2 期）對明朝的宦官「國學」內書堂的建立、規制以及擔任教習的翰林官員進行了考證，認為內書堂既培養了司禮監的要員，又為翰林官員以後躋身內閣奠定了基礎。只要監閣共理朝政，「內外相繼，可否共濟」，政局就相對穩定。在《明代的司禮監》（《江西師院學報（哲學社會科學版）》1983 年第 4 期）一文中，歐陽琛對明代司禮監由一般宦官機構發展為內監第一署的過程，以及明朝司禮監的職能、地位和作用，特別是與內閣「對柄機要」的關係進行鞭辟入裏的分析。梁紹傑《明代宦官教育機構的名稱和初設時間新證》（《史學集刊》1996 年第 3 期）也對明代內府宦官教育機構進行了考察，認為它早在成祖時已經設立，並為仁宗所沿襲，而非始於宣宗；宣宗在外廷完善內閣政治的同時，也相應地發展內廷宦官教育。冷東從軍事、思想文化以及重要人物與宦官關係的角度進行了分析。其中，《明代宦官監軍制度述略》（《汕頭大學學報》1994 年第 3 期）就明朝宦官監軍制度形成的原因、表現、影響等方面進行了論述，認為這是明朝軍隊戰鬥力下降和國防敗壞的重要因素。《葉向高與宦官關係略論》（《汕頭大學學報》1995 年第 2 期）則通過葉向高這樣一個重要的政治人物與宦官關係的個案研究，從另一個方面表明了明代內閣與宦官的關係，不但關係到閣臣個人之成敗，而且關係到明朝政治之格局，甚至關係到明朝之國運。李渡《明代皇權與宦官關係論略》（《中國史研究》1995 年第 3 期）認為，司禮監、內閣、廠衛等都是皇權不同形式的延伸和擴張，從本質上說，宦官勢力受皇權的絕對控制，乃是明代專制主義皇權空前強大的一個重要表徵。劉曉東《監閣共理與相權游移：明代監閣體制探賾》（《東北師大學報》1998 年第 4 期）認為，司禮監與內閣聯結成一個有機整體並承擔起決斷國是的政治職能，皇權的相對傾斜，造成了相權在司禮監和內閣間游移，一方面確保了皇權的穩固與政治的穩定，另一方面也成為「宦禍」與「黨爭」的內在原因。趙世瑜、張宏豔《黑山會的故事：明清宦官政治與民間社會》（《歷史研究》2000 年第 4 期）從黑山會這樣一個宦官的祭祀組織出發，探討他們塑造剛鐵這樣一個宦官祖神的意義，從新的角度理解宦官政治，並進而探索宦官與京師民間社會的關係，以及他們在宮廷與民間社會之間的中介角色。

方志遠就明朝的宦官問題發表了多篇論文。其中，《論明代宦官的知識化問題》（《江西師範大學學報（哲學社會科學版）》1989 年第 3 期）對明代宦官進行了結構性分析，認為以內書堂教育為核心，並雜以其他不同的途徑，一定程度上造就了明朝宦官的知識化，並形成了一個知識宦官階層或羣體，這個階層或羣體的出現，加強了宦官與文官的溝通和理解，成為明朝國家權力結構雙軌制、二元化的前提和條件，進而對明代政局產生重要影響。其《明代的御馬監》（《中國史研究》1997 年第 2 期）則為配合歐陽琛《明代的司禮監》而作，指出：御馬監統領禁兵並與兵部及督撫共執兵柄，實為內廷「樞府」；管理草場和皇莊，經營皇店，與戶部分理財政，為內庭的「內管家」；兩度設置西廠，與司禮監提督的東廠分庭抗禮。司禮監具有相對穩定性，御馬監則有較大隨意性，這種隨意性是明代君主制度隨意性的體現和延伸，能否遏制這種隨意性，很大程度上決定了明代社會的穩定與否。《明代的鎮守中官制度》（《文史》總第40輯，中華書局1994年版）探討了明代鎮守中官的設置與革除，認為鎮守中官制度是明朝國家權力雙軌制特色在地方權力結構中的體現，其興革則是內廷宦官集團與外廷文官集團彼此力量消長的結果，從中可以看出明朝宦官參政的廣泛性和專權的可控性。

三、明朝國家權力在地方特別是基層社會的體現，以及國家權力與其他社會權力的關係，也得到了比較充分的關注。

趙世瑜在20世紀80年代對明代的「吏」進行了持續研究，並將其心得融入《吏與中國傳統社會》（浙江人民出版社1994年版）一書中。90年代以來，柏樺發表了一系列有關明代州縣官吏及其體制的論文。《試論明代州縣官吏》（《史學集刊》1992年第2期）考察了明代州縣官吏的等級層次，並對其等級觀念、倫理觀念和心理素質諸方面進行了分析。《明代知縣的關係網》（《史學集刊》1993年第3期）則以知縣的關係網為中心，試圖從心理學角度探討封建專制政體下官僚的內心世界。《明代州縣衙署的建制與州縣政治體制》（《史學集刊》1995年第4期）則通過對眾多州縣衙署的建築格局的分析，探討了明代州縣政治體制的演變及其發展的必然趨勢。《明代州縣官的施政及障礙》（《東北師大學報》1998年第1期）、《社會環境的變化對明代州縣官施政的影響》（《明史研究》2001年）認為明朝的政治環境、社會經濟和社會風俗的變化對州縣官的施政行為有極大的牽制，使其處於「兩難」的境地，但個人氣質、性格又使他們的施政各具特徵。在這些成果以及其他成果的基礎上，柏樺出版了《明代州縣政治體制研究》（中國社會科學出版社2003年版），可謂對自己明代州縣政治體制研究的總結。

劉志偉《在國家與社會之間：明清廣東里甲賦役制度研究》（中山大學出版社1997年版）論述了明清廣東里甲賦役制度的變化及其與地方社會的互動過程，並始終把王朝制度變遷看成是國家與基層社會之間對話的過程，也就是說，看成是國家權力與基層社會權力之間的相互鬥爭和妥協的過程。趙世瑜從多個角度討論了明清時期國家權力與地方社會、基層社會權力之間的關係。其中《黑山會的故事：明清宦官政治與民間社會》（《歷史研究》2000 年第 4 期）揭示了明中期以後宦官鄉籍的變化，使得宦官成為宮廷與地方社會產生關係的紐帶。而《明清時期華北廟會研究》（《歷史研究》1992 年第 5 期）及《廟會與明清以來的城鄉關係》（《清史研究》1997 年第 4 期）則討論了廟會等大眾參與的活動在明清地域社會和底層社會權力關係中的作用。

王昊《明代鄉、都、圖、里及其關係考辨》（《史學集刊》1991 年第 2 期）對明代鄉、都、社、區、圖、里等名稱的概念、含義及其相互之間的關係進行了梳理，認為這些稱謂在用於指稱行政建制時，一般表示里甲制的「里」，並且明代鄉里組織行政建制單位是一級而不是多級制。在《明代鄉里組織初探》（《明史研究》1992 年第 1 輯）中又指出里甲制雖是明代鄉里組織的基本形式，但不是唯一的形式。明代後期又在全國各地推行了保甲制，里甲和保甲並存是明後期鄉里組織的基本特點。

陳寶良也發表了一系列文章闡述自己的看法，在《明代的社與會》（《歷史研究》1991 年第 5 期）中分析論述了明代的「社」與「會」的釋義、源流、種類及組織結構，認為明代的社與會是一種羣體意識，這種羣體意識是明朝人生活方式的精神動向。這種動向有經濟的、政治的或者是文化的。《明代的保甲與火甲》（《明史研究》1993 年第 3 輯）對明中期以後專門的鄉村防禦體制——保甲制和火甲制的設立、職能、作用與弊端進行了系統的研究。

欒成顯《明代里甲編制原則與圖保劃分》（《史學集刊》1997 年第 4 期）認為明代江南許多地方的鄉村建置十分複雜，都圖與都保並存，都保並非保甲制的下級單位，而都圖亦與都保有別，二者既有交叉又各成系統。都圖以人戶劃分為主，屬黃冊里甲編制；都保以地域區劃，屬魚鱗圖冊系統。里甲編制與自然村的分佈並不一致，但二者存在一定的統一性。黃忠懷《明代縣以下區劃的層級結構及其功能》（《史學月刊》2003 年第 4 期）則認為明代縣以下區劃的層級結構因人口數量和人口密度等而具有明顯的區域性差異，一般南方地區多採用鄉—都—圖三級制，北方則多為鄉—社（里）二級制，並且鄉、都、圖有不同的行政和社會功能。高壽仙《明代農業經濟與農村社會》（黃山書社 2006 年版）闢專章論明代的《地方精英與鄉村控制》，認為在鄉村社會發生作用的，主要有三股勢力或者說三種「地方精英」：職役性地方精英（即里老、里長、保長等）、身份性地方精英（各類鄉紳如生員、監生、舉人、進士等及由此身份進入仕途者）、非身份性地方精英（其他在鄉村社會發揮作用者）。趙中男《試論明代的「老人」制度》（《東北師大學報》1987 年第 3 期）、余興安《明代里老制度考述》（《社會科學輯刊》1988 年第 2 期）、王興亞《明代實施老人制度的利與弊》（《鄭州大學學報（哲學社會科學版）》1993 年第 2 期）等文對里老進行了比較詳細的論述。其中，王文對明代老人制度的確立和推廣、職責和任期進行了考證，認為明代推行老人制度有利於加強對鄉里基層組織的管理，穩定社會秩序，促進社會經濟的恢復與發展，但由於明代吏治的敗壞，老人制度也隨之而腐敗。

鄉約是在政府或鄉紳的倡導乃至主持下制定的鄉村自治條例，從中可以看出國家權力在社會底層的體現，同時也可以看出傳統文化和道德精神，以及基層社會權力在其中的作用。曹國慶對此進行過較長時期的研究。其《明代鄉約發展的階段性考察——明代鄉約研究之一》（《江西社會科學》1993 年第 8 期）、《王陽明與南贛鄉約》（《明史研究》1993 年第 3 輯）詳細考察了明代鄉約的推行情況、組織結構、重要特點，認為明代鄉約雖然在發展過程中產生了一定的流弊，但其所起到的積極作用是主要的、主流的。《明代鄉約推行的特點》（《中國文化研究》1997 年第 1 期）中指出明代鄉約推行伊始，便是民辦與官辦同步，綜合性與專門性並舉，嘉靖以後的主要發展趨向，就是鄉約與保甲、社倉、社學打成一片，形成以鄉約為中心的鄉治體系，鄉約又推動了宗約、士約、鄉兵約、會約等自治組織的發展。《明代鄉約研究》（《文史》1999 年第 1 輯）則從鄉約的發展、組織結構、與其他地方組織之間的關係、作用等方面對明代鄉約作了全面深入的論述。段自成《明清鄉約的司法職能及其產生原因》（《史學集刊》1999 年第 2 期）認為到了明清時期，一部分鄉約已被賦予司法職能，承擔起調處民間糾紛、調查取證和勾攝人犯等責任，這一情況的產生，與這一時期民間爭訟紛繁，里老制度漸衰和吏役、訟師把持詞訟有關。汪毅夫《試論明清時期的閩台鄉約》（《中國史研究》2002 年第 1 期）詳細考察了明清閩台鄉約推行的情況及其地域性特點，認為其在整頓社會陋習、穩定社會秩序、防範外來侵略等方面收到了一定的效果。與其他研究者較多關注南贛鄉約不同的是，黃志繁《鄉約與保甲：以明代贛南為中心的分析》（《中國社會經濟史研究》2002 年第 2 期）認為保甲法由於其實際功能大於鄉約而更為王陽明所重視，兩者相結合不但在基層社會發揮了一定的作用，而且成為地方社會制度的一部分。王日根《明清基層社會管理組織系統論綱》（《清史研究》1997 年第 2 期）、《論明清鄉約屬性與職能的變遷》（《廈門大學學報（哲學社會科學版）》2003 年第 2 期）認為明清基層社會管理中存在着「官」和「民」的二元組織系統，鄉約通過政治的、經濟的、文化的教化方式，能有效地實現其社會整合的功能。明代朱元璋所創設的老人制度敝壞之後，鄉約重新獲得提倡並與官府的關係出現日益密切的傾向。鄉約的職能主要是思想道德的教化，但不同時期、不同地區乃至不同鄉約的具體職能有所差異，職能的變化可以映現基層社會的運行狀況。在以往的鄉里制度研究中，很少有人將元代和明代連在一起研究。周紹泉《退契與元明的鄉村裁判》（《中國史研究》2002 年第 2 期）通過研究徽州文書中的元明退契，發現這些退還土地文書的背後常常隱藏着訴訟紛爭，而在處理這些紛爭時，元代的社長和明代的老人發揮着驚人相似的調節、裁判作用。

明代宗族組織在相當大的程度上起着基層政權作用，幾乎成了當代學者的共識。李文治《明代宗族制的體現形式及其基層政權作用——論封建所有制是宗法宗族制發展變化的最終根源》（《中國經濟史研究》1988 年第 1 期）將明代宗法宗族制的發展變化歸納為兩點：一是廢除了關於建祠及追祭世代的限制，使一個族姓所涵括的族眾範圍較前擴大；二是宗族關係的政治性質加強，宗族結構逐漸變成維護封建統治的基層社會組織，起着基層政權的作用。鄭振滿《明清福建的里甲戶籍與家族組織》(《中國社會經濟史研究》1989 年第 2 期)通過分析明清福建地區的族譜資料，探討了里甲戶籍的世襲化及其對家族發展的影響，認為家族組織與基層政權的結合，加強了官僚政府對於基層社會的控制，這種控制又是以基層社會的自治化為前提的。陳柯雲《明清徽州宗族對鄉村統治的加強》(《中國史研究》1995 年 3 期)認為明中葉以後，徽州宗族對鄉村的統治逐步加強，到清前期達到鼎盛時期。宗族的影響幾乎滲透到徽人宗族生活的各個方面，某些宗族組織逐漸控制了鄉村的司法仲裁權，形成「家法大於國法」的局面。宗族統治與封建政權統治互相支持、補充，使中國社會具有不斷自我修補、自我完善的機制。陳支平《近五百年來福建的家族、社會與文化》(上海三聯書店 1991 年版)認為，明清福建家族權力在與國家權力的關係上，既有割據、對抗的一面，又有互相利用、密切配合的一面；鄭振滿《明清福建家族組織與社會變遷》(湖南教育出版社 1992 年版)則認為，在明清時期，福建社會出現了宗法倫理庶民化、財產關係共有化、基層社會自治化的趨勢。常建華《明代宗族研究》(上海人民出版社 2005 年版)以南直徽州、福建興化、江西吉安三府特別是吉安府泰和縣為例，對明代的宗族制度進行了比較系統的研究，通過對宗族制度與鄉約推行關係的研究，提出了「宗族鄉約化」的概念，並且認為，通過鄉約實現社會控制，是明朝政府對基層社會進行治理的重要途徑和手段。此外，有不少學者立足於整個明清乃至更長的時段對基層社會進行了研究，他們的研究對於揭示明朝國家權力在基層社會的實施及其與宗族、宗教等社會權力的關係同樣具有重要意義。

陳寶良《明代儒學生員與地方社會》(中國社會科學出版社 2005 年版)無疑對解讀明代地方社會具有重要意義。明後期特別是晚明時期上百萬的生員形成了一個龐大的社會階層，其「羣體性」行為（陳寶良稱為「社會性運作」）在一定程度上左右社會輿論和官府決策，干預着國家權力的實施，對地方社會產生重要影響。陳寶良正是從這個層面上對生員問題進行了有益的探討。

其實，在過去的二十多年裏，有關明朝國家權力結構的方方面面，諸如軍事、財政、司法、監察，以及明朝國家權力在少數民族地區與土司權力的協調與鬥爭，以及作為國家權力執行主體的官員和吏員等，都有學者進行探討並取得了重要的成果。

所有這些成果，既為本課題的研究構築了堅實的學術基礎，也加大了著者或本課題在這一領域進行後續研究的困難。但是，這並不意味着對於明朝國家權力的研究已經沒有拓展的空間。一方面，任何成果都受到時代認識和作者視野的限制，因而都是階段性的，很難說一個問題在某一位或某幾位學者的研究之後就再無研究的必要。我並不苟同一些學者所聲稱的「某某問題已被某人某文解決」，倒是更讚賞梁啟超一再聲明的「以今日之我攻昨日之我」，所以並不忌諱對一些學界討論的熱點問題進行再評述。另一方面，本項研究將在已有成果的基礎上，將重點放在明朝國家權力的內部構成，主要是結構的變化過程、運作程序以及各環節之間的協調關係上。因此，權力結構及其運作過程中的變化和調整將得到極大的重視。而這恰恰是過去的研究者包括著者本人所忽視或關注不夠的。

國家制度一經建立，法定權力的構成及分配往往是相對靜態的，但這種靜態僅僅停留在「祖制」的層面上，其運作過程中的權宜和調整永遠是處於動態的，一些偶發事件及政治家個人的權變在其中也起着重要的作用。因此，將明代國家權力結構看成是一個動態過程，並將特定時期「陰差陽錯」發生而後來被證明重要的歷史事件以及推動這些事件發生、發展並且對國家權力關係產生影響的個人行為、羣體行為納入研究的視野，將是本書的重要特點。

根據上述思路，本書討論的是明代中央決策系統的權力關係。由於明初最高統治集團內部矛盾的激化特別是明太祖個人求治過切、殺伐果斷的個性，春秋中期開始出現並在秦漢時期得以確立並延續到明初的宰相制度被廢除，這是中國政治史上的一件大事。可以說，如果不是明太祖個人的性格因素，這一情況絕不可能發生。明代中央決策系統的權力關係，正是在這一前提下重新進行組合的，並形成了內閣通過票擬處理中外一切庶務，司禮監代表皇帝通過對閣票批紅進行再裁決，六科簽署或封駁一切「旨意」以行監督，皇帝不視朝不接見大臣「垂拱而治」的格局。在這一格局中，皇帝不必親自處理任何具體事務，卻可以隨時追究任何部門的責任。皇帝、內監、內閣，成為中央決策系統的「三角」。從表面上看，皇帝為核心，內閣、司禮監為兩個支點，但實質上是以內制外，司禮監代表「朝廷」制約內閣。被當今學界廣泛認可的明人沈德符等人關於內閣與司禮監「對柄機要」的論斷，其實並沒有真正揭示出內閣與內監之間的關係。這是明朝不同於中國歷史上任何朝代的中央決策系統的權力關係。本書描述的，正是這一格局及權力關係的形成過程，以及這一過程中的種種偶然和必然。內書堂的設置及「知識宦官」羣體的出現，無疑既是應這一格局需要而產生的新事物，又是推動這一格局形成的重要因素。

皇帝集權、中央各部門分權，中央集權、地方各部門分權，既是明朝也是中國歷代統治者所希望的權力構成方式。其間的分分合合，反映的是社會發展進程與統治者意願之間的矛盾與統一。

內廷機構外廷化、中央機構地方化、監察機構行政化，是中國歷代國家權力關係演變的基本規律，這一規律在明代國家權力結構的演變過程中，仍然處處得到體現。

所有這些問題，本書將力爭有所討論，並提出自己的認識。

第一章
「三大府」的設置與中書省的廢除

第一節　皇權獨尊與「三大府」的分工

一、相依為命的生死冤家：「皇權」與「相權」

自從秦朝確立君主專制的中央集權國家政治體制，皇帝就是國家權力的象徵和總匯，擁有至高無上的地位，「三公九卿」則成為歷代皇朝皇帝之下中央國家權力的基本結構。秦漢是丞相、太尉、御史大夫「三公」，及奉常（太常）、郎中令（光祿勛）、衛尉、太僕、廷尉、典客（大鴻臚）、宗正、治粟內史（大司農）、少府、中尉（執金吾）等「諸卿」；隋唐是中書、門下、尚書「三省」，及吏、戶、禮、兵、刑、工「六部」。元代的中書省、樞密院、御史台「三府」更類似秦漢的「三公」，卻又繼承了隋唐以後六部聽命於尚書省（或中書省）的做法。

台灣學者楊樹藩在討論這一體制時，將中國古代「三公」或「三省」並立與西方近代國家國會、政府、法院「三府」進行比較，認為雖然二者都是「分權」，但西方分權為的是民主，中國分權為的是專制。[1]

西方的分權固然是事實，因為它有法律和民眾制約，特別是有控制着國家經濟命脈的眾多利益集團的相互制約及其對國家事務的干預。但中國的分權始終沒有真正實現，雖然說分權為的是便於君主集權，而無法真正分權也同樣是因為君主的集權。

1　楊樹藩：《明代中央政治制度》，台北：台灣商務印書館，1977 年，第 241 頁。

秦漢雖然是「三公」並立，但真正有決策權的還是丞相。其後有一段時間，大將軍錄尚書事更淩駕於其他衙門之上。隋唐雖然是「三省」並立，但當李世民為尚書令時，尚書省的地位就不是中書、門下所能制約的。元代雖然是「三府」並立，由太子兼中書令的中書省也非樞密院、御史台所敢抗衡。更何況，無論是「三公」「三省」還是「三府」，頭上都有一個「獨攬乾綱」的皇帝。皇帝信賴哪個衙門，這個衙門便為權力的中心，漢之尚書、唐之政事堂、明之內閣、清之軍機處即是，同時的「三公」「三省」「三府」「內閣」卻淪為辦事機構乃至「閒曹」。又由於君主集權，只要皇帝真正關心政務，皇帝就是權力的中心，尚書台、政事堂、內閣、軍機處實則是皇帝的辦公廳或祕書處。

在討論明代中央決策系統權力結構時，首先必須為皇帝「定位」，因為在任何時候，皇帝才是國家權力結構的總樞紐，至於如何表現權威和地位，只是形式而已。一些歷史讀物和民眾言論，喜歡將中國古代的皇帝和宰相比之於今日的主席（或總統）和總理，評書家更每每將宰相說成是「一人之下、萬人之上」。從表像來看，這些說法不無道理，但從本質上說，毋寧將皇帝和宰相看成是現代家族型企業的董事長和總經理。董事長可以世襲且具有決策權，總經理則永遠是打工仔，是董事會決策的執行者。當然，一些「從龍」功臣在皇朝的創建、重建過程中或危難關頭立下了汗馬功勞，因此獲取了高位，有的還得到了世襲特權和免死多次的特權。這一方面是酬謝，另一方面也類似於現代企業的股份花息。但這種「花息」並沒有法律保障，取予之間也許就是皇帝的一念之差。當然，對皇帝而言，這裏有一定的人情風險。明太祖自己也說：「自起兵以來，諸將從朕被堅執銳以征討四方，戰勝攻取，其功何可忘哉。」[1] 在明代國家權力的建構過程中，可以十分清晰地看到這層關係。

在中國歷史上，從來也沒有過關於皇帝和宰相分工的法律條文，但是二者的職能有諸多的重疊。一般來說，只有皇帝不問政事，或者本來就

1　《明太祖實錄》卷 58，洪武三年十一月丙申。

是傀儡時，宰相才有獨立處理國家事務的可能，如漢宣帝初即位時的霍光、漢獻帝時代的曹操、蜀漢後主時代的諸葛亮等。但正如明太祖所反覆強調的，國家一旦進入到這種時代，改朝換代就為期不遠了。如果皇帝年富力強而又親理政務，宰相只是協調各部門的「祕書長」，多半是以其人生閱歷、從政經驗和學識見解充當參謀。如秦始皇時代的李斯、唐太宗時代的房玄齡乃至宋高宗時代的秦檜，也有明洪武時的李善長、汪廣洋及胡惟庸。

二、明初「三大府」與中書省「獨重」

任何新事物的出現都避免不了對舊事物的模仿和繼承。明初承襲元代中書省、樞密院對柄政令、軍令，御史台執掌監察的體制，在中央設中書省、大都督府、御史台，並稱「三大府」。中書省總理政務，置左右丞相（均為正一品）、平章政事（從一品）、左右丞（正二品）、參知政事（從二品）等，下有吏、戶、禮、兵、刑、工六部，分理庶務。大都督府即樞密院，總管軍伍，置大都督（從一品）、左右都督（正二品）等。御史台掌管監察，置御史大夫（從一品）、御史中丞（正二品）等。

明太祖對三大府的分工作了如下說明：「國家新立，惟三大府總天下之政。中書政之本，都督府掌軍旅，御史台糾察百司。」[1] 雖然並稱「三大府」，但以中書省獨重。大都督府和御史台均為從一品衙門，中書省則為正一品。明太祖也反覆強調中書省的特殊地位。洪武元年（1368）八月，在召見六部官員時，明太祖指出：「國家之事，總之者中書，分理者六部，至為要職。」[2] 又說：「中書，法度之本，百司之所稟承，凡朝廷命令政教，皆由斯出。」[3] 中書省不僅掌行政，還與大都督府同掌軍政。洪武四年規定：「凡軍機文書，非大都督府長官與中書丞相及在省長官，不許入奏，亦不

1 《明太祖實錄》卷 26，吳元年十月壬子。

2 《明太祖實錄》卷 34，洪武元年八月丁丑。

3 《明太祖實錄》卷 39，洪武二年二月乙酉。

許擅自奏請。若有詔急令調軍，中書省即會大都督府官同入覆奏。」[1] 而出任第一任中書省長官的，則是明代開國第一文、武功臣李善長和徐達。中書省的地位和權威，於此可見。

明初中書省的這一地位，既繼承元朝舊制，又與明太祖起兵後的政權建置和權力分配有密切關係。至正十六年（1356）三月，朱元璋攻佔集慶路（改應天府）後，被諸將奉為「吳國公」，置江南行中書省，自總省事，名義上奉龍鳳年號，實則成為獨立勢力。在朱元璋集團的勢力範圍內，江南行省的權力是至高無上的。當時的江南行省，是以後大明皇朝的雛形，明太祖本人就是江南行省的首腦，日後為中書省丞相的李善長此時為江南行省參議。擊滅陳友諒勢力後，至正二十四年正月，以李善長、徐達為首的官員，欲推明太祖即皇帝位。明太祖以「戎馬未息、瘡痍未蘇、天命難必、人心未定」不允，但為收拾人心，改稱「吳王」，同時置中書省，以李善長、徐達為右、左相國（時尚右）。[2] 這個中書省，是直接聽命於明太祖的最高權力機構。由於左相國徐達長年領兵在外，李善長在中書省的權威便突顯出來。《明史》本傳說：「軍機進退，賞罰章程，多決於善長。」明太祖「前後自將征討，皆命（善長）居守，將吏帖服，居民安堵，轉輸兵餉無乏。……制錢法，開鐵冶，定魚稅，國用益饒」。[3] 在戰爭年代，以李善長為首的中書省起到了穩定後方、支援前線的重要作用。其時朱元璋的主要精力放在掃平羣雄、統一全國、取代元朝建立新朝之上，中書省在處置政務方面的權威性和高效率，是其從事統一戰爭的有力保證。

與此同時，作為軍令所在的大都督府，卻並未發揮真正的作用。曾經出任大都督的只有兩人：朱文正、李文忠。二人分別受命於建元洪武之前的至正二十一年和建元洪武之後的洪武三年。朱文正是明太祖姪兒，至正二十一年改樞密院為大都督府時，朱文正以樞密同僉為大都督，「節制中

1　《明太祖實錄》卷 67，洪武四年八月辛巳。

2　《明太祖實錄》卷 14，至正二十四年正月丙寅。

3　《明史》卷 127《李善長傳》。

外諸軍事」。至正二十二年五月，朱文正出鎮洪都（南昌），並在次年抗擊陳友諒圍攻達八十五日，不僅極大打擊了陳友諒集團的銳氣，還為明太祖擊滅陳友諒集團贏得了時間、積蓄了力量。但作為大都督，朱文正沒有也不可能真正行使「節制中外諸軍事」的職責。真正作出決策的是明太祖自己，協助其調度「軍機進退」的，卻是中書省（初期為江南行中書省）。就在朱文正以樞密同僉為大都督的同時，時為江南行中書省參議的李善長即兼大都督府「司馬事」，另一位參議宋思顏「兼參軍事」。[1] 至正二十五年正月，朱文正因罪免官，安置於浙江桐廬。雖然仍有大都督府，但大都督的位置空缺。李文忠為明太祖外甥，與朱文正同由馬皇后撫養，歷任浙東分省中丞、浙江行省平章，又隨常遇春北伐，遇春死後代領其眾，直搗應昌，獲元順帝嫡孫及故元宗室多人。洪武三年十一月北伐歸，論功第一，封曹國公，為大都督。[2] 但從洪武四年七月開始，李文忠先是出撫四川，後與徐達、馮勝、傅友德等人輪番北伐、巡邊，大抵上是春出冬歸，也不可能真正主持大都督府的事務。而命將出師，從來都是明太祖的親自決策。

吳元年（1367）十月初九日，始設御史台，以湯和、鄧愈為左、右御史大夫，劉基、章溢為御史中丞。第二天，湯和即為征南將軍，啟程往慶元討方國珍。[3] 兩個月後，洪武元年正月，鄧愈為征戍將軍，經略河南。[4] 主持御史台的其實是劉基、章溢。但是，洪武元年八月，劉基因得罪李善長告歸青田；二年五月，章溢病逝。[5] 此後，出任過御史中丞的仍有幾位重要人物：楊憲、陳寧、涂節、安然，陳寧、安然還一度任御史大夫。御史台官員在行使職責時，中書省官員不能過多干預。以劉基為御史中丞時為例，「凡中書僚吏有犯，即捕治之」。在請旨誅殺中書省都事李彬時，丞相

1 《明太祖實錄》卷 9，至正二十一年三月丁丑。

2 《明太祖實錄》卷 58，洪武三年十一月戊戌。

3 《明太祖實錄》卷 26，吳元年十月壬子、癸丑。

4 《明太祖實錄》卷 29，洪武元年正月庚子。

5 《明太祖實錄》卷 34，洪武元年八月丁丑；卷 42，洪武二年五月辛酉。

李善長除了請緩，只能在明太祖面前攻擊劉基的「專恣」。[1] 劉基這種不將中書省長官放在眼裏的行為，沒有得到明太祖的鼓勵。恰恰相反，被認為「深文以為能、苛察以為智」「直以搏擊為能」。[2] 當然，一旦明太祖需要御史台進行「搏擊」時，則將其利用到極致。

由於「三大府」的上述態勢，因此，雖說是三府並立，事實上卻是中書省一府獨重。即使是中書省，其前後丞相李善長、胡惟庸等，在明太祖的權威面前，也是「僅供驅使」，一旦被認為有礙於皇帝權威的彰顯，即予鏟除。這可以說是明代最高權力結構的一般情況。

第二節　宰相的兩難選擇與中書省的廢除

一、明初的皇權、相權及「易相」嘗試

在戰爭年代，明太祖的主要精力用於盪平羣雄、奪取天下，以李善長為首的中書省的職責則是協調關係、穩定後方。在這個階段，作為最高統治者的明太祖和作為政府首腦的中書丞相李善長是相安無事的。

隨着戰事的逐漸平息和政權的趨於穩固，明太祖的精力自然轉向內政，長期以來積勢甚重的中書省，這時成了皇帝親理政務的障礙。歷史上曾經反覆出現的所謂皇權與相權的矛盾和鬥爭，不可避免地在此時重演。

1　《明太祖實錄》卷 34，洪武元年八月丁丑。

2　《明太祖實錄》卷 26，吳元年十月乙卯條載，明太祖諭御史台臣劉基、章溢、周禎等曰：「紀綱法度，為治之本。所以振紀綱明法度者，則在台憲。凡揭紀綱法度以示百司，猶射者之有正鵠也……苟不知其本，察於小物而昧於大體，終非至正之道。爾等執法，上應天象，少有偏曲，則紀綱法度廢壞而民不得其安，況或深文以為能、苛察以為智，若寧成、郅都、周興、來俊臣之徒，巧詆深文，恣為酷虐，終亦不免。」與劉基同為御史中丞的章溢，也並不主張過於苛察。《明太祖實錄》卷 42，洪武二年五月辛酉條載，「（章）溢為政務存大體，不屑屑於細故。或以為言，溢曰：『憲台百司之儀表，居其職者，皆先養人以廉恥，豈直以搏擊為能哉。』」

但是，明初的情形又與歷代殊不相同。一方面，明太祖並非即位初時的漢宣帝，也並非傀儡皇帝漢獻帝和蜀後主，甚至也不似近知天命而始起兵、五年即得天下的漢高祖，他青年從軍，十五年方奄有天下，一心一意要使大明江山傳之萬代，故處處留意，事必躬親。另一方面，明太祖又並不像秦始皇、唐太宗乃至宋高宗那樣有祖宗留下的家業作為基礎，而李善長作為最早的「從龍」功臣之一，前後主持江南行省、中書省十多年，為參謀、預機務、主饋餉，撫安部屬、調護諸將，在官場中的勢力根深蒂固。這兩個因素放在一起，本來就容易發生問題。而李善長在功高位隆之後，竟然居功自傲，讓明太祖感覺到其「驕」，這當然不是好的兆頭。明太祖曾向劉基表露出換相意向，劉基當即質疑：「善長勛舊，能調和諸將」，特別強調其不可取代性。這種表態看似「為之地」[1]，但明太祖最為擔心的，也正是李善長既為勛舊而又能調和諸將的不可取代性。在他看來，明廷已經出現兩個權力中心，即皇帝和宰相。僅此一端，李善長就必須離開中書省。

洪武四年（1371）正月李善長的致仕，可視為明太祖調整中央決策系統權力結構的第一步。但走出這一步時，並沒有任何跡象表明他將對整個國家權力結構動大的「手術」。如果沒有胡惟庸事件，明朝的國家權力結構或許不會是後來的樣子。但後來發生的一系列事件，又恰恰是明初政治形勢發展的合理結果。

黃伯生為劉基所作《行狀》記載了一個後來廣為流行的故事：

> 帝欲相楊憲。公與憲素厚，以為不可。帝怪之。公曰：「憲有相才，無相器。夫宰相者，持心如水，以義理為權衡而已，無與焉者也。今憲不然，能無敗乎？」帝曰：「汪廣洋何如？」公曰：「此偏淺，觀其人可知。」曰：「胡惟庸何如？」公曰：「此小犢，將僨轅而破犁矣。」帝曰：「吾之相無逾於先生。」公曰：「臣非不自知。但臣

1 《明史》卷 128《劉基傳》。

疾惡大深，又不耐繁劇，為之且孤大恩。天下何患無才，願明主悉心求之。如目前諸人，臣誠未見其可也。」[1]

這段文字後來被《明史．劉基傳》及其他各種有關劉基的記載採用。明太祖在和劉基討論中書丞相時提到了三個名字：楊憲、汪廣洋、胡惟庸。但這三人被劉基一一否定：楊憲「有相才無相器」、汪廣洋的狹隘更甚於楊憲、胡惟庸有些才力卻易「僨轅」。而在當時，中書丞相的人選也確實是兩難選擇：背景深厚又有能力，是又一個李善長甚至比李善長更令人擔憂，此後的胡惟庸正屬此類；缺乏根基，即使再有能力，也難以協調各種利害關係，楊憲屬此類；如果既無根基又無過人才幹，雖然可能維持局面，卻於事無補，最終是尸位素餐、受他人擺佈，這正是汪廣洋的悲劇。

明太祖向劉基「問相」之事的細節是否真實並不重要，重要的是，明太祖並沒有採納劉基的意見。明太祖換相的主意已定，而羣臣中又找不出比楊、汪、胡三人更合適者，故三人都得到任用。

汪廣洋是三人中最早在中書省任職的。至正十五年（1355）四月，明太祖自為大元帥，李善長為帥府都事，汪廣洋即為帥府令史。至正二十四年正月明太祖稱「吳王」，置中書省，當時任命的中書省高中級官員只有六人，而汪廣洋為其一：李善長、徐達為相國（正一品），常遇春、俞通海為平章政事（正二品），汪廣洋為右司郎中（正五品），張昶為左司都事（正七品）。[2] 但明太祖更關注的顯然是楊憲。楊憲雖然至正十六年才以儒士身份投奔南京，但到吳元年（至正二十七年）九月，已是中書省參知政事；洪武二年九月為中書右丞，三年七月即為左丞。[3] 汪廣洋為參知政事的時間為洪武元年十二月，三年六月時是右丞，都比楊憲慢一拍；洪武四年正月

1　劉基：《誠意伯文集》卷 20《雜錄．故誠意伯劉公行狀》。

2　《明太祖實錄》卷 3，至正十五年四月丁巳；卷 14，至正二十四年正月丙寅。

3　《明太祖實錄》卷 25，至正二十七年九月戊寅；卷 45，洪武二年九月辛丑；卷 54，洪武三年七月丙辰。

李善長致仕時，楊憲已被誅，而汪廣洋乃任中書右丞相。[1] 胡惟庸為參知政事在洪武三年正月，四年正月為左丞，六年六月為右丞相。[2]

明太祖對於李善長繼承人的排序是：楊、汪、胡。可見，其心目中丞相的標準，應該是有能力而無背景。誅殺楊憲之後，明太祖寧願用無背景且能力稍弱的汪廣洋，也不用既有背景又有能力的胡惟庸。也就是說，他不希望在皇權之下有一個強大的相權。但是，楊憲雖然吳元年已為中書省參知政事，卻從洪武元年正月至二年九月先後出任御史中丞和山西行省參政；汪廣洋在任中書省參知政事之後，也曾外任陝西參政；唯獨胡惟庸，自洪武三年以太常卿為參知政事後，一直沒有離開過中書省。

可見，中書省居於國家權力結構的核心地位，為丞相者就既需要背景又需要能力，但這恰恰可能造成對皇權的威脅，至少明太祖本人有這種感覺。既然如此，在明太祖創建並將遺之後世的國家權力結構中，就不允許有這類威脅皇權的權力機關，中書省也就理所當然不能存在。[3] 而從後來言官所列舉的種種「罪狀」看，李善長的特點是「柔奸隱匿、尸位素餐」[4]，並非具有很強的能力。明太祖之所以警惕且必易之而後已，應該因為中書省本身的地位和權力。

---

1 《明太祖實錄》卷 37，洪武元年十二月丁卯；卷 53，洪武三年六月庚辰；卷 60，洪武四年正月丙戌。

2 《明太祖實錄》卷 48，洪武三年正月辛亥；卷 60，洪武四年正月丙戌；卷 83，洪武六年六月壬子。

3 吳晗《朱元璋傳》認為李善長和胡惟庸均為明初淮右勛貴集團的代表，甚是。在當時的情況下，如果不摧毀這一集團，其他任何人都不可能在中書省立足。其實可以有另外一種選擇，即明太祖在沒有解決胡惟庸問題之前就去世，如同漢高祖劉邦。如果是這樣，朱氏天下也不可能被他人取而代之，而中書省仍然存在，或者可以通過另外一種方式存在。但畢竟歷史按照現在這樣發生了。一些偶然的事件或許是可以左右或決定一些歷史現象的。

4 《明太祖實錄》卷 202，洪武二十三年五月戊戌。監察御史劾奏：「善長始由小吏，遭遇龍興，無介冑之勞、乏匡輔之德。皇上念其閭里舊人，艱難扈從，服勤左右，多歷年所，錫之公爵，位極人臣，祿及子孫，恩覃骨肉。而善長柔奸隱匿，尸位素餐。楊憲謀叛，若罔聞知；胡陳不軌，又為謀主。」

有了這種認識，從洪武十年開始，明太祖對於國家權力結構的調整，便集中在對中書省權力的削奪乃至鏟除。由於這一行為和明初最高統治集團中的派系鬥爭交織在一起，加上明太祖殺伐果斷的性格因素，其殘酷性就超過以往任何朝代。

二、中書省的廢除及明太祖對國家權力結構的新設計

洪武十年（1377）夏天，明太祖連續採取了三項措施限制中書省的權力。五月，「命太師韓國公李善長、曹國公李文忠共議軍國重事，凡中書省、都督府、御史台悉總之，議事允當，然後奏聞行之。」[1] 這可以說是無奈之舉。李善長是已經退休的丞相，被重新請了回來，和李文忠一道主持三大府事務，不知明太祖此時可曾想起當年劉基的勸告。六月，明太祖給中書省下了一道敕諭，以「清明之朝，耳目外通，昏暗之世，聰明內蔽」為由，要求凡軍民言事奏章，「實封直達朕前」。[2] 七月，設置通政司，「掌出納諸司文書敷奏封駁之事」，這是對軍民言事直達御前的制度上的保證。《實錄》記載，通政司初置之時，「上重其任，頗難其人」。最後選定的首任通政使是準備出任陝西行省參政的刑部主事曾秉正，而以歷任四川、廣東參政及兵部尚書、應天府尹的劉仁為左通政。明太祖給曾、劉二人的敕諭無疑是給中書省敲警鐘：「壅蔽於言者，禍亂之萌；專恣於事者，權奸之漸。必有喉舌之司，以通上下之情，以達天下之政。」[3] 通政司的建立，是為了扼制「權奸」，這樣一個「喉舌之司」，開闢了一條內外諸司越過中書省直接與皇帝聯繫的渠道。此時明太祖從權力結構的改革開始着手對中書省地位和權威的削弱，而不僅僅是限於宰相人選的物色。

第二年三月，明太祖發表了一番足以讓中書省長官們膽寒的言論：「胡元之世，政專中書，凡事必先關報，然後奏聞。其君又多昏蔽，是致民

1 《明太祖實錄》卷 112，洪武十年五月庚子。

2 《明太祖實錄》卷 113，洪武十年六月丁巳。

3 《明太祖實錄》卷 113，洪武十年七月甲申。

情不通，尋至大亂，深可為戒。大抵民情幽隱，猝難畢達，苟忽而不究，天下離合之機係焉，甚可畏也。」為此，明太祖命禮部制定奏式，申明天下。[1] 但奏式的具體內容和格式，《實錄》和《會典》均未明載。鄭曉《今言》認為這次制定奏式的核心內容是「禁六部奏事不得關白中書省」。[2] 查繼佐《罪惟錄》擴大了這一奏式的適用範圍：「禁奏事關白中書省」。[3] 如果參照《實錄》所說的「申明天下」，查繼佐的處理應該更符合事實。《明史》即採用了這一說法，明載「命奏事毋關白中書省」。[4] 但《御批通鑒輯覽》在記載這一史實時顯得較為謹慎：「詔奏事毋先白中書省。」[5] 從事情表面上的邏輯關係，以及明太祖所指責的「凡事必先關報」來看，《御批通鑒輯覽》的說法似乎更合情理，即這次制定奏式主要是針對「先關報」的問題，即有事必須先上本通政司以達皇帝，而不是先關報中書省。但這裏就產生一個疑問：如果僅僅是不先關報中書省，那就意味着還是要關報中書省，那麼，是什麼時間、通過什麼方式「關報」？抑或根本就沒有考慮「關報」？可以相信，這個奏式的內容就是「奏事毋關白中書省」。如果是這樣，中書省就成為累贅了。

洪武十二年（1379）九月發生的占城使者事件，加速了明太祖徹底廢除中書省的步伐。當時，占城王使臣到南京進表文、貢方物，有關部門卻不向皇帝通報。有內臣因事出宮，恰巧遇上占城使者，回宮後告知明太祖。這一事件看似微不足道，但其性質是嚴重的，明太祖當時就感歎：「壅蔽之害，乃至此哉！」[6] 於是「切責」中書省官員。中書省丞相胡惟庸、汪

1 《明太祖實錄》卷 117，洪武十一年三月壬午。

2 鄭曉：《今言》卷 1 之 14。

3 查繼佐：《罪惟錄．紀》卷之 1《太祖紀》。

4 《明史》卷 2《太祖紀二》。

5 傅恆等：《御批歷代通鑒輯覽》卷 100，洪武十一年三月。

6 《明太祖實錄》卷 126，洪武十二年九月戊午。先師歐陽琛教授懷疑有關內臣外出辦事偶遇占城使者的記載，認為應是洪武時期宦官「偵事」的典型例子。（見《明代的司禮監》，《江西師院學報（哲學社會科學版）》1983 年第 4 期）

廣洋被迫認罪，卻又諉過於禮部，禮部也推卸責任。明太祖極為不滿，發了一道措辭嚴厲的敕諭：「九月二十五日，有慢占城入貢事，問及省、部，互相推調。朕不聰明，罪無所歸。」[1] 如果考慮到洪武十一年三月禁諸司奏事先關白中書省，而接待使臣又是禮部的職責，那麼，不管禮部是否「關白」中書省，中書省都可以不負未奏聞的責任。省、部推諉，罪無所歸，乃是制度上的漏洞所致，但在明太祖看來，全因中書省從中作梗，至少也是消極對抗。既然皇帝可以直接處理六部事務，六部直接對皇帝負責，那麼，中書省這一環節自然沒有存在的必要。

接着而來的是中書省右丞相汪廣洋的貶死。據《明史》載，「（洪武）十二年十二月，（御史）中丞涂節言劉基為（胡）惟庸毒死，（汪）廣洋宜知狀。帝問之，對曰：『無有。』帝怒，責廣洋朋欺，貶廣南。舟次太平，帝追怒其在江西曲庇（朱）文正，在中書不發楊憲之奸，賜敕誅之。」[2] 由此看來，汪廣洋之死，實死於胡惟庸，死於他不敢出面證實胡惟庸的罪狀。[3] 既然如此，胡惟庸的死期也就不遠了。

洪武十三年正月初二日，涂節又告胡惟庸與御史大夫陳寧等謀反。明太祖聞報，親自處理此事。初六日，賜胡惟庸、陳寧死，盡誅其黨僚凡一萬五千餘人。十一日，祀天地於南郊，宣告罷中書省、升六部，改大都督府為五軍都督府。[4] 從涂節告變到中書省廢除，前後僅十天時間，而上距涂節告劉基為胡惟庸所毒死，也不到一個月。明代官方史料記載了胡惟庸的諸多罪狀，至云其通倭、謀反，但多屬「莫須有」。雖然沒有確切材料可以證實涂節的兩次關鍵性密報乃出於明太祖的授意，但至少是揣摩明太祖之意而為之。

1 朱元璋：《洪武御製文集》卷 7《問中書禮部慢占城入貢第二敕》。

2 《明史》卷 127《汪廣洋傳》。

3 按：所謂胡惟庸毒死劉基事，多半屬推測。且不說胡惟庸並無毒死劉基的必要，即使有這種動機，也未必有三個月之後才致人於死地的毒藥。

4 《明太祖實錄》卷 129，洪武十三年正月甲午、癸卯。

洪武二十八年（1395），即廢除中書省後的十五年，明太祖下了那道著名的「不許復立丞相」「五府、六部、都察院、通政司、大理寺等衙門，分理天下庶務」的敕諭。這道敕諭是明太祖對明初中央權力結構改革的總結，也是對歷代中央權力結構利弊的總體認識。[1] 根據這道敕諭的精神，明代中央權力結構的基本特點，用明太祖的話來説，就是各衙門「彼此頡頏，不敢相壓，事皆朝廷總之」，也就是皇帝親理政務。前、後、左、右、中五軍都督府，吏、戶、禮、兵、刑、工六部，及都察院、通政司、大理寺並立，相互制衡，分別對皇帝負責。皇帝則擔負起相當於現代企業董事長和總經理的雙重職責，以便於權力的高度集中。

這一權力結構的設計並定型，既反映了明太祖力圖在政治體制上掃除一切危及皇權的因素以維護朱明皇朝統治的主觀意志，也反映了明初統治階級在經歷了一場嚴酷的權力鬥爭、總結了歷代治亂經驗之後，希望通過強化君權、保持各層次權力平衡以緩和內部矛盾、維護長遠利益的政治意向。但是，由於這一體制較多地注入了明太祖個人殺伐果斷、求治太切的性格因素，尤其是受明初最高統治集團內部權力鬥爭的強烈影響，因而過於極端化，難以經受時間的考驗。

1 《明太祖實錄》卷 29，洪武元年正月戊寅條載：「上諭中書省臣曰：『成周之時，治掌於冢宰，教掌於司徒，禮掌於宗伯，政掌於司馬，刑掌於司寇，工掌於司空。故天子總六官，六官總百執事，大小相維，各有攸屬，是以事簡而政不紊故治。秦用商鞅，變更古制，法如牛毛，暴其民甚而民不從，故亂。卿等任居宰輔，宜振舉大綱，以率百寮，贊朕為治。』」可見，早在洪武初元，明太祖就已經嚮往着所謂「天子總六官」的統治模式。

第二章

翰林春坊官平駁奏啟與內閣的出現

第一節　四輔官、大學士與翰林春坊官平駁諸司奏啟

一、四輔官與殿閣大學士

明初中書省既全面處理國家政務，又是皇帝和諸司衙門之間的一個協調機關。明太祖在統治集團內部矛盾激化的特定條件之下，既過分估計了這種矛盾的嚴重性，又從極端的角度吸取歷代君權與相權鬥爭的教訓，斷然廢除中書省，並嚴令禁止復設丞相。這不但違背了中國古代君主專制制度自身運行的規律，而且使皇帝在國家權力結構的格局中降至政務官的地位，陷於紛繁瑣細的日常事務之中。據給事中張文輔統計，在洪武十七年（1384）九月十四日至二十一日的八天裏，內外諸司的奏章共 1660 份，奏事 3391 件，明太祖不得不哀歎：「朕一人處此多務，豈能一一周遍，苟致事有失宜，豈惟一姓之害，豈惟一身之憂，將為四海之憂。」[1] 表現出一個負荷過重、力不從心的獨裁者的窘境。因此，明太祖不得不採取一些措施來彌補因中書省的廢除而導致的權力結構上的空缺和權力運作中的不便。

廢中書省的當年，即洪武十三年的九月，明太祖告祭太廟，「仿周制」置四輔官，以王本、杜佑、龔斅為春官，杜斆、趙民望、吳源為夏官，皆從一品，位列公侯都督之後而在六部尚書之前，每月分上中下三旬輪流理事。秋官、冬官員缺，由春官、夏官兼攝。

1　《明太祖實錄》卷 165，洪武十七年九月己未。

對於四輔官的設置，明太祖作了以下說明：「朕嘗思之，人主以一身統御天下，不可無輔臣。而輔臣必擇乎正士。故堯舜以得人而昌，商辛以棄賢而亡。」並對王本等人說：「卿等昨為庶民，今輔朕以掌民命，出類拔萃，顯揚先親，天人交慶。」[1] 幾乎將四輔官的設置視為國家的盛典。不久即命吏部，凡郡縣所舉文學、賢良、方正、聰明、正直、孝悌、力田及才幹之士等諸科人才，均在端門廡下，讓四輔官觀其才識；又命刑部錄囚，送四輔官、諫院官、給事中覆核，有疑獄則由四輔官封駁，著為令。[2]

如果僅依據上述材料，必然過高估計四輔官的作用。由於消極吸取過去中書省官員結黨弄權的教訓，首批被任命的六位四輔官，都是新從外地徵辟而來的鄉間老儒，「淳樸無他長」，洪武十三年（1380）九月十二日到京，十九日就任命為四輔官，確是「昨為庶民」，今為王輔。但他們並無從政經歷，也未見有政治抱負，加上年事較高，精力不足，不可能對時局有所補益。就在十四年正月，離受命為四輔官不到半年，龔斆、杜斆、趙民望、吳源四人就相繼致仕。《罪惟錄》說四人是「坐事黜」[3]。六位四輔官只剩兩位。這年三月，曾任御史中丞的安然被任命為四輔官，這可以說是四輔官中較有行政經驗的，但任職才四個月即病故。其後又有李幹、何顯周任四輔官，但隨即和杜佑皆被罷去。剩下的一位王本，是在最初任命的四輔官中排首位的，也是任職時間最長的，最後卻「犯極刑」「坐罪誅」。[4] 至於犯了何罪，史無明載，很可能是因為不懂朝中規矩、不知君主性格，或無意間泄露宮中隱私而觸怒明太祖。王本一死，四輔官一職也隨之而罷，存在的時間為一年左右。

洪武十五年（1382）十一月，明太祖又「仿宋制」置殿閣大學士。

1 《明太祖實錄》卷 133，洪武十三年九月戊申。

2 《明太祖實錄》卷 135，洪武十四年正月丙申及附條。

3 查繼佐：《罪惟錄．紀》卷之 1《太祖紀》；《明史》卷 137《安然傳附王本》。

4 查繼佐：《罪惟錄．紀》卷之 1《太祖紀》。

與四輔官不同的是，殿閣大學士品秩不高，皆正五品，均由翰林院官員出任。東閣大學士吳沉是翰林典籍，文淵閣大學士宋訥是翰林學士，武英殿大學士吳伯宗是翰林院檢討。而且，大學士不像四輔官那樣務實，參與具體政事，而只是務虛，「備顧問而已」[1]。所問之事，不過道德教化、文學辭章；所行之事，不過講經史、讀心箴。至洪武十八年（1385）文淵閣大學士朱善告歸，大學士之位已空無一人，雖然官名尚存，實形同虛設。

二、翰林、春坊官「平駁諸司文章事」

值得注意的是，就在四輔官或罷或殺之時，明太祖於洪武十四年（1381）十月「命法司論囚，擬律奏聞，從翰林院、給事中及春坊正字司直郎會議平允，然後覆奏論決」。[2] 十二月，「命翰林院編修、檢討、典籍，左春坊左司直郎、正字、贊讀考駁諸司奏啟以聞。如平允，則署其銜曰：『翰林院兼平駁諸司文章事某官某』，列名書之」。[3] 實則將司法復審權和政務初審權賦予翰林、春坊官。故明人沈德符認為，「生殺大權，主於詞臣矣」「唐宋平章參政之任又兼之矣」。[4] 孟森先生也認為：「是為千餘年來政本之一大改革。」[5] 有學者以為洪武時的殿閣大學士平駁諸司奏啟，實屬誤解。《明史．職官志》於此早有評論：「當是時，以翰林、春坊詳看諸司奏啟，兼司平駁。大學士特侍左右，備顧問而已。」這些翰林、春坊官事權雖重，但職位卑下，與外廷無公事往來，又非固定人員，類似臨時性差遣，自然沒有結黨弄權、威脅皇權的可能。

對於四輔官，明太祖開始似乎抱有較大的指望，希望對廢除中書省後統治上的不便有所補益，但因有中書省的前車之鑒，又不能不予限制。不

1　《明太祖實錄》卷 150，洪武十五年十一月戊午。

2　《明太祖實錄》卷 139，洪武十四年十月癸丑。

3　《明太祖實錄》卷 140，洪武十四年十二月丁巳。

4　沈德符：《萬曆野獲編》卷 10《翰林權重》。

5　孟森：《明清史講義》上冊，北京：中華書局，1981 年，第 58 頁。

然，四輔官地位崇高，如事權太重，所任者又年富力強、精明過人，豈不又成變相中書省？明太祖這一矛盾心理，從他對四輔官非同一般的隆重禮遇和對人員過於謹慎的選用可以看出，這就決定了四輔官不可能有實質上的作用。至於殿閣大學士，則完全用以體現所謂「三公論道」的「古制」精神而已，於政事無任何實際價值。而翰林、春坊平駁奏啟，顯然是明太祖為解決中書省廢除後的實際問題而採取的一項重要措施。由於現存材料的缺乏，這項措施的詳細情況尚不十分清楚，明太祖也不可能意識到它們的潛在影響，但事實上為後來明成祖調整中樞體制提供了「祖制」依據，為內閣的產生開了先河。日後內閣取得了四輔官的地位、殿閣大學士的銜號以及翰林春坊平章政事的職責，這卻是明太祖始料不及的。

第二節 「內閣」的出現及其地位的迅速提高

一、明代「內閣」的初始狀態

成祖以藩王取皇位，用正統觀念看，無異於篡奪。為了應付複雜而動盪的政局，在使用高壓手段鎮壓反側的同時，迅速組成一個可靠而得力的參贊機務班子顯得尤為迫切。這實際上是明太祖廢中書省後遺留下來的老問題。

當時，成祖的「從龍」功臣多出戎伍，不諳文事，以方孝孺為代表的一些有聲望的建文朝大臣又拒不合作，新政權在人才方面的匱乏是顯而易見的。恰恰在這時，年輕的翰林官解縉、胡廣等在成祖進南京時「率先」迎附，表明其政治態度；楊榮更直叩馬首，提醒成祖當先謁太祖之陵、後即皇帝之位，以正名分、收人心，表現出不同尋常的政治眼光。[1] 基於這些

1 《明史》卷 148《楊榮傳》。按：建文四年成祖初置內閣時，解縉 34 歲、黃淮 36 歲、胡廣 33 歲、金幼孜 35 歲、胡儼 42 歲、楊士奇 38 歲、楊榮 30 歲。都是年富力強，但又都過了而立之年。其中，胡儼年齡最大，楊榮年齡最小。

情況，也為了表示用人不分彼此，成祖即位不到兩個月，就先後命解縉、黃淮、胡廣、楊榮、楊士奇、胡儼、金幼孜等七人直文淵閣，參預機務。內閣作為一種建制，開始出現。黃佐《翰林記》對這一情況作了較為詳細的記載：

> 太宗即位，首詔吏部及本部舉文學行誼才識之士授職。始聞待詔解縉名，稍親近之。召對，喜其豪傑敢言，益見信用。建文四年（1402）七月，侍書黃淮改中書舍人，入見。上與語，大奇之。凡侍朝，命與縉立於御榻之左，以備顧問。上以萬幾叢脞，日御奉天門左室，每夕召語至夜分。上或就寢，賜坐榻前，議論幾密，同列不得與聞。是時，吳府審理副楊士奇在翰林充史官，亦有譽望，親擢為編修。已而改給事中金幼孜、桐城縣知縣胡儼為檢討。尋升縉為侍讀，修撰胡靖（胡廣）為侍講，編修楊子榮為修撰，而改子榮名榮。繼又升淮為編修。九月，遂開內閣於東角門內，召七人者諭以委任腹心之意，俾入處其中，專典密務，雖學士王景輩不得與焉。[1]

根據這段記載，內閣的組成是從人員的選拔開始的。最早得到重用的是解縉和黃淮，然後是二楊、二胡及金幼孜。而七人作為一個羣體出現，則在成祖即位後的不到三個月（見下文），可見其緊迫性。永樂五年（1407），成祖命吏部：「（胡）廣等侍朕日久，繼今考滿，勿改外任。」當時解縉已經獲罪，胡儼出任國子監祭酒，仍在內閣的是胡廣、黃淮、楊榮、楊士奇和金幼孜五人。「勿改外任」，既表明內閣為一整體，又保證其成員的相對穩定，同時也意味着內閣開始由臨時性建制向永久性機構過渡。

如《明史．職官志》所言，永樂時參預機務者「皆編檢講讀之官，不置官屬，不得專制諸司，諸司奏事，亦不得相關白」。且終永樂之世，他們的品秩未過五品，均掛銜翰林而無公開身份。「內閣」的名稱也並未真

1　黃佐：《翰林記》卷 2《內閣親擢》。

正確定，成祖每有言及，或稱「翰林」，或直呼「解縉等」「胡廣等」。從其性質來說，近於皇帝的顧問和機要祕書。但是，內閣的實際作用遠遠超出它的公開地位。永樂初，「凡制詔命令誠敕之文日夥，而禮典庶政之議及事之關機密者咸屬焉」;「時幾務孔殷，常旦及午，百官奏事退，內閣之臣，造扆前進呈文字，商幾密，承顧問，率漏下十數刻始退」。[1] 內閣的這些作用對於成祖穩定時局、鞏固統治起了重要作用。永樂七年（1409）以後，成祖長期離開南京，經營北京，同時親自指揮對元朝殘餘勢力的戰爭，楊榮、胡廣、金幼孜扈從北上，參與帷幄。成祖「軍務悉委（楊）榮，晝夜見無時」，「凡宣詔出令，及旗志符驗，必得（楊）榮奏乃發」。[2] 楊士奇、黃淮輔皇太子監國，亦被仁宗倚為心膂。成祖在說到內閣作用時認為：「代言之司，機密所繫，且旦夕侍聯俾益不在尚書下也。」[3]「天下事咸朕與若等同計，非若六卿之分理也。」[4]

二、洪熙、宣德年間「閣權日重」

永樂時內閣公開地位與實際作用的差異，反映了政治統治的迫切需要和中樞權力結構嚴重缺陷之間的矛盾。正是這一矛盾，促使洪熙、宣德以後內閣地位迅速提高和內閣制度逐步形成。

洪熙時，以二楊（按：楊士奇、楊榮，時楊溥尚未入閣）為核心的閣臣不僅以顧問的身份與仁宗「同計天下事」，還在仁宗的授意和指令下開始直接干預六部和都察院事務。宣德時，「宣宗內柄無大小，悉下大學士楊士奇等參可否，雖吏部蹇義、戶部夏原吉時召見，得預各部事，然希闊不敵士奇等親。自是閣權日重，即有一二吏兵之長與執持是非，輒以

1 楊士奇：《御書閣頌有序》《三朝聖諭錄序》。

2 《明史》卷 148《楊榮傳》。

3 《明史》卷 147《解縉傳》。

4 黃佐：《翰林記》卷 2《內閣親擢》。

敗」。[1] 這不僅是因為二楊具有豐富的政治鬥爭經驗和卓越的治理才幹，更主要的是與皇帝關係近密，往往秉承「上意」來左右朝議。關於安南和戰問題的一場爭議，尤其能說明這一點。

洪熙元年（1425）十一月，宣宗召楊士奇和楊榮，告以欲棄安南之意，並戒之曰：「卿二人但識朕意，勿言。三二年內，朕必行之。」[2] 五個月後，宣宗召二楊及吏部尚書蹇義、戶部尚書夏原吉共議安南事。當宣宗表示準備放棄安南時，蹇、夏立即反對：「太宗皇帝平定此方，勞費多矣。今小丑作孽，何患不克。若以二十年之勤力，一旦棄之，豈不上損威望。願更思之。」宣宗隨即徵求二楊的意見。二楊早已心領神會，並準備好了歷史依據：「陛下此心，固天與祖宗之心。交趾於唐虞三代，皆在荒服之外。當時不有其地，而堯舜禹湯文武不失為聖君。太宗皇帝初欲立陳氏，所以為聖。漢唐以來，交趾雖嘗為郡縣，然叛服不常，喪師費財，不可殫紀，果嘗得其一錢一兵之用乎？……陛下天下之父母，何與豺豕輩較得失耶？」[3] 可見，宣宗是通過二楊來說自己不便說的話，二楊則秉承宣宗的意旨來左右朝議，蹇、夏毫無思想準備，被打了個措手不及。

宣德五年（1430），夏原吉病死，蹇義雖然在公開地位上高於三楊，「然遇事多疑少斷，常持兩端，且短於才」[4]，完全不是二楊的對手，閣權開始淩駕於部權之上。正統初，英宗九歲即位，三楊以四朝元老持政柄，舉凡任官、選舉、漕運、清軍、邊務諸大政，皆楊士奇等主議，內閣地位空前提高，內閣制度也初步形成，主要表現在：內閣名稱的公開化、「殿閣大學士」成為閣臣的專稱、文淵閣成為內閣的官署，內閣權力的基本行使方式——票擬也開始出現。

1　《明史》卷 72《職官志序》。

2　《明宣宗實錄》卷 11，洪熙元年十一月壬戌。

3　《明宣宗實錄》卷 16，宣德元年四月丙寅。

4　《明英宗實錄》卷 1，宣德十年正月丁亥。

第三節 明代內閣建置諸問題

正德、萬曆《明會典》和清修《明史》都對內閣的出現及大學士的設置進行了記載。

正德《明會典》說：

（洪武時）設華蓋殿大學士、武英殿大學士、文華殿大學士、文淵閣大學士、東閣大學士，俱正五品，班在本院學士上。永樂初，簡命編修等官於文淵閣參預機務，謂之「內閣」。漸升至學士等官。洪熙元年，以輔導任重，加升至師保及各部尚書、侍郎職銜，仍兼學士、大學士。[1]

萬曆《明會典》說：

華蓋殿大學士、武英殿大學士、文華殿大學士、文淵閣大學士、東閣大學士，俱洪武中設，職五品，班在學士上。永樂初，簡命編修等官直文淵閣，參預機務，謂之「入閣辦事」。後漸升至學士及大學士。[2]

《明史・職官志》說：

（洪武）十五年（1382），仿宋制置華蓋殿、武英殿、文淵閣、東閣諸大學士，又置文華殿大學士……當是時，以翰林、春坊詳看諸司奏啟，兼司平駁。大學士特侍左右，備顧問而已。建文中，改大學士為學士。成祖即位，特簡解縉、胡廣、楊榮等直文淵閣，

1 正德《明會典》卷 174《翰林院》。

2 萬曆《明會典》卷 221《翰林院》。

參預機務。閣臣之預務自此始。然其時，入內閣者皆編、檢、講讀之官，不設官署，不得專制諸司。[1]

這是明清兩代官修史書對明代內閣建置的權威性記載，但至少在三個重要環節上存在疑點或造成後人的誤解。

一、關於「直文淵閣」參預機務

粗略地看，萬曆本《明會典》只是照錄了正德本《明會典》的記載，其實卻有關鍵性的修正。弘治本記：「簡命編修等官於文淵閣參預機務，謂之內閣。」萬曆本則改為：「簡命編修等官直文淵閣，參預機務，謂之入閣辦事。」至於「內閣」抑或「入閣辦事」將在下文討論，這裏只論「於」與「直」。

不管作者的意圖怎樣，如果僅從字面理解，弘治本顯然是說，永樂初閣臣們是在文淵閣參預機務的。於是後人也就可以認為，如果說永樂初設置了內閣，那麼內閣的地點就在文淵閣。所以《明史》有關人物的列傳便「內閣」「文淵閣」雜用。如《楊士奇傳》說：「成祖即位，（士奇）改編修，簡入內閣，典機務。」《楊榮傳》則說：「簡入文淵閣。」後之研究明史者，大抵繼承了這一說法，並予以發揮。如李天祐先生即指出：永樂初，解縉等「皆以翰林官直文淵閣，參預機務。因文淵閣在午門之內迤東、文華殿南面，即在內廷，遂有內閣之稱」。[2]

其實，內閣建置之初，閣臣並不在文淵閣參預機務，文淵閣之為內閣官署，乃在宣德、正統以後。

據劉若愚《酌中志》、孫承澤《天府廣記》所載，明代文淵閣位於皇

1　《明史》卷 72《職官志一》。

2　李天祐：《明代的內閣》，載《明清史國際學術討論會論文集》，天津：天津人民出版社，1983 年，第 67 頁。

城奉天門外、午門內之東、文華殿南面。[1] 永樂時，南京的文淵閣乃是翰林院所在地及其屬讀書之處。永樂三年（1405），即內閣建置之後，成祖命解縉等於新進士中選「才質英敏者」就學文淵閣，[2] 此後即成慣例。遷都北京後，皇城規制一如南京。直至宣德九年（1434），翰林院編修馬愉等與庶吉士三十七人進學文淵閣。[3] 內閣在明代被稱為「密勿之地」，「常人所不能到」，自然不可能在人員嘈雜的文淵閣。

就所見材料，較早提到永樂初內閣建置時所在地的是楊士奇的《御書閣頌有序》：「太宗皇帝入繼大統。……初建內閣於奉天門內，簡任翰林之臣七人其中，所職代言。」[4] 雖然過於籠統，卻明確指出了當時的內閣是在奉天門「內」，而不在奉天門「外」的文淵閣。楊士奇卒後，王直為其作傳，進一步指出：「太宗皇帝即位，遂擢為編修。時方開內閣於東角門內，命解縉、黃淮、胡廣、胡儼、楊榮、金幼孜及公七人處其中，典機務。」[5] 王直與楊士奇同鄉，舉永樂二年進士，次年改庶吉士讀書文淵閣。《明史》本傳說：「帝喜其文，召入內閣，俾屬草。」王直也自言「被選拔，得從諸公後」。[6] 其言內閣在「東角門內」，當屬不謬。按東角門在奉天門東側，這與楊士奇所說建內閣於「奉天門內」是一致的。此後，黃佐《翰林記》、鄭曉《今言》等俱沿此說。但是，內閣究竟在奉天門內或東角門內何處，無明確記載。

從永樂時解縉、胡廣等人的活動情況來看，閣臣的職責主要是侍從左右、備問代言。楊士奇就說：「時幾務孔殷，常旦及午。百官奏事退，內

1 劉若愚：《酌中志》卷 17《大內規制紀略》；孫承澤：《天府廣記》卷 10《內閣》。按：劉若愚、孫承澤等人所記皆為北京文淵閣，而永樂內閣初置時，京師尚在南京。由於北京宮殿仿南京而成，故可並論之。

2 《明太宗實錄》卷 38，永樂三年正月壬子。

3 《明宣宗實錄》卷 112，宣德九年八月癸酉。

4 楊士奇：《東里集‧續集》卷 44《頌‧御書閣頌有序》。

5 王直：《抑庵文集》卷 11《少師泰和楊公傳》。

6 王直：《楊文敏集序》，載《楊文敏集》。

閣之臣，造扆前進呈文字、商幾密、承顧問，率漏下數刻始退。」[1] 成祖也諭解縉等：「朕即位以來，爾七人朝夕相與共事，鮮離左右。」[2]「天下事咸朕與若等同計。」[3] 這些記載中，看不出閣臣有單獨的或專門的議事論政之所。閣臣參預機務，皆在御前進行。《明太宗實錄》說：「上視朝之暇，輒御便殿閱書史，或召翰林儒臣講論。」[4]《翰林記》也說：「上以萬幾叢脞，日御奉天門左室，每夕召（解縉等）語至夜分。上或就寢，賜坐榻前，議論幾密，同列不得與聞。」[5]

如果要深究永樂時內閣建置之所在，其實就是成祖與閣臣議事之所在，它可以是東角門，也可以是武英殿，或奉天殿側成祖視朝後憩息的便殿。翰林院在東角門外的文淵閣，解縉等均掛銜翰林，平日待召文淵閣，所以入內閣便是「直」文淵閣。有旨意則由奉天門的東角門召入預機務而不是「於」文淵閣預機務。故楊士奇說「初建內閣於奉天門內」，王直則說「開內閣於東角門內」，均為實情。

上述結論，可以從當時閣臣活動的情況中得到證實。楊士奇《三朝聖諭錄》和宣德五年所修的《明太宗寶訓》記載了永樂時閣臣們的主要活動，其中有明確地點的共十次：

> 永樂元年十二月壬辰，上宴閒御謹身殿閱太祖皇帝御製文集，學士解縉等侍。
>
> 永樂二年四月甲申，上御奉天門，與翰林學士兼左春坊大學士解縉等議事。
>
> 永樂二年九月庚申，上御右順門，召翰林學士解縉等議事。

1　楊士奇：《東里集．別集》卷 2《聖諭錄．三朝聖諭錄序》。

2　《明太宗寶訓》卷 3，永樂二年九月庚申。

3　黃佐：《翰林記》卷 2《內閣親擢》。

4　《明太宗實錄》卷 53，永樂四年四月己卯。

5　黃佐：《翰林記》卷 2《內閣親擢》。

> 永樂四年正月乙巳，上御武英殿，覽《存心錄》，與翰林侍臣講論。
>
> 永樂四年閏七月乙亥，上御奉天門，與翰林侍讀胡廣等議事。[1]
>
> 永樂五年冬，一日，胡廣獨於武英門進呈文字。
>
> 永樂五年冬，一日，上御西角門，翰林諸臣奏事退，特召楊士奇還……復召至榻前。
>
> 永樂十一年十二月，一日，（楊士奇）獨於武英門進呈敕稿。
>
> 永樂十四年冬，一日，上御東華門，召翰林諸臣議事。[2]

其中，武英殿及武英門三次，奉天門兩次，右順門、東華門、謹身殿、西角門、榻前各一次。這都是成祖與閣臣們議事之處。

上述結論，還可以從以後的史實中得到印證。正統十四年（1449）二月，侍講劉定之上疏景帝：「凡政事有早朝未及決者，宜日御便殿，使與大臣敷奏。」[3] 弘治六年（1493），左諭德曾彥上疏：「今諸臣章奏，皆蒙令所司議處，乞御便殿，宣召內閣及府部大臣相與參決。」[4] 這些建議，實際上要求恢復永樂時皇帝召閣臣御前議事的舊制。所謂「便殿」，即成祖常與閣臣議事或閣臣「參預機務」之所在，也可以說是永樂時內閣之所在。弘治末年，孝宗曾數次召劉健、李東陽、謝遷三閣臣及六部馬文升等議事。只是孝宗議事在平台而不在奉天殿前的奉天門、右順門等地。

永樂初內閣建置之時，實際上是翰林院的一個負有特殊職責的分支機構。但是，隨着其作用和地位的提高，解縉、胡廣、楊榮等人又相繼為翰林學士、主持翰林院事，翰林院反而為下屬。仁宗即位後，命楊士奇等

1 以上諸條據《明太宗寶訓》。

2 以上諸條據楊士奇《三朝聖諭錄》。

3 《明英宗實錄》卷 184，正統十四年十月乙亥。

4 《明孝宗實錄》卷 75，弘治六年五月壬辰。

「俱掌內制」[1]；宣德三、四年間，宣宗又命二楊代為批答部分奏章。閣臣的辦事方式，逐步由「日侍左右、參預機務」，向獨立視草、批答演變；其辦事地點，也自然由御前轉為文淵閣。為了適應內閣的這一演變，宣宗於宣德四年至文淵閣議事時，命擴大文淵閣的規制，賜內閣以文淵閣印，增設誥敕、制敕兩房中書舍人為內閣屬官。[2] 這時，內閣尚需與翰林院合署辦公，但翰林院的遷出也只是時間問題了。正統七年，翰林院新署落成，文淵閣遂正式成為內閣官署。[3] 作為機構的內閣和作為官署的文淵閣，此時才真正統一起來。所以，楊士奇、楊榮、黃淮及王直等人的記敘中，凡追記永樂時與成祖「預機務」的地點，皆云「東角門」「奉天門」等而不言文淵閣。而後人記正統以後的內閣，則直言「文淵閣」了。

陸深《玉堂漫筆》對內閣所在地的上述變化作了這樣的記敘：

> （永樂時）內閣在東角門內，常人所不能到。其外為文淵閣，則

1　《明仁宗實錄》卷 1 下，永樂二十二年八月己未。

2　《明宣宗實錄》卷 59，宣德四年十月庚辰；《明會典》卷 221《翰林院》，黃佐：《翰林記》卷 2《內閣親擢》。

3　《明英宗實錄》卷 91，正統七年四月癸卯條載：「建宗人府、吏部、戶部、兵部、工部、鴻臚寺、欽天監、大醫院於大明門之東，翰林院於長安左門之東。初，各衙門自永樂間皆因舊官舍為之，散處無序，至是上以宮殿成，命即其餘工以序營建，悉如南京之制。其地有民居妨礙者，悉徙之。」按：此時建翰林院於「長安左門之東」即所謂「東閣」，但並非「南京之制」，因為南京的翰林院在文淵閣。又按尹直《謇齋瑣綴錄》卷 1《翰林故事》也記載了翰林院新署的情況：今翰林院外署，本鴻臚寺舊址，建於正統七年，而印則造於六年也。初落成日，諸學士皆到任，錢文肅先生掌印，不設西楊、南楊二先生公座，曰：「此非三公府也。」至期，二楊聞，乃命工部具椅案，胡宗伯定位次，二先生始自內閣出就座。時論雖韙文肅，然二公所供職，則固翰林事也。成化壬辰夏四月，直等升學士。到任時，可齋彭先生以兼秩，非本院學士，止於後堂，辭不出座，萬循吉請至再三。直乃進曰：「聞西楊先生亦嘗坐，先生何為辭？況後陳、高諸先生亦未嘗不坐。」可齋始出，坐中，萬先生坐右，商先生時以兄喪不至，故虛其左，而直五人以次東西列坐。按：從這段記載也可以看出兩個事實。其一，明朝人一直將內閣和翰林院視為「同官」；其二，由於內閣壓制翰林院，因而其間的矛盾也是顯而易見的，大學士們既自外於翰林，翰林學士也在刻意地保持獨立性。

翰林諸公之處。⋯⋯今內閣傍文淵閣，而不在東角門內。諸學士所處，則在左順門之南廊而傍為東閣云。[1]

天順、成化之際為大學士的彭時，對當時內閣所在地文淵閣作了這樣的記載：

文淵閣在午門內之東、文華殿南面，磚城凡十間。⋯⋯西五間，中揭「文淵閣」三大字牌扁，牌下置紅櫃，藏三朝實錄副本。前楹設凳東西坐。餘四間皆後列書櫃，隔前楹為退休所。[2]

嘉靖十六年（1537），對文淵閣進行了擴建：

以文淵閣之中一間恭設御座，旁四間各相間隔，而開戶於南，以為內閣辦公之所。閣東誥敕房內裝為小樓，以貯書籍。閣西制敕房南面隙地造卷棚三間，以容各官書辦。於是閣制視前稱完美矣。[3]

這次擴建的格局一直保存到明末清初。孫承澤《天府廣記》載：

大學士辦事內閣，在午門內東南隅外，門西向，閣南向。入門一小坊，上懸聖諭，過坊即閣也。⋯⋯閣中一間恭列孔聖暨四配像，旁四間各相間隔，而開戶於南，以為閣臣辦事之所。閣東誥敕房，裝為小樓，以貯書籍。閣西制敕房，南面隙地添造卷棚三間，以處各官書辦。[4]

1 陸深：《玉堂漫筆》。

2 彭時：《彭文憲公筆記》。

3 《明世宗實錄》卷 199，嘉靖十六年四月癸亥。

4 孫承澤：《天府廣記》卷 10《內閣》。

內閣活動由御前移至文淵閣，客觀上反映了內閣建置由臨時性設施到永久性機構的過渡，反映了內閣由皇帝的侍從幕僚到明代政治中樞的演變。

人們之所以誤認為內閣建置之初即在文淵閣，認為永樂時閣臣在文淵閣參預機務，既因為宣德、正統以後文淵閣為內閣的官署，也因為忽視了內閣的上述變化。但明朝學者對內閣的這一變化是清楚的。鄭曉《今言》說：「文皇即位，開內閣，召七臣入預機務，名『直文淵閣』。」[1] 王世貞《弇山堂別集》也說：「閣臣入閣，止云直文淵閣及辦事而已。」[2] 再如前引陸深《玉堂漫筆》的記載皆是。當然，當時也有人忽視了這一變化。如羽林衛指揮劉昌就將他所在的嘉靖時的狀況移植於永樂：「太宗命史臣於文淵閣參預機務。」[3] 鄭曉、王世貞二人為明代著名學者，尤諳朝廷掌故，其文本影響是不可低估的。

萬曆本《明會典》正是吸收了王世貞等人的研究，對正德本《明會典》修正了一個字，是「直」文淵閣而非「於」文淵閣。《明史．職官志》應該注意到了這一變化，並採用了萬曆本的說法：「成祖即位，特簡解縉、胡廣、楊榮等直文淵閣，參預機務。」《列傳》的作者卻沒有領會到這一點。

二、關於殿閣大學士

《明史．職官志》的意思十分明顯：永樂以後的內閣大學士是洪武時殿閣大學士的繼續，只是職責有所變化而已。後之研究明史者也有承襲了這一看法者，甚至將其推進了一步。聶崇岐先生就說：「洪武中廢中書省，由皇帝直接處理國政，而指派翰林院等文翰機關選調幾個官員草擬詔諭，加以殿閣大學士頭銜，是為內閣之始。」[4] 朱紹侯先生主編的《中國古代史》則說：「明太祖廢丞相後，推選幾名文人擔任華蓋殿、武英殿、文淵閣、東

1 鄭曉：《今言》卷 1 之 53。

2 王世貞：《弇山堂別集》卷 7《皇明異典述二．掌文淵閣》。

3 《明世宗實錄》卷 116，嘉靖九年八月庚辰。

4 聶崇岐：《中國歷代官制簡述》，載聶著《宋史叢考》，北京：中華書局，1980 年。

閣等殿閣大學士，協助他批閱奏章、充當顧問。明成祖時，閣臣可參預機務。」[1]

其實，洪武時的殿閣大學士既無「批閱奏章」之任，也不負責「草擬詔諭」，與永樂以後的閣臣或殿閣大學士迥不相同。如前所述，洪武時期的殿閣大學士的職責是「備顧問」，所顧問者僅道德教化之類。自洪武十八年（1385）朱善告歸後，殿閣大學士遂為虛設。故《明史・宰輔年表序》也說：「洪武時置殿閣大學士，而其官不備，其人亦無所表見，燮理無聞，何關政本。」關於殿閣大學士與閣臣的區別，王世貞說得十分明白：「洪武中，華蓋等殿大學士劉仲質、邵質、余思誠、鮑恂、余銓、張長年、吳伯宗、朱善、宋訥、吳沉，其時原無內閣也。若洪熙時文華殿大學士權謹及陳山教內豎，後皆非內閣臣矣。」[2]

廢除中書省後，從文翰機關選調並協助皇帝批閱奏章的，是一些屬臨時性差遣的翰林春坊官（見前），而代皇帝草擬詔諭的，則是翰林官。黃佐《翰林記》說：「國朝（內外）兩制，悉歸本院，非鴻儒歷顯秩者不可掌。」[3] 考洪武一代掌誥敕者，主要是陶安、宋濂、劉三吾等。明太祖於內外大政，也多聽取他們的意見，或與其議定。如陶安之於律令、宋濂之於資階、劉三吾之於禮制等皆是。凡此種種，殿閣大學士俱不得預。

成祖即位後，解縉以侍讀，胡廣以侍講，楊榮以修撰，楊士奇、黃淮以編修，金幼孜、胡儼以檢討，入內閣參預機務，兼掌兩制。[4] 而除解縉、胡廣、楊榮外，楊士奇原為吳府審理副、金幼孜為給事中、黃淮為中書舍人、胡儼為桐城知縣，俱轉為翰林官。正是因為從制度上來說，只有轉官翰林，才能直文淵閣，才方便參與誥敕之類的文字工作。因此，內閣諸臣

1 朱紹侯主編：《中國古代史》下冊，福建：福建人民出版社，1982 年，第 99 頁。因為此書為部頒高等院校文科教材，故影響甚大。

2 王世貞：《弇山堂別集》卷 7《皇明異典述二・大學士非內閣》。

3 黃佐：《翰林記》卷 11《知制誥》。

4 楊士奇：《東里集・東里文集》卷 20《銘・金幼孜墓志銘》。

從系統來說，均屬翰林院；從體制來說，則屬臨時性差遣而非正式職務；從職責來說，是參預機務、草擬詔令。因而從其淵源來說，永樂時內閣諸臣並非洪武時殿閣大學士的繼續，而是翰林院兼掌兩制和翰林春坊官平駁諸司奏啟的發展。如果考慮到以後內閣以票擬為主要職責，這一點就更清楚了。

永樂十四年（1416），胡廣由翰林學士兼左春坊大學士晉文淵閣大學士，這是內閣諸臣為殿閣大學士之始，也是殿閣大學士與翰林院結合的開始。《明會典》說殿閣大學士「班在學士上」，應是從這個意義上說的。因為在洪武時，殿閣大學士與翰林院之間既無職責上的關係，也無名義上的聯繫。從胡廣為文淵閣大學士始，至洪熙，楊士奇以少傅兵部尚書兼華蓋殿大學士，楊榮以太子少傅工部尚書兼謹身殿大學士，黃淮以少保戶部尚書、金幼孜以太子少保禮部尚書俱兼武英殿大學士。但殿閣大學士這時仍不是閣臣的專稱。洪熙元年（1425）三月，仁宗曾授權謹文華殿大學士，《明史》亦將其列入《宰輔年表》，實則並未入內閣議事。仁宗即明諭權謹：「朕之除卿，嘉其孝，以風天下之為人子者，他非卿責也。」[1] 宣德初，張瑛、陳山以東宮舊臣分別被授禮部左侍郎兼華蓋殿大學士、戶部尚書兼謹身殿大學士。楊溥為張瑛作墓志銘，也說是「入內閣制誥」[2]。但宣德四年（1429）宣宗兩至文淵閣，與楊士奇等議事，並悉召諸翰林，張瑛、陳山二人不預。[3] 當年十月，宣宗與楊士奇論及陳山，謂「內閣政本之地，豈可令斯人混也」。遂命輟機務，專授小內使書，但大學士銜號仍故。[4] 可見，洪熙、宣德時的殿閣大學士尚有兩種情況：一是褒節義、待故舊，而無關政本，與洪武時相類似；一是閣臣兼銜殿閣大學士，使其既區別於翰林，

1　王梴：《文華殿大學士河間權公瑾傳》，載焦竑：《國朝獻徵錄》卷 12《內閣一》。

2　楊溥：《張瑛墓碑》，《國朝獻徵錄》卷 12《內閣一》。

3　《明宣宗實錄》卷 56，宣德四年七月己未；卷 59，同年十月庚辰。

4　雷禮：《陳山傳》，載《國朝獻徵錄》卷 12《內閣一》；又《弇山堂別集》卷 7《皇明異典述・二閣臣不預事》。

又能長期名正言順供職內廷，與洪武時迥異。

正統以後，入內閣者不一定授大學士之銜，但大學士則非入內閣者不授，內閣的職責和殿閣大學士的銜號至此方完全合二而一。但大學士已不是原來意義上的大學士了。在體制上，大學士雖為五品，但加官不至三孤、尚書者，即使入內閣也不授殿銜。至於華蓋 / 中極、謹身 / 建極二殿大學士，則成為首輔、次輔的專稱。

閣臣兼銜殿閣，是明代內閣地位公開化的重要標誌，它反映了在明太祖所定的「祖制」和現實統治需要發生矛盾時，明代中樞權力結構在二者的交錯制約下進行的自我調節。正德時歷任兵、吏二部尚書的王瓊對此頗具見地，他認為，閣臣之兼銜殿閣，既遵循了太祖的「定制」，又使「祖宗官制額定之員得以增置」。[1]

三、關於「內閣」名稱

萬曆本《明會典》在內閣的名稱上也對正德本《明會典》進行了修正。弘治本說:「簡命編修等官於文淵閣參預機務，謂之內閣。」萬曆本則改為:「簡命編修等官直文淵閣，參預機務，謂之入閣辦事。」《明史．職官志》採用了萬曆本的說法，而其後由傅恆領銜編修的《御批通鑑輯覽》卻採用了弘治本的說法，直稱：建文四年（1402）八月，解縉等「同入直、預機務，謂之內閣。內閣之名自此始，參預機務亦自此始」。[2] 赫舒德等修訂的《資治通鑑綱目三編》也沿用此說。[3]

「內閣」之說至少在漢魏之際已有之，但指的是內廷或禁中、大內，而非專門的機構。如《三國志》裴註云:「太和中，(薛夏）嘗以公事移蘭台。蘭台自以台也，而祕書署耳，謂夏為不得移也，推使當有坐者。夏報

1 張萱:《西園聞見錄》卷 26《宰相上》。

2 傅恆等:《御批歷代通鑑輯覽》卷 101，建文四年八月。

3 赫舒等:《資治通鑑綱目三編》卷 4。

之曰：『蘭台為外台，祕書為內閣，台閣一也，何不相移之有？』」[1] 相對於主管監察的御史台，祕書監在內廷，故有「內閣」之稱。由於祕書監始置於東漢桓帝延熹間，以至有人稱「內閣始建於東漢」。[2] 又《新唐書．于志寧傳》云，貞觀時，太子承乾喜突厥狎戲，志寧諫曰：「突厥達哥支等，人狀野心，不可以禮教期，不可以仁信待。狎而近之，無益令望，有損盛德。況引內閣中，使常親近，人皆震駭，而殿下獨安此乎？」也是將內廷稱「內閣」。而隋之門下坊更設有「內閣帥」。[3] 其後各史也多有類似的記載。《新唐書》載，唐睿宗時，韋湊以鴻臚寺少卿兼通事舍人上疏，語多懇直，「帝瞿然，引內閣中」。[4]《宋史》載，太宗至道中，賈黃中為禮部侍郎兼祕書監，「黃中素嗜文籍，既居內閣，甚以為慰」。[5]《宋史》卷 296《論贊》更云：「太宗崇尚儒術，聽政之暇，以觀書為樂，置翰林侍讀學士以備顧問。真宗克紹先志，兼置侍講學士，且因內閣以設職名，俾鴻碩之士更直迭宿，相與從容講論。」所有這些「內閣」，其實都是內廷或禁中、大內之意。

這些「內閣」的稱謂雖然都不意味着有一個作為機構的內閣，但顯然為明代廢除中書省後的中樞機構找到了一個十分貼切的名稱。正如《明史．職官志一》所說：「以其授餐大內，常侍天子殿閣之下，避宰相之名，又名內閣。」《明太宗實錄》載：永樂四年（1406）二月，「上以太祖高皇帝御製《嘉禾》詩勒石裝潢成軸，賜諸王及尚書、侍郎，內閣學士、侍讀、侍講及國子監祭酒司業」[6]。又，永樂六年八月，禮部議奏「巡狩事宜」，其一言侍從人員，包括「翰林院內閣官三員，侍講、修撰、典籍等

1　《三國志．魏書》卷 13《王朗附傳》。

2　參見《爭鳴》雜誌 1988 年第 3 期載《內閣始建東漢考》。

3　《隋書》卷 27《百官志中》。

4　《新唐書》卷 118《韋湊傳》。

5　《宋史》卷 265《賈黃中傳》。

6　《明太宗實錄》卷 51，永樂四年二月壬申。

官六員，書制敕秀才八人，及譯寫四文夷字監生十三人」[1]。《明太宗實錄》成書於宣德時，或許是按宣德時的稱呼來記永樂時的事情。但「內閣」的名稱似乎在永樂時期已經出現，所以解縉、黃淮等人的詩文中才不斷有「內閣」之名。

解縉《退朝即事》詩云：「椰子南來百粵中，黃藤純束赤筠籠。恩頒內閣分攜去，猶有大官黃紙封。」[2] 這首詩的寫作時間當在永樂四年七月解縉受冷落之前。又永樂十五年夏黃淮詩云：「退朝長日御西清，內閣詞臣奉詔頻。幾度從容承顧問，深慚無術贊經綸。」[3] 再如金幼孜永樂十五年前後有《和子棨曾侍講敕建內閣之作》《內閣新成次大學士胡公韻》，其一曰：「祕閣新開紫禁西，高甍輝映與雲齊，娟娟碧樹當窗近，靄靄晴峰入戶低。」[4]

但是，《明太宗實錄》在記載內閣初期的活動時，卻又無「內閣」之說：

> 洪武三十五年（建文四年）七月丙戌，升翰林院侍講王景為本院學士，擢吳府審理副楊士奇為編修。
>
> 洪武三十五年七月辛卯，改給事中金幼孜、王洪及桐城縣知縣胡儼為檢討。
>
> 洪武三十五年七月己亥，升翰林院待詔解縉為本院侍讀，修撰胡靖（胡廣）侍講，編修吳溥、楊子榮（楊榮）修撰。
>
> 洪武三十五年八月戊午，升中書舍人黃淮為翰林院編修。
>
> 洪武三十五年九月癸巳，賜翰林侍讀解縉等七員金織羅衣各一襲。

1 《明太宗實錄》卷 82，永樂六年己卯。

2 解縉：《文毅集》卷 6《七言絕・退朝即事》。

3 黃淮：《省衍集》卷下《七言絕句・乙未（永樂十三年即 1415 年）夏五月初三日夜夢侍朝因追想平日所見成絕句三十八首其二十二》。

4 金幼孜：《金文靖文集》卷 4《七言律詩》。

即使永樂四年二月的記載中已稱「內閣」，永樂六年八月禮部的奏疏中也已明言「翰林內閣官」，但在另外的一些情況下並不如此稱呼：

> 永樂四年七月辛丑，賜左春坊左庶子兼翰林院侍讀黃准等五員二品金織羅衣各一襲（按：時解縉因立儲事得罪、胡儼出為國子祭酒，故不及）。
>
> 永樂五年十一月辛亥，命吏部臣曰：「（胡）廣等侍朕日久，繼今考滿，勿改外任。」[1]

不僅如此，楊士奇在宣德二、三年（1427、1428）間為胡廣所作的神道碑，楊榮在宣德四年因宣宗「駕幸」文淵閣而作的謝表等，乃至宣德五年所修的《明仁宗實錄》，均隻字不提「內閣」。楊榮在宣德元年送張瑛歸省時，也只說：「子玉得以儒學發身，列官內庭，薦歷榮顯。」[2]《三朝聖諭錄》《明太宗寶訓》等在提及內閣諸臣活動時，也只載「翰林侍臣」，或直書解縉等人的翰林職銜。

因此，在永樂時甚至是宣德前期，「內閣」應該還是一個不固定的說法，就如內閣成員一樣，仍然只是翰林院中的一個比較特殊或者是具有崇高地位的羣體。但自宣德中期特別是正統以後，情況就大不一樣了。

宣德六年金幼孜卒後，楊士奇、楊榮為其墓碑撰文。楊士奇作墓志銘：「太宗皇帝初臨御，注意文學士，改翰林檢討，居無幾，簡翰林之臣七人，處之內閣，付以密務，而兩制悉歸焉。」[3]楊榮作神道碑銘：「太宗皇帝即位，…… 七人同直內閣，參掌機密。」[4]二文均作於宣德七、八年間。正統初修《明宣宗實錄》，三楊為總裁，故用詞相類。至正統，楊士奇作《御

1　《明太宗實錄》卷 56，永樂四年七月辛丑；卷 73，永樂五年十一月辛亥。

2　楊榮：《楊文敏集》卷 12《送禮部侍郎兼華蓋殿大學士張公子玉歸省序》。

3　楊士奇：《東里集．東里文集》卷 20《金幼孜墓志銘》。

4　楊榮：《楊文敏集》卷 17《金幼孜神道碑銘》。

書閣頌有序》、作《三朝聖諭錄・序》、作楊榮墓志銘，楊溥為張瑛作墓碑文，陳敬新為黃淮撰墓志銘，王直為楊士奇作傳等，皆直書成祖開內閣。此後的各朝實錄及私家撰述俱如此。如楊士奇《三朝聖諭錄・序》追記：「太宗皇帝初正大統，故翰林之臣不及十數人，詔吏部及翰林舉文學行誼才識之士，授職其中。士奇首膺簡擢，賜五品服。肇建內閣，簡七人專典密務。」[1] 前文所引黃佐《翰林記》對內閣建置的記載也十分詳細。

將楊士奇、黃佐所記與《實錄》及前引解縉、黃淮、胡廣、楊榮、金幼孜諸人的詩文相印證，可以得出這樣的結論：一、內閣建置，始於建文四年九月癸巳（十三日）。這天，成祖賜解縉等七人金織羅衣各一襲，諭以委任腹心之意；地點可推測在奉天門左室。此後，解縉等七人即為一整體。但嚴格地說，這還只是一種權宜而非制度。《明史・成祖紀一》記：「建文四年八月壬子，侍讀解縉、編修黃淮入直文淵閣，尋命侍讀胡廣，修撰楊榮，編修楊士奇，檢討金幼孜、胡儼入直，並預機務。」從時間上，《明史》與《實錄》及楊、黃所記皆不符。又按八月壬子為初一，而黃淮六日後即初七日（戊午）才由中書舍人升編修，可見《明史》之誤。二、內閣作為一個永久性設施，實始於永樂五年十一月初一日（辛亥）。這一天，成祖命吏部，對於胡廣等人「勿改外任」，從而在制度上保證了內閣成員的穩定性。三、「內閣」這一名稱在永樂內閣肇建時已有其名，但有一個從泛指「內廷」到專指「內閣」的過渡，這一過渡恰恰反映了內閣由臨時設置到穩定機構的轉變。

內閣之先有建制，後乃為衙門名稱，正反映出明代內閣之由臨時設施到正式機構，並非出於某個君主的事先設計，而是受到中書省廢除後明代中樞權力結構的嚴重缺陷和實際統治的迫切需要這一矛盾的推動。

1 楊士奇：《東里集・別集》卷 2《聖諭錄・三朝聖諭錄・序》。

第三章
內閣制度的形成及其在國家權力結構中的地位

第一節　內閣權力運行的基本方式：票擬

一、「綸言批答、裁決機宜，悉由票擬」

文淵閣成為內閣的所在地、閣臣由翰林官而戴銜大學士，以及「內閣」得名並公開使用，均意味着內閣由臨時建制到正式機構的轉變，實際上是內閣的制度化過程。而其職責及活動方式也由在御前參預機務、起草制敕，轉變為在文淵閣通過票擬批答協助皇帝處理國家事務。這一變化，始於宣德時，並在正統初成為定制。此後，票擬成為明代內閣的基本職責，也是明朝內閣權力運行的基本方式。孫承澤說：「內閣之職，同於古相，而所不同者，主票擬而不身出與事。」[1] 應該說有一定的道理。

《明史·宰輔年表》對內閣的票擬作了十分簡潔的概括：

> 綸言批答，裁決機宜，悉由票擬。

《明史·職官志一·內閣》則作了較為詳細的列舉：

1　孫承澤：《天府廣記》卷 10《內閣》。

凡上之達下，曰詔，曰誥，曰制，曰冊文，曰諭，曰書，曰符，曰令，曰檄，皆起草進畫，以下諸司。下之達上，曰題，曰奏，曰表，曰講章，曰書狀，曰文冊，曰揭帖，曰制對，曰露布，曰譯，皆審署申覆而修畫焉，平允乃行之。

票擬的內容包括兩個方面：一是皇帝詔令的起草，或稱「視草」，即「上之達下」者；一是諸司奏啟的批答，即「下之達上」者。而作為內閣的職掌，人們更為關注的是後者，即諸司奏啟的批答。其起始時間，則有兩種說法。

一為宣德說。張璁認為：「太宗皇帝時，內閣止設翰林學士及講讀、編修等官，備顧問而已。及宣宗皇帝朝，楊榮、楊士奇等始專任之，有代言擬旨之責。」[1] 王世貞也認為：「自宣德中，大學士二楊公（按：指楊榮、楊士奇），與尚書蹇（義）、夏（原吉），始有調旨之說。」[2]

二為正統說。王錡記敘道：「英宗以幼沖即位，三閣老楊榮等慮聖體易倦，因創權制，每一早朝，止許言事八件。前一日先以副封詣閣下，豫以各事處分陳上。遇奏，止依所陳傳旨而已。」[3] 駱問禮也認為：「英宗沖年登極，有詔，凡事白於太后，太后令付內閣議決。閣臣票本始此。」[4]

綜二者之說，黃佐認為批答始於宣德，至正統開始由內閣專掌：

永樂、洪熙二朝，每召內閣造膝密議，人不得與聞。雖倚毗之意甚專，然批答出自御筆，未嘗委之他人也。宣德時，始令內閣楊士奇輩，及尚書兼詹事蹇義、夏原吉，於凡中外奏章，許用小票墨書貼各疏面以進，謂之條旨，中易紅書批出。⋯⋯自正統後，始專

1 張璁：《諭對錄》。

2 王世貞：《弇山堂別集》卷 45《內閣臣不由甲第者》。

3 王錡：《寓圃雜記》卷 1《早朝奏事》。

4 駱問禮：《喉論》，《明經世文編》卷 470。

命內閣條旨。[1]

以上諸家，票旨、調旨、條旨、票本，說法不一，但均指批答奏啟，且涉及幾個關鍵性人物：二楊、蹇、夏。二楊姑且勿論，關於蹇義、夏原吉參與批答之事，在其他記載中也可以看到痕跡。《明史．夏原吉傳》：「仁、宣之世，外兼台省，內參館閣，與三楊同心輔政。」孫承澤《天府廣記》：「預閣務不居其職者，蹇義以吏書，夏原吉以戶書，朝夕備顧問擬旨，然不與閣職。」[2]「內參館閣」即「備顧問擬旨」。由此可印證張璁、黃佐等人關於批答肇於宣德之說。

按宣德三年（1428）十月，宣宗曾命蹇義、夏原吉、楊士奇、楊榮四人：「輟所務，朝夕在朕左右，相與討論至理，共寧邦家。」[3] 宣德四年三月，從禮部尚書胡濙之請，命蹇義等四人主持廷議天下官吏軍民建言奏章。[4] 在主持議論奏章、與宣宗討論大政的同時，四人將處置意見用小條書寫，貼於各奏章之上以進，備皇帝「御覽」，這在邏輯上是說得通的。又按夏原吉卒於宣德五年正月，由此推斷，二楊、蹇、夏等人開始票擬批答的時間，當在宣德三年十月至五年正月之間。但仁宗給楊士奇的一道敕諭，又說明批答在永樂時已經出現：「往者……兩京政務方殷，朕膺監國之命，卿以翰林親臣兼職春坊，留侍左右，贊助庶務，敷答章奏。」[5] 所謂「敷答章奏」無疑是指對諸司奏啟的批答。

但無論是永樂還是宣德，當時在內閣者除二楊外，還有金幼孜，後者不與票擬事。可見，二楊是以朝廷重臣而非以閣臣身份與蹇、夏共同批答諸司奏啟的，票擬自然也不專屬內閣。此外，當時的票擬，也多在御前進

1　黃佐：《翰林記》卷 2《傳旨條旨》。

2　孫承澤：《天府廣記》卷 10《內閣》。

3　《明宣宗實錄》卷 47，宣德三年十月乙酉。

4　《明史》卷 149《蹇義傳》。

5　雍正《江西通志》卷 114《藝文志．詔敕．賜少傳楊士奇貞一印敕》。

行而不具備獨立性，在某種意義上是代行書辦。至正統，英宗幼年即位，蹇、夏均亡故，三楊柄政，票擬才真正由內閣專掌，而且是在文淵閣獨立進行，但當時在閣的陳循、曹鼐、馬愉仍不參與。直至正統十年（1445），陳循等人才與楊溥同議批答之事。[1] 可見，票擬批答真正成為內閣而不是二三元老重臣的職責，又當在正統十年而不是正統初。

至於皇帝詔令的起草，則永樂內閣建置不久就開始由閣臣承擔。對此，楊士奇的自敘作了如下記載：

> （永樂）初建內閣於奉天門內，簡任翰林之臣七人其中，所職代言，屬時更新，凡制詔、命令、誡敕之文日夥，而禮典庶政之議及事之關機密者咸屬焉。[2]

曾棨、楊士奇作解縉行狀、墓志銘，皆云永樂初「朝廷詔敕與凡大制作」，皆出其手。[3] 但當時起草詔令也不專屬閣臣，未入內閣的王直，也以翰林官的身份時時被召入起草詔令。仁宗即位後，命楊士奇等諸閣臣「俱掌內制，不預所升職務」。[4] 而明朝「內制」包括除文官誥敕之外的一切以皇帝名義頒行的文字，這樣，才確認了起草詔令為內閣的職責。

但是，時人並不認為永樂、宣德時內閣草詔有何特殊意義。正德時為吏部尚書的王瓊就輕描淡寫地認為：「其職不過代草詞令。」[5] 嘉靖、萬曆

1 《明英宗實錄》卷 129 載：「正統十年五月甲戌朔，禮部言天下諸司官吏軍民建言，例會廷臣議行。竊見宣德中尚書蹇義、夏原吉已解職務，特詔與議。正統初，學士楊士奇、楊榮、楊溥輪番會議。今士奇、榮已故，惟溥尚在，請令學士陳循、曹鼐、馬愉參之。上以溥年老，禮宜優閒，令循等典議。」

2 楊士奇：《東里集．續集》卷 44《頌．御書閣頌（有序）》。

3 《吉水先哲碑傳集》卷 17。

4 《明仁宗實錄》卷 1 下，永樂二十二年八月己未。

5 張萱：《西園聞見錄》卷 26《宰相上》。

之際的大學士高拱也認為，永樂時內閣草詔，「未有平章之任」。[1] 巡按御史史學遷也說，「僅以備顧問代制草」。[2] 之所以有這種看法，是由於自洪武時起，視草就由翰林院所掌，依旨行事，連詞語也不得改動。內閣與翰林為同官，掌內制不過是翰林之職。批答諸司奏啟本是明初中書省的職權，即所謂「平章之任」。廢中書省後，皇帝親自批答，因此有「批答出自御筆」之說。洪武十四年（1381）命翰林春坊官「考駁諸司奏啟」，雖被孟森先生稱為「千餘年政本之一大改革」，但也不被時人重視。因為翰林春坊官的考駁只是為皇帝的決策提供一個參考意見，而非定論，更毋論這些翰林春坊官皆品級低下。永樂、宣德時閣臣間或進行的批答，在當時也未被人們關注，既因為多在御前進行，也因為任何權宜之計在成為定制之前，其重要性一般是不可預見的。

內閣的票擬，無論是批答，還是視草，只有在兩個前提下，才真正具有意義。其一，由內閣專掌；其二，不是在御前受命進行，而是在文淵閣由內閣獨立進行。正統七年，翰林院新署落成，文淵閣為內閣的官署，閣臣辦事的方式，不再像永樂、宣德時那樣，日侍左右、備問代言，而是在文淵閣處理庶務、裁定機宜，對諸司奏啟的批答、皇帝詔令的起草，均在文淵閣進行，而且，形成了一套程序。此時，內閣票擬這才真正引起人們的關注。

內閣票擬的程序分上之達下和下之達上兩種。如屬上之達下，一般由司禮監太監代筆，當然也不排除皇帝親筆，或寫一簡單「意旨」，由司禮監或文書房宦官送到內閣，有時則由宦官直接口傳「聖旨」，內閣按規定格式寫成正式文字，然後由司禮監硃筆照抄，六科簽發。所謂「紅本到閣，內閣票擬」，即指這一類。實際上，大量的例行諭旨，如皇帝死後的遺詔，新皇帝即位的登極詔，及大婚、大禮、萬壽、出師、告捷、大赦、賑濟詔書等，已不用「意旨」，而直接由內閣擬旨。如屬下之達上，則由

1　高拱：《論養相才》，《明經世文編》卷 302。

2　張萱：《西園聞見錄》卷 26《宰相上》。

司禮監或文書房將通政司每日封進的諸司奏啟分批送到內閣，內閣裁其可否，擬好處理意見，然後由司禮監硃筆照抄，六科簽發。[1] 弘治時，孝宗曾讓閣臣劉健等在御前票擬批答，甚至親自批答，但已是罕見的「盛事」了。一般來說，內閣票擬之後，皇帝還得審閱，果係妥當，再行批紅，否則，當下內閣重新批答。劉瑾常在武宗嬉戲正酣時送上奏章和閣票，請其親閱，劉若愚說神宗或熹宗於閣票每日「御筆親批數本」，高拱說穆宗每日「略覽一二」。[2] 可見皇帝對閣票的審批制度一直是存在的，雖然後期已流於形式。

皇帝詔令的起草、諸司奏啟的批答，如未經內閣票擬，則被稱為「中旨」「手敕」，或「內批」；如奏啟不下內閣票擬，則被說是「留中」。這兩種情況均不符合正常程序。正德時閣臣蔣冕曾上疏：「內閣之職，其大者在代王言。手敕、旨意，撰擬進呈，然後行之於外。此祖宗舊制。近奉手敕，事出非常，乃祖宗百五六十年來所未嘗有者。傳聞遠近，孰不驚疑？而皆徑自內批，不關內閣，命下之後，諫者盈廷。」[3] 蔣冕之言，未免誇張，從宣德時票擬的出現到正德年間，總共不到一百年，並非百五十年的「祖宗舊制」。但至少說明票擬制度的確立無疑。

二、「內閣書辦」及相關制度的形成

隨着票擬成為內閣的主要職責，而大學士又品秩尊崇、職在輔弼，如果任何細務皆由閣臣親自執筆票擬，其職責又無異於書辦。基於這種原

1 《明史．宰輔年表．序》：「綸言批答，裁決機宜，悉由票擬。」《職官二》：「通政使掌受內外章疏敷奏封駁之事。」《職官三》：司禮監「照閣票批硃」。六科「凡制敕宜行，大事覆奏，小事署而頒之。有失，封還執奏」。《彭文憲公筆記》：英宗臨終，處置後事，「命太監牛玉執筆，口占便書。……書畢，且命牛玉曰：『將去閣下看，令為我潤色之。』」《明武宗實錄》卷 164，正德十三年七月丙午，諭內閣：「特命爾等依照內閣舊規，……每日司禮監發下在京在外各衙門題本、奏本，俱要一一用心看詳，擬旨封進，奏請施行。」

2 高拱：《病榻遺言》。

3 《明武宗實錄》卷 164，正德十三年七月甲寅。

因，從宣德時開始，陸續命中書舍人入閣，分在制敕、誥敕兩房，充當「書辦」。一些無關要旨的視草或例行文字，無須閣臣親筆，由書辦代寫。甚至一些重要的機密文書，也由閣臣授意、書辦執筆。

沈德符《萬曆野獲編》說：「永樂初設內閣，本理制誥，其後漸以中書入直……稱『內閣屬吏』。然其銜自云『文淵閣書辦』，或云『內閣書辦』，專隨輔臣出入，一切條旨答揭，俱得預聞。」[1] 弘治時，孝宗在司禮監的誘導下，以中書代寫易於泄漏為由，命太監陳寬至內閣傳旨：「今後凡有票擬文書，卿等自行書封密進，不許令人代寫。」閣臣劉健等當即表示反對：「內閣之職，在於輔佐朝廷、裁決庶務。」堅持「除事理重大者自行書寫封進，以聽聖裁，其餘仍乞容令中書代寫」[2]。經過一番爭執，孝宗讓步。

設置制敕、誥敕兩房中書舍人的意義在於，內閣既掌票擬，閣臣則擺脫了永樂時書記官或書辦的性質。而在有了屬官之後，內閣更在體制上與六部、五府及內監諸司衙門有了對等的地位。

王世貞根據自己的研究，認為書辦官是有首腦的，這個首腦就是東閣學士，此例始於弘治時李東陽，而於嘉靖時廢止：

> 宣德中，大學士二楊公與尚書蹇、夏始有調旨之說。而二楊公復以位尊惡煩，特奏以少詹事兼講讀學士曾棨、王直、王英兼知誥敕。然內閣實總之。後棨卒，直、英遷禮部侍郎，仍司內制。直出理部事，遷吏書，英出理部事，而以侍講學士陳循、馬愉，侍講曹鼐代之，尋革，併入內閣。弘治甲寅，復奏以學士李東陽兼禮部右侍郎掌誥敕，說者以為為李公入閣地也。李入閣，太常卿程敏政代；敏政以禮侍致仕，禮侍傅瀚代；瀚遷尚書，吏侍吳寬代；（寬）以尚書卒，太常卿張元禎代；元禎以吏侍卒，詹事楊廷和代；廷和

1　沈德符：《萬曆野獲編》卷 9《內閣 · 兩殿兩房中書》。

2　《明孝宗實錄》卷 154，弘治十二年九月丙戌。

改南京戶部左侍郎，吏部尚書梁儲代；儲改南京吏部，尚書劉忠代；忠入閣，禮部尚書白鉞代；鉞卒，吏部侍郎靳貴代；貴以禮書入閣，吏部侍郎蔣冕代；冕遷禮書入閣，禮部尚書毛紀代；紀入閣，禮部尚書劉春代；春卒，禮部尚書李遜學代；遜學卒，吏部尚書石珤代；珤入閣，吏部侍郎賈詠代；詠入閣，禮部尚書吳一鵬代；鵬出理部事，吏部侍郎溫仁和代；以憂歸。自是大學士張桂等密疏不宜設，而旨罷矣。按東閣在左順門廊，接史館。雖有大學士官，其職在文淵閣。而司誥敕官多坐東閣，為侍從之長，故總謂之閣老。然非參預政務，非真相也。嘉靖末，內閣以其兩制官不文，始奏設翰林講讀史官分掌外制，而武官誥敕仍用其屬之能文者理之。若詔赦敕草之類，仍用閣臣，翰林諸臣不得與。[1]

《明會典》對制敕、誥敕兩房中書舍人的分工作了具體記述：「凡內閣所掌制敕、詔旨、誥命、冊表、寶文、玉牒、講章、碑額及題奏、揭帖等一應機密文書，各王府敕符底簿，制敕房書辦。凡文官誥敕及翻譯敕書並四夷來文揭帖、兵部記功勘合底簿等項，誥敕房書辦。⋯⋯凡駕詣郊壇或巡狩行幸、親征，內閣官扈從，制敕房隨行。書辦遇有敕旨，即時撰寫。」[2] 僅成化、弘治兩朝，名見於《實錄》的內閣書辦不下三十人。其中，夏衡、林章、劉鋭等任內閣書辦的時間長達四五十年，加官至尚書、寺卿，而何景明諸人更為一時之文豪。[3]

與票擬制度的形成和內閣地位的迅速提高相適應，一些相關的制度也在形成。摘其要者：

其一，閣臣的簡選方式。《明史・選舉志》說，閣臣的簡選方式有二：奉特旨和廷推。「奉特旨」是最初的入閣方式，即由皇帝直接下令，命某

1 王世貞：《弇山堂別集》卷 45《內閣臣不由甲第者》。

2 萬曆《明會典》卷 221《翰林院》。

3 錢謙益：《歷代詩集小傳》丙集《何副使景明》。

人入閣。永樂時解縉、胡廣等皆是。「廷推」則是成化、弘治以後形成的入閣方式，即在內閣員缺時，由吏部會三品以上大臣及科道官公推數人，然後由皇帝選定入閣。其發端在景泰三年（1452），因內閣員缺，命禮部會內閣學士推舉。[1] 比較正規的廷推始於弘治八年（1495）二月：「時內閣缺員，有旨命吏部會六部、都察院、通政司、大理寺及科道官推舉行止端方、學術純正者六人以聞。」[2] 此後，廷推與奉特旨並行而以廷推為主。儘管世宗一再聲稱：「閣臣簡擇自君心，本非推舉之例。」[3] 但由於廷推作為一種制度已經形成，而皇帝又很少面接大臣，因而即使在嘉靖朝，廷推也未嘗停止。

其二，入閣者的資格。正統初，三楊柄政，內閣號稱極盛，但馬愉、曹鼐也僅為侍講學士（從五品）、侍講（正六品），仍是講讀官，與永樂時入閣者的品秩相差無幾。這一情況從正統後期開始改變。正統十年（1445），苗衷以兵部右侍郎、高谷以工部右侍郎入閣，皆正三品。景泰、弘治時，王文、丘濬分別以太子太保左都御史、太子太保禮部尚書入閣，均從一品，位列七卿，從此開了重臣入閣的先例。自正德至明末，入閣者凡 121 人，除翟鑾、李本、魏藻德外，皆正三品以上大臣。[4]

其三，閣臣戴銜。閣臣員額雖無明文規定，但自天順、成化起一般為三四人。弘治以後，原則上師、傅、保臣俱應配齊。正德十二年（1517），梁儲、蔣冕、毛紀同在內閣，當時梁儲已為太子太師，於是分別加蔣、毛為太子太傅、太子太保。蔣冕為此上疏，認為這是因為「內閣中既有師臣矣，而保、傅之臣尚缺而不備」之故。[5] 此後，閣臣按資歷深淺，依次冠以少師太子太師兼吏部尚書華蓋殿大學士（是為首輔）、少傅太子太傅兼戶

1　《明英宗實錄》卷 222，景泰三年十月戊戌。

2　《明孝宗實錄》卷 97，弘治八年二月乙丑。

3　《明世宗實錄》卷 267，嘉靖二十一年十月癸巳。

4　《明史》卷 109、110《宰輔年表一、二》及諸閣臣傳。

5　《明武宗實錄》卷 151，正德十二年七月甲申。

部尚書謹身殿大學士（是為次輔）、少保太子太保兼禮部尚書武英殿大學士，初入閣者一般只授文淵閣或東閣大學士。大學士僅五品，戴銜不至三孤、尚書，即使入閣也不授殿號；至於華蓋、謹身二殿大學士，則必先加少師吏部尚書、少傅戶部尚書。嘉靖初，世宗命楊一清以少師兼太子太傅吏部尚書武英殿大學士入閣，禮部尚書席書當即上疏質疑：「楊一清既晉少師，則宮銜殿名皆當遞轉，不宜仍兼太子太傅武英殿大學士。」[1] 並以此攻大學士費宏專權。

其四，內閣班次。按明制，朝參以五府六部等衙門尊卑為次，經筵、閱卷等則以各官品秩為序。內閣與翰林為同官，大學士僅五品，故常列於諸司之後。景泰二年，陳循等對此提出異議：「內閣係掌制誥機密重務衙門，近侍之職，莫先於此。⋯⋯臣等叨蒙皇上擢任同知經筵事，會講之日，班或列於六卿之下，恐識者笑。玷辱此職，自臣等不才始也。又每午朝進，近御榻奏事，臣所奏多係制詔機密重務，理不宜在五府六部奏雜事後。」景帝從其請，命常朝時內閣學士與錦衣衛官東西對立，經筵日同知經筵官序於尚書、都御史之上，午朝內閣先奏事。此後即為定制。[2] 世宗對內閣與錦衣衛列前班作了這樣的解釋：「閣臣職守文班，位居輔弼，故宜近。錦衣衛官侍於座傍，乃便於承旨。」[3] 成化以後，在所有的大典、大禮、閱卷等公開場合，如閣臣與部臣品秩相當，則閣臣班於部臣之前。沈德符曾就此加以比較：「景泰元年辛未科廷試讀卷，工部尚書石璞，居工部尚書兼翰林學士直內閣高穀之前⋯⋯蓋以坐部為尊，故抑戴銜於後也。至成化五年（1469）己丑科讀卷，則兵部尚書兼翰林院學士直內閣商輅居吏部尚書崔恭之前，時兩人俱不帶宮銜，亦宜以部序為次，而位置如此，則以閣體重也。」[4]

---

1 《明世宗實錄》卷 64，嘉靖五年五月丁未。

2 《明英宗實錄》卷 208，景泰二年九月丙申。

3 《明世宗實錄》卷 119，嘉靖九年十一月丁亥。

4 沈德符：《萬曆野獲編》卷 7《內閣・閣部列銜》。

其五，文移格式。內閣與諸司的文移格式，定於景泰元年。時陳循等奏准：「凡六部都察院等衙門奏奉聖旨，請寫制敕、撰述、冊祭，並擬封謚、聖旨、榜文等項手本，乞令各衙門今後俱從堂上官僉書用印，方許送院。又臣今後移文於各衙門堂上官，宜僉書於各司屬，止令孔目僉名，臣惟判案用印，庶於事體為當。」[1] 即部院行文內閣，皆需堂上官僉書用印；內閣行文部院，由閣臣僉書用印，行文部院下屬各司，則只需內閣書辦官僉書用印。

三、「非翰林不入內閣」

內閣本為翰林院的分支機構。儘管內閣發展為明代外廷的權力中樞，以至有「真宰相」之稱，但由於大學士的出身多為翰林，翰林學士又為其入閣的重要台階，二者的職責也有諸多重疊，因此明人一直將內閣與翰林院視為「同官」。弘治、萬曆兩次修《明會典》，也將內閣置於《翰林院》下進行敍述。而事實上，翰林院隨着內閣地位的日漸提升而淪為附庸。

《明史・選舉志》說：「成祖初年，內閣七人，非翰林者居其半。翰林纂修，亦諸色參用。自天順二年，李賢奏定纂修專選進士。由是，非進士不入翰林，非翰林不入內閣。」而庶吉士始進之時，便被視為「儲相」。孫承澤《天府廣記》還專列了《列輔起家考》一目，對明代內閣大學士的出身進行羅列。結果如下表。

1　《明英宗實錄》卷 196，景泰元年九月庚戌。

表 1 閣臣翰林出身分期統計表[1]

年號	閣臣人數	出身翰林人數	出身庶吉士人數	出身一甲人數
永樂	7	2	—	2
洪熙	5	1	—	1
宣德	6	2	—	1
正德	15	12	8	4
嘉靖	27	21	14	7
隆慶	8	8	6	2
正統	9	8	2	6
景泰	9	6	1	5
天順	8	6	2	4
成化	10	9	5	4
弘治	6	6	4	2
萬曆	20	20	13	7
泰昌、天啟	21	21	17	4
崇禎	50	39	25	14
合計	183	150	97	63

按：一、表中閣臣的總人數高於實際人數，原因是分朝統計，如楊士奇、楊榮，歷永樂、洪熙、宣德、正統四朝，而方從哲則歷萬曆、泰昌、天啟三朝，韓爌歷泰昌、天啟、崇禎三朝。二、翰林院設庶吉士始於永樂二年，解縉洪武時為「中書庶吉士」，故不計。

從上表可以看出，「非進士不入翰林，非翰林不入內閣」的原則大致是從正統開始形成的，而弘治、隆慶、萬曆、泰昌、天啟五朝更是清一色的翰林內閣。這是明代翰林令人注目的一個方面。不過，與其說庶吉士是「儲相」，倒不如說一甲進士是儲相。明代科舉，每榜一甲進士只有三人，而二、三甲選為庶吉士的則有二十人（弘治六年定），從概率看，一甲進士入閣的機會顯然高於庶吉士。當然，由於基數大，庶吉士入閣的絕對人

1 孫承澤：《天府廣記》卷 10《內閣》，其中宣德、正統、正德三朝人數有誤，據《明史・宰輔年表》補正。

數自然也更多一些。

其實，永樂時入閣的七人中，雖黃淮為中書舍人，金幼孜為給事中，胡儼為桐城知縣，楊士奇為吳府審理副，但在入閣前均已轉官翰林（見前文）。自宣德至天順二年（1458），入內閣者共十八人，除王文、薛瑄、李賢外均為翰林官。即王文等，入閣時也先兼翰林學士。[1] 可見，自內閣建置之日起，「非翰林不入內閣」的原則就已開始形成，因為內閣本為翰林院附屬機構。正統七年（1442），於翰林院設閣臣公座，內閣、翰林稱同官，入內閣者不兼殿閣大學士即兼翰林學士。加之皇帝不視朝，所接觸的臣子主要是翰林講讀官，其簡選範圍也就極為有限。弘治八年又定入閣標準為「行止端方、學術純正」，這就使「非翰林不入內閣」的原則得以貫徹。此後，入閣者要求提高，非進士不入翰林，非翰林不任禮部尚書、侍郎，而內閣又多由禮部侍郎乃至尚書簡選，更體現出「非翰林不入內閣」的原則。

「非翰林不入內閣」的另一個原因是希望保證入閣者的「學術純正」，但其弊端也是顯而易見的。作為有實政經驗的政治家，隆慶、萬曆間的大學士高拱對此有着極深的感受。其《本語》卷 5 說：

> 聖祖罷丞相，分其權於六卿，而上自裁決。成祖始制內閣，以翰林官七人處之，備問代言，商榷政務，極其寵密，然未有平章之任也。嗣後遂理機務庶政。比其久也，則遂隆以師保之官，稱輔臣焉，雖無宰相之名，有其實矣。然皆出諸翰林。翰林之官，皆出諸首甲與夫庶吉士之選留者，其選也以詩文，其教也以詩文，而他無事焉。夫用之為侍從而以詩文猶之可也，今既用於平章而猶以詩文，則豈非所用非所養、所養非所用乎？……今也止教詩文，更無一言及於君德治道，而又每每送行賀壽以為文、栽花種柳以為詩，羣天下英才為此無謂之事，而乃以為養相材，遠矣。

1　《明史》卷 109《宰輔年表一》，又見王文等傳。

高拱認為，舞文弄墨的高手未必就能治劇平亂。雖然國家事務需要眾多治劇平亂的高手，但明代中央決策系統在形成內閣票擬、內監批紅的權力結構之後，大學士的主要職責也就是應付公文的往來，所以舞文弄墨的高手才有了用武之地。

第二節　內閣權力的集中：首輔制的形成

一、閣臣中的首次之分

如果說票擬是明代內閣權力運行的基本方式，那麼首輔則是明代內閣權力的集中體現。

明武宗死後，楊廷和為首的內閣定策以興獻王長子朱厚熜（即後來的世宗）為嗣皇帝，並以草遺詔和登極詔的機會，革除正德時的種種弊端，裁削宦官勢力，安定京師局面。嘉靖初，鑒於正德時宦官、近倖的干政，以及楊廷和等人在易代之際的重要作用，文官集團中形成了要求屬權內閣的輿論。兵科給事中夏言首先發難，提出：「即聖意有所予奪，亦必經由內閣議而後行；事有可否，許令執奏。其有所寢罷，亦明示外廷。」[1] 吏科都給事中李學曾則要求：「凡百命令，悉付內閣票擬，有未當意者，再令改擬精切，然後形諸批答。如此則大柄不移。」[2] 這些呼籲，表面上反映了內閣在當時的崇高地位和威望，而實質上，則是針對正德時期宦官的參政與專權。

由於在大禮議和其他問題上的分歧，剛由「外藩」入繼大統的明世宗和以內閣首輔楊廷和為首的朝臣之間發生了激烈的衝突。結果，楊廷和、蔣冕、毛紀三輔先後被迫致仕。隨後，世宗採取了一系列措施削弱內閣的

1　《明世宗實錄》卷 1，正德十六年三月戊申。

2　《明世宗實錄》卷 29，嘉靖二年七月庚辰。

影響，迫使楊派官員就範。議禮諸臣張璁等也紛紛上疏，攻擊內閣權重，大有摧毀內閣之勢。但是，世宗很快發現，無論是出於維護自己的地位，還是出於實行有效的統治，均無法離開內閣。因此，世宗將在大禮議中支持過自己並出力最大的張璁、桂萼、方獻夫等先後簡入內閣，組成了以這些親信為核心的新內閣，協調了皇帝和內閣之間的關係。

明朝自正統以後，各種社會矛盾進一步激化。至嘉靖，北方有韃靼的頻繁內侵，東南有倭寇的連年騷擾。嚴重的「內憂外患」，要求明政府提高其統治效率。但作為最高統治者的明世宗，在鞏固了皇位以後，即暮氣沉沉，鮮問政事；雖然時時以恩威莫測的權術督察羣臣，卻已不能不屬權內閣。正是在這種形勢下，內閣權力迅速向首輔集中，以便快速應對各種矛盾。其結果，則是首輔制度的確立。

內閣閣臣有首次之分，雖無明確記載，但也並非無跡可尋。永樂時七人入閣，成祖有命，即謂「解縉等」；解縉貶謫後，又謂「胡廣等」。解縉、胡廣當時實為閣臣的領銜者。宣德、正統時，閣臣論事，每以楊士奇領銜，羅汝敬在給楊士奇的信件中，就稱其為「四朝舊臣、二聖元輔」[1]。然當時二楊地位相近，首次無明顯區分。景泰時陳循有「權臣」之稱，葉盛攻其「謬當內相之首」，景帝也敕諭陳循：「朕任卿掌內閣事。」[2] 但此時有王文、高穀相抗衡。英宗復辟後，授徐有貞武功伯、兵部尚書兼華蓋殿大學士，掌文淵閣事。[3] 同時在內閣的許彬、薛瑄、李賢等，地位無法與有貞匹。徐有貞「掌文淵閣事」，實為首輔。但不到三月即下獄。李賢復入閣，亦命掌文淵閣事，後加少保吏部尚書兼華蓋殿大學士，在內閣中地位獨尊，又居文班之首，故被羣臣目為首輔。所以《明史》說：「終天順之世，（李）賢為首輔，呂原、彭時佐之。」[4]《明憲宗實錄》也說：天順時，「事皆

1　《明史》卷 137《羅復仁附羅汝敬傳》。

2　《明英宗實錄》卷 268，景泰七年七月丙申。

3　《明英宗實錄》卷 280，天順元年七月癸未。

4　《明史》卷 176《李賢傳》。

處分於（李）賢。……賢卒，（陳文）首秉國鈞」[1]。

為首輔的先決條件，自然是皇帝的信任和倚重。李賢自言：「凡左右薦人，（上）必召賢問其如何。賢以為可者即用之，不應者即不行。」「上躬理政務，凡天下奏章，一一親決。有難決者，必召賢商議可否。」[2]王鏊也認為：「國朝自三楊後，相業無如（李）賢者。其得君最久，亦能展佈才猷。」[3]

彭時記載了自己在天順時與李賢的爭論：

> 李公（賢）自吏部進（內閣），以傍坐不安，令人……設公座。予爭之曰：「不可。聞宣德初年聖駕至此坐，舊不設公座，得非以此耶？」……李詞氣稍不平，曰：「假使為文淵閣大學士，豈不正坐？烏有居是官而不正其位乎？」予曰：「正位在外衙門則可，在內決不可。如欲正位，則華蓋、謹身、武英、文華諸殿大學士將如何耶……」李公方語塞，然意猶未已。[4]

這是天順元年（1457）李賢第二次入閣時與彭時的一場爭議。表面上是為一座之設，實則為首輔正名之爭。後來雖因內閣正室設御座而未設首輔正座，但內閣的首次之分，已日趨明朗。

與首輔地位的確立相聯繫，是票擬開始由首輔主持、重大問題的票擬由首輔專掌。

景泰年間，景帝曾諭陳循：「凡制誥命令等文，但撰述進呈，無不信行。」[5]已有李賢主票擬的跡象，但尚未公開化。至天順，大凡重要的詔

1 《明憲宗實錄》卷 53，成化四年四月丁巳。

2 李賢：《天順日錄》。

3 王鏊：《守溪筆記》。

4 彭時：《彭文憲公筆記》。

5 《明英宗實錄》卷 268，景泰七年七月丙申。

令、批答，皆由李賢票擬，或由李賢囑陳文、彭時等人票擬，故《明史》有「英宗崩，李賢當草詔」之說[1]。《彭文憲公筆記》中則有大量關於李賢、陳文、彭時共同議事而由李賢主擬的記載。成化時，陳文、彭時、商輅、萬安等相繼為首輔，亦皆如此。弘治時，劉健、李東陽、謝遷三人在內閣，號為「融洽」，但據王鏊所言，謝遷數次向劉健提及用吳寬入閣，劉健卻執不擬旨，吳寬終不得入。[2] 可見首輔在內閣中的地位。但此時的首輔主票擬還只是停留在諸輔共議、首輔執筆或由首輔委他輔執筆，而未發展到首輔的意見決定閣票的程度，原因是首輔的專決地位尚未確立。故武宗出巡時諭閣臣楊廷和等：「照依內閣舊規，同寅協恭，謹慎供事，每日司禮監發下在京在外各衙門題本奏本，俱要一一用心看詳，擬旨封進，奏請施行。」[3] 至嘉靖以後，情況則不同了。

二、「至嘉靖而始有相與首」

世宗與張璁的關係對首輔制度在嘉靖時的最終確立有着重要影響。張璁因在大禮議中出力最多而受知於世宗，屢被超擢，簡入內閣。《實錄》評曰：「（璁）深於禮樂，豐格俊拔。大禮之議，乃出所真見，非以阿世。……剛明峻潔，一心奉公，慷慨任事，不避嫌怨。……持議守正，雖嚴諭屢下，陳辭益剴切不撓。上察其誠，久而滋重信之。」[4] 世宗曾諭之曰：「朕有密諭，卿勿令他人測知，以泄事機。」並許其「入奏無拘時」。[5] 以世宗的信任和自己的個性才力，又居首輔之位，張璁自然在內閣中處於專決地位，並真正主票擬，其他閣臣只能「參議論而已」，甚至「唯唯不敢可否」。

張璁任首輔期間，基本上確定了明代首輔在內閣的三個主要特權：專

1　《明史》卷 176《李賢傳》。

2　王鏊：《守溪筆記》。

3　《明武宗實錄》卷 164，正德十三年七月丙午。

4　《明世宗實錄》卷 221，嘉靖十八年二月乙巳。

5　《明世宗實錄》卷 80，嘉靖六年六月甲子。

決、專票擬、專應對。首輔之權以專決為基礎，以專票擬為表現方式，以專應對維護其專決和專票擬的特權。馮琦認為：「人謂永嘉奪館閣之官，而不知館閣得永嘉始重也。」[1] 可謂一針見血。夏言、嚴嵩繼之，鞏固並加強了首輔的地位。夏言為首輔，凡事專決，但有議論，次輔嚴嵩等「噤不敢吐一語」，票擬後僅讓他輔看一二而已。[2] 嚴嵩為首輔，吏部尚書許瓚、禮部尚書張璧同入閣，閣中事務一決於嵩，瓚、璧皆不預，致使許瓚後悔不迭：「何奪我吏部，使我旁睨人。」[3] 神宗即位之初，主幼國疑，次輔張居正偶有揭帖直接投入，首輔高拱就認為：「我當國，凡事當自我同眾而處，獨奈何於斯際而有私言（於保乎）？」[4] 天啟時入閣的孫承宗也深有體會：「閣體重首輔，其圖事揆策，主之首輔。當予陪末綴，每見上傳首輔主裁，語不及次。」[5]

嘉靖以後的首輔，一般來說都具備這樣幾個特點：銜號為「少師太子太師兼吏部尚書華蓋殿 / 中極殿大學士」；在內閣擁有專決、專票擬、專應對的特殊地位；居文官之首。而閣臣之間的傾軋，就其表現形式來說，主要是爭奪票擬權。在當時，一位閣臣一旦受命與首輔共行票擬，則意味着他將取代首輔的地位；而一旦身為首輔，則竭力爭取司禮監的配合，博得皇帝的信任，以維護票擬權。

首輔的這種地位，在羣臣中曾引起強烈的反響。嘉靖時胡世寧上疏說：「不知自何年起，內閣自加隆重，凡職位在先第一人，羣臣尊仰，稱為首相。其第二人以下多其薦引，隨事附和，不敢異同。」[6] 但明世宗對首輔的特殊地位則公開表示認可，即位之初，就對楊廷和說：「卿朝廷元臣，德

1 張萱：《西園聞見錄》卷 26，宰相上。

2 《明史》卷 308《嚴嵩傳》。

3 《明史》卷 308《嚴嵩傳》。

4 高拱：《病榻遺言》。

5 孫承澤：《天府廣記》卷 10《內閣》。

6 張萱：《西園聞見錄》卷 26，宰相上。

望素隆。」[1] 在給費宏的手書中題其銜為：「內閣掌參機政輔導首臣。」[2] 在敕諭夏言時則云：「朕之簡任倚託，在卿獨重，況職居輔首。」[3]「首輔」這種稱謂，正德以前間或偶見，嘉靖以後則為專稱。這並非偶然現象，而是首輔合法化和制度化的必然反映。

首輔主票擬及其在閣中的專決地位，在天啟、崇禎時曾受到兩次衝擊。天啟四年（1624），閹黨魏廣微為分首輔韓爌之權，勾結魏忠賢傳旨，諭韓爌與他輔「同寅協恭」，並責怪其他輔臣「伴食」，導致韓爌抗疏乞休。《明史》將這一事件視為票擬權的分割，「後遂沿為故事」[4]。實不盡然。二魏分韓爌的票擬權，是因為韓爌「不附己」。韓爌去位後，顧秉謙繼為首輔，仍主票擬，所以天啟四年十二月至六年九月間，才有「凡傾害忠直，皆秉謙票擬」[5] 之說。又孫承澤《天府廣記》說：「舊制，紅本到閣，首輔票擬，余唯諾而已。崇禎中，御史倪元珙疏請分票。其後本下即令中書分之。」[6] 孫承澤崇禎時為刑科都給事中，與倪元珙分居科道，其言當為不謬。按倪元珙自崇禎元年（1628）為御史，崇禎八年因復社事謫光祿寺錄事，其上疏分票之事當在崇禎元年至八年間。[7] 但從實際情況來看，崇禎八年以後為首輔的溫體仁、周延儒等仍然掌握着票擬權。因此，中書分票並未從根本上改變首輔主票擬的傳統，孫承澤也認為這次衝擊，不過是使首輔之權「稍分」而已。

1 《明世宗實錄》卷 21，嘉靖元年十二月庚子。

2 《明世宗實錄》卷 180，嘉靖十四年十月戊申。

3 《明世宗實錄》卷 229，嘉靖十八年九月戊午。

4 《明史》卷 306《顧秉謙傳》。

5 《明史》卷 306《顧秉謙傳》。

6 孫承澤：《天府廣記》卷 10《內閣》。

7 《明史》卷 257《馮元揚傳》。又光緒二十五年《浙江通志》卷 169《人物三》（商務印書館影印本）。

第三節　內閣在明代中央決策權力結構中的地位

內閣的出現並形成制度，是明朝廢除中書省後中央決策系統權力結構演變中的重大事件。隨着內閣制度的形成，人們開始將內閣視為政府，稱首輔為「真宰相」。儘管明太祖祖訓諄諄，世宗君臣卻全不諱言。張璁宣稱：「今之內閣，宰相職也。」[1] 世宗認為：「此官雖無相名，實有相職。」[2] 王世貞特作《嘉靖以來首輔傳》以誌之，並在序中聲明：「曰嘉靖以來首輔傳，蓋至嘉靖而始有相與首也。曷言輔，避相也。」[3] 只是萬曆十五年（1587）重修《明會典》時為表示一遵祖制，依弘治之舊而將內閣列入翰林院一章。私家撰述及清朝編纂的各種有關明代制度的書、表、志、傳，則毫無例外地將內閣與歷代宰相、明初中書省並列。但是，後人在考察明代首輔是否真正相當於歷代宰相，即在評價內閣在明代國家權力結構中的地位和作用時，一直存在很大的分歧。[4] 而不論持哪種意見，在這一點上又是基本一致的：明代內閣的地位和作用，完全取決於皇帝對內閣、對首輔的信任程度。《歷代職官表》的作者將這一看法表述得異常清楚：「總之鈞衡近地，職參密勿，其事權之屬與不屬，原不繫乎宰相之名，而惟視乎人主之威柄以為操縱。」[5]

由於內閣是在中書省廢除後出現的新事物，它有一個發生、發展的過

1　《明世宗實錄》卷 81，嘉靖六年十月辛未。

2　清敕修《續文獻通考》卷 52《職官二》。

3　王世貞：《嘉靖以來首輔傳》。

4　聶崇岐、吳晗、林紹明等認為：明代內閣雖無宰相之名，卻有宰相之實，內閣的產生是中書省廢除後宰相制度的復活（見聶著《中國歷代官制簡述》；吳著《明史講座》；林著《略論明代的內閣》，載《華東師大學報》社科版 1982 年第 3 期）。朱東潤、李天祐等則認為：明代內閣無宰相的權力，其職責相當於唐、宋翰林學士、知制誥（見朱著《張居正大傳》；李著《明代的內閣》，載《明清史國際學術討論會論文集》）。

5　清敕修《歷代職官表》卷 2。關文發《試論明朝內閣制度的形成和發展》則表述為：「閣臣權力的大小，完全取決於皇帝對他們的信任程度。……明代的閣權忽輕忽重，其作用忽大忽小，很不穩定。」（載《明清史國際學術討論會論文集》）

程，內閣制度也有一個逐步形成的過程，因此，內閣在明代國家權力結構中的地位也就不能一概而論。事實上，內閣的地位和作用有其明顯的階段性，而這一階段性又和內閣制度形成的階段性是一致的。基本結論是：在內閣建置以後的一段時期，即永樂至宣德時期，內閣尚無獨立性，屬皇帝的幕僚和機要祕書；在內閣制度初步形成以後，即正統至正德時期，內閣雖仍在禁內辦事，但已成為外廷政務的總匯之所，成為明代的政治中樞；隨着內閣制度的最終形成，即自嘉靖以後，內閣首輔在一定程度上成為明朝實際上的宰相。這三個階段又有銜接性和交叉性。雖然每一時期均受到各方面因素的干擾和影響，但內閣的上述地位和作用仍然是相對穩定的；雖然首輔個人的進退及權力的大小很大程度上取決於君主的信任與否，但內閣和內閣首輔的地位和作用從總體上來說，則並非只是取決於君主的個人意志，而主要是取決於中書省廢除後明代中央集權統治的需要，是明朝國家機器自身調節的結果。

要認識內閣、特別是嘉靖以後內閣在明代中央決策系統權力結構中的地位和作用，有必要對內閣與皇帝、內閣與內監、內閣與六部諸司以及明代內閣與唐宋翰林學士、知制誥的關係加以分析。

一、內閣與皇帝

在說明這一問題之前，不妨將視野延伸。李斯是中國君主專制制度下的第一代宰相，在幫助秦始皇鞏固國家統一、建立君主專制的中央集權國家制度中起了重大作用，但當二世重用趙高之後，則鬱鬱不得志，終至身首異處。[1] 周勃在平定諸呂中功推第一，又主議迎立代王劉恆為帝，但漢文帝一旦傾意於陳平，他則不得不辭去相位。[2] 唐代宰相，前有房、杜，後有姚、宋，但姚崇、宋璟為相均不過三四年，而「口蜜腹劍」的李林甫卻

1　《史記》卷 87《李斯列傳》。

2　《史記》卷 56《陳丞相世家》；卷 57《絳侯世家》。

居相位達十八年之久。[1] 可見，在中國古代的君主專制制度下，宰相個人的進退及其權力的大小，從來就取決於皇帝的信任與否，這並非明代的特殊現象。認為相權可以不受皇權控制，這種看法顯然忽略了中國君主專制制度的基本特點。問題還在於，雖然皇帝的信任程度並非穩定且時時出現轉移，但相權仍然客觀存在，三公九卿制、三省六部制的興替離合，以及明代中書省的廢除和內閣制度的形成、清代內閣名為宰相實為閒曹而軍機處為實際上的宰相府即說明了這一點。

回到明代，明世宗在迫使楊廷和等致仕以後，仍得將張璁等簡入內閣；在對張璁的信任減弱時，將這種信任轉移到夏言、嚴嵩；當對嚴嵩不滿意，又「捨（嚴）嵩而之（徐）階」[2]。因此，應將首輔個人的進退和權力的消長同作為機構的內閣和內閣首輔加以區別。而且，不僅應該看到閣權對皇權的依附性，還應該在這一大前提下看到內閣對皇帝的限制和干預。內閣在奉旨草詔時，如認為旨意不合「祖制」，或有礙於國計民生，可以提出不同的意見，請皇帝收回成命；在皇帝一意孤行時，閣臣可以以去就力爭。成化時，閣臣曾被戲稱為「萬歲閣老」，因其只會呼「萬歲」。但當周太后莊戶與民爭田，憲宗命內閣擬旨徙民於塞外時，商輅拒不票擬，憲宗只好收回旨意。[3] 正德時，武宗許近侍之請，命戶部賣鹽引，劉健等卻認為有違成法而擬旨不得賣引。在武宗堅持己意時，劉健等又幾次將原票封進，最後在戶部的配合下，迫使武宗讓步。[4] 嘉靖時，世宗因孝宗張后曾抑其母蔣氏，遷怒於張后兄弟張延齡等，三諭首輔張璁，兩諭內閣，命擬旨處延齡等死刑。張璁等為此先後十三次上疏表示異議，終予緩刑。[5] 可見，票擬並非只是簡單的「承旨辦事」，而有其相對的獨立性。人們往往只注

1 《新唐書》卷 124《姚崇傳》《宋璟傳》；卷 223《奸臣上》。

2 《明史》卷 213《徐階傳》。

3 《明史》卷 176《商輅傳》。

4 《明孝宗實錄》卷 142，弘治十一年十月癸未。

5 《明武宗實錄》卷 10，正德元年二月戊辰；卷 13，正德元年五月癸未。

意到神宗對閣臣的凌辱，卻很少注意，正是內閣首先干預了神宗：神宗盡可寵愛鄭妃，卻不能將其立為皇后[1]；盡可空內庫積蓄以賜福王，卻無法將其立為太子[2]。當然，不能因此說內閣可淩駕於皇帝之上，而是說明內閣可以代表官僚集團為維護統治階級的長遠利益和正常統治秩序，利用其崇高地位對皇帝進行某些限制。

二、內閣與內監

《明史・職官志》曰：「內閣之擬票，不得不決於內監之批紅，而相權轉歸之寺人。」此論有其合理性，卻不能用來說明明代相權在於內監或用來否定明代相權的存在。

從職責來說，內閣票擬的範圍是：「綸言批答，裁決機宜，悉由票擬。」[3]內監批紅的原則是：「照閣票批硃。」[4]劉若愚《酌中志》曰：「凡每日奏文書，自御筆親批數本外，皆眾太監分批。遵照閣中票來字樣，用硃筆楷書批之。間有偏旁偶訛者，亦不妨略為改正。」[5]這是內閣票擬和內監批紅的正常情況。可見，諸司奏啟的批答均由內閣，且一般以閣票為定。在王振、劉瑾、魏忠賢等專權時，確有擅改閣票甚至自行擬票的記載，但這是在正常秩序遭到嚴重破壞時的變態，不能因此而否定內閣的地位和閣票的意義。其實，即使在劉瑾專權時，曾為大學士的王鏊仍認為：「劉瑾雖擅權，然不甚識文義，中外奏疏處分，亦未嘗不送內閣，但秉筆者自為觀望。……人人據理執正……則彼亦不敢大肆其惡也。」[6]天啟時魏忠賢勢

1　《明史》卷 114《神宗鄭貴妃傳》。

2　《明史》卷 120《福王常洵傳》。

3　《明史》卷 109《宰輔年表・序》。

4　《明史》卷 74《職官志三》。

5　劉若愚：《酌中志》卷 16《內府衙門職掌》。

6　王鏊：《震澤長語》。

熾，但「凡傾害忠直，皆（大學士顧）秉謙票擬」[1]。

從體制來說，內監的批紅代表皇帝對閣票履行的審批手續，它並不是表示相權，而是皇權的象徵。因此，內閣和內監通過票擬和批紅所表現出來的關係，實為內閣和皇帝的關係。成化二十三年（1487）御史陳孜奏疏中的一段話，有利於認清司禮監和內閣之間的關係：

> 國家政務，我祖宗既設司禮監掌行，又命內閣大學士共理，內外相維，可否相濟。近來政務之決，間有大學士不與聞者。今後政務不分大小，俱下司禮監及內閣公同商榷，取自聖裁。其有極重大者，乞敕多官計議，奏請區處。[2]

國家政務，並非內閣「掌行」，而是司禮監「掌行」，司禮監才是皇帝的代表，這是「祖宗」的制度。正統時王振對二楊說：「朝廷事久勞公等，公等皆年高，倦矣。」[3] 萬曆時申時行上疏：「閣臣以平章政事為職。」[4] 說明無論是司禮監還是內閣，都明白自身的地位。內監以「朝廷」自居，實代表皇權；內閣以「平章政事」為己任，實行使相權。二者的界限是清楚的。

黃宗羲對明代的宦官為患有切膚之痛，其《明夷待訪錄．奄宦上》對宦官的抨擊也極為嚴厲，但在抨擊中道出了明代宦官特別是司禮監的真正地位：

> 奄宦之禍，歷漢、唐、宋而相尋無已，然未有若有明之為烈也。漢、唐、宋有干與朝政之奄宦，無奉行奄宦之朝政。今夫宰相六部，朝政所自出也。而本章之批答，先有口傳，後有票擬；天下

1 《明史》卷 306《顧秉謙傳》。

2 《明孝宗實錄》卷 7，成化二十三年十一月己未。

3 《明史》卷 148《楊溥傳附馬愉傳》。

4 《明神宗實錄》卷 147，萬曆十二年三月己亥。

之財賦，先內庫而後太倉；天下之刑獄，先東廠而後法司。其他無不皆然。則是宰相六部，為奄宦奉行之員而已。

「宰相六部，為奄宦奉行之員」，則此「奄宦」自然是代表着「朝廷」而對包括內閣六部在內的國家權力部門進行控制的內監。

從理論上說，內監代表皇帝對閣票有所改定，本無可非議；而皇帝本人改動閣票或直接批答，更是理所當然。但這經常引起包括內閣在內的文官集團的不滿，恰恰說明內閣地位的鞏固和閣票的實際意義。

同時，內閣和內監的關係也不是絕對的。二者有為政治經濟權益進行鬥爭的一面，也有為同樣的目的進行合作的一面。從總的趨勢來看，合作多於鬥爭，反映了皇權與相權關係的相對協調。而且，還經常出現某些閣臣與宦官相勾結以對抗另一些閣臣與宦官的情況。劉瑾專權是「（焦）芳之官非（劉）瑾不進，以瑾之權非芳不彰」；魏忠賢專權則是「得內閣為羽翼，勢益張」[1]。這些，客觀上反映了最高統治集團內部派系鬥爭的複雜性。[2]

三、內閣與六部諸司

由於明太祖嚴禁復設丞相，並規定了六部諸司分立、皇帝親理政務的統治原則，而這一原則又以「祖訓」的方式予以確定，因而不可能有法律條文明確內閣對部院的統轄關係。但是，隨着內閣制度的逐步形成和內閣中樞地位的鞏固，內閣對諸司的控制已成公認的事實。這主要表現在以下三個方面。

其一，內閣通過票擬裁決政務，六部承奉意旨。關於這一點，除批紅和票擬的關係尚存分歧外，學界並無異議。

其二，諸司奏事，關白內閣。景泰三年（1452）十二月，命舉方面

1　《明史》卷 306《顧秉謙傳》。

2　關於這一問題，參見方志遠《論明代宦官的知識化問題》，《江西師範大學學報（哲學社會科學版）》1989 年第 3 期。

官，吏部得備二簡，一送司禮監備御覽，一送內閣備顧問，從制度上規定了諸司奏事，關白內閣。[1] 隨着內閣制度的形成，對於重大問題，諸司在上疏之前，一般得與內閣商議，以達成共識。正德、嘉靖之際為吏部尚書的王瓊即云：「內閣之權漸重，無異宰相之設。六部之權漸輕，凡事多稟受內閣風旨而後行。」[2] 吏兵二部的用人權，正德以前多忌內閣插手。嘉靖初兵部尚書胡世寧卻認為：「吏兵二部選用緊要官職及會推大臣，必先用首相所欲，而後敢擬名奏上。法司外出勘事，亦必承其意旨，而不問虛實，任情勘報。」[3] 身為吏部尚書的許讚，則連疏奏請世宗：「省諭二輔（嚴嵩、翟鑾）渾厚博大，姑容臣等少盡職業。」[4] 徐階為首輔後，曾表示要「以威福還主上，以政務還諸司，以用捨刑賞還公論」[5]，但諸司奏事關白內閣的情況並未改變。萬曆末年葉向高任首輔，在給申時行的信中說：「自不肖受事以來，六曹之政，絕未嘗有一語相聞，甚至上疏之後，揭帖亦無，直至發擬，然後知之。」[6] 這既反映了內閣在當時激烈黨爭中的窘境，又反映了一個事實：六部之政，應向內閣通報；六部上疏的同時，應該通過揭帖的方式將內容告知內閣。同時也說明，即使在窘境之下，內閣仍認為六部奏事關白內閣為理所應該，不關白內閣，乃反常現象。

其三，在外之督、撫、總兵、巡按御史直接上書內閣，請示機宜。明中期以後的督、撫為封疆大吏，從其地位來說，多為尚書、侍郎或都御史，從其系統來說，則屬兵部或都察院，均與內閣無直接聯繫。但自正德以後，督、撫紛紛以揭帖的方式上書內閣，請示軍、政、財、賦之計，內

1 《明英宗實錄》卷 224，景泰三年十二月庚子。

2 張萱：《西園聞見錄》卷 26《宰相上》。

3 張萱：《西園聞見錄》卷 26《宰相上》。

4 《明世宗實錄》卷 275，嘉靖二十二年六月壬寅。

5 《明史》卷 213《徐階傳》。

6 葉向高：《與申瑤老第二書》，《明經世文編》卷 461。

閣則居中遙授方略，習以為常。[1] 故每當民變平息、邊事安定，朝廷毫不例外地要封賞內閣諸臣，酬其居中指示之勞。甚至東南倭寇平息，趙文華也上疏世宗，請「歸功元輔」[2]，朝野上下，不以為怪。何良俊在分析嘉靖以後內閣與諸司的關係時曾有這樣的感慨：「此不知胡（惟庸）、汪（廣洋）當國時有此事否。」[3]

申時行在萬曆十二年三月的一份奏疏中，對內閣與諸司的關係作了較為全面的說明：

> 閣臣以平章政事為職，而用人則政事之大者。故文官自京堂，武官自參將以上，部臣亦與臣等商量，無非虛心為國，以示慎重公平之意……至於各地方事情，若關係重大，督撫等官豈得不與臣等言之？如陝西等處重災，作何賑濟；遼東虜情，作何防剿；雲南莽賊，作何備禦。此皆朝廷大計，即各官揭問，不為阿承；即臣等告以方略，不為侵越。

神宗也表示：「朕方以大政悉委卿等，各衙門事務豈得不與聞。」[4]

四、明代內閣與唐宋翰林學士、知制誥

明代內閣行使職權的主要方式是票擬，而唐代翰林學士加知制誥銜「專掌內命」，宋代則由知制誥與翰林學士「對掌內外制」，均「不身出與事」。因此，論者又有將明內閣視為唐、宋翰林者，並以此來否定明代內閣的地位和作用。

1　如楊一清數次上書內閣，論陝西茶馬之政；何孟春上書論邊地鎮守事宜；翁萬達上書言三鎮總兵事；馮恩上書言東南防倭事務，等等。（見《明經世文編》及諸人文集）

2　《明世宗實錄》卷 442，嘉靖三十五年十二月乙未。

3　孫承澤：《天府廣記》卷 10《內閣》。

4　《明神宗實錄》卷 147，萬曆十二年三月己亥。

首先，應該對唐、宋翰林學士、知制誥有一恰當的認識。《新唐書・百官志》云：「玄宗初，置翰林待詔，……掌四方表疏批答、應和文章。既而又以中書務劇，文書多壅滯，乃選文學之士，號『翰林供奉』，與集賢院學士分掌制詔、書敕。開元二十六年，又改翰林供奉為學士，別置學士院，專掌內命。凡拜免將相、號令征伐，皆用白麻。其後選用益重，而禮遇益親，至號為『內相』。」可見：一、學士院掌內命，乃分割中書之權的結果；二、一旦掌內命，即非閒曹可比，而是與宰相相抗，稱「內相」。宋知制誥與翰林學士對掌內外制，凡遇除命，「有所不合，貼黃執奏，而宰相之選，多在其中」[1]，其地位與三省一院相匹。因此，不能因唐、宋翰林學士、知制誥專主文書而忽視其實際作用。尚書、中書在漢魏時發展為中樞機構，也正是從主管文書制敕開始的。

其次，唐宋翰林學士、知制誥掌內外制，與明內閣主票擬，形式上相似，實際內容卻有很大不同。按宋之兩制，內制為「冊文、表本、青詞、密詞、祝文、齋文、詔書、批答、口宣」，外制為「皇后、皇妃追封先代，皇女、皇族冊封進封，文武百官遷擢、致仕、加恩等誥敕」。[2] 核心內容是詔令，所謂「批答」，亦為詔令的一種格式。《宋史・職官志》：「賜大臣太中大夫、觀察使以上，用批答及詔書，餘官用敕書。」而明代內閣票擬的內容則有二，一是視草，一是批答。前者（視草）承唐、宋及明初翰林學士、知制誥之舊；後者（批答）則是對諸司事務的裁決，在宋朝，是中書門下之職，明初屬中書省，中書省廢後皇帝自行批答，所謂「平章政事者」即此。票擬的內容和性質決定了明代內閣的地位及其與諸司的關係不同於唐、宋翰林及知制誥。

其三，由於唐、宋設有宰相，軍國大政，決於中書門下，故翰林學士雖「曉達機謀，天子機事密命在焉」[3]，卻始終未能突破「內相」這一界限。

1 于慎行：《穀山筆麈》卷 1《制典下》。

2 黃佐：《翰林記》卷 11《知制誥》。

3 馬端臨：《文獻通考》卷 54《職官考八》。

明代內閣則是應中書省廢除後政治統治的需要而產生的，因而得由祕書機關發展為中樞機構，實勢所必然。永樂、宣德時的明代內閣，確與唐、宋翰林學士、知制誥相近；但隨着內閣制度的形成，則無論是公開地位還是實際作用，內閣皆非唐、宋翰林及知制誥可比。

秦漢以降，宰相的名稱屢變，由丞相而大將軍錄尚書事，由三省並立而中書門下，由中書門下平章政事而中書省；相權的行使方式也不盡相同，或獨操權柄或共同議事，或形同虛設或實至名歸。但主要特點不外有二：一是地位尊崇，居百官之首；二是職權重要，「掌丞天子，助理萬機」[1]。內閣制度形成以後，應該說是具備這兩個特點的，這是明代內閣與歷代宰相的共性。與歷代宰相相比，明代內閣又有其特性，即責任雖有均衡之重，建官卻無宰相之名；總攬政務，操縱諸司，但制度上不統六部；通過票擬裁決機宜，但票擬又得經批紅方正式生效；首輔居百官之首，被視為「真宰相」，但又因其名不正而經常被攻為專權。

內閣的這一特性，是明代政治背景下的產物。明太祖廢中書省，並下令不得復設丞相，代表着統治階級經過對歷代興亡治亂的總結，企圖通過強化君主集權以保持各方面的平衡、緩和內部矛盾的政治要求和思想傾向，這是公開恢復宰相制度的主要障礙。而現實統治的需要和對皇權腐朽的補救，又導致內閣的產生及內閣制度的形成，並使內閣首輔在特定時期成為「真宰相」。

其實在明人眼中，內閣的地位同樣也是變化着的。大體上說：正統到正德期間的內閣，是無相之名而有相之實；嘉靖以後的內閣，則是有相之名而無相之實。之所以造成這一感覺上的反差，是因為正統以後，儘管內閣的地位提高並在某些方面行使着與明初中書省類似的職責，但人們還不習慣於將大學士視為「宰相」；而嘉靖以後，當人們將大學士特別是首輔視為「真宰相」時，卻發現它與漢唐時的「真宰相」還是有很大的差異。這個差異就是不但名不正，而且既不統馭六部，又受制於內監。

1　《漢書》卷 19 上《百官公卿表上》。

第四章
司禮監的崛起及中央決策系統的「以內制外」

第一節　司禮監的崛起

一、從典禮紀察司到司禮監

司禮監於洪武十七年（1384）設置，後來成為明代宦官第一署，司禮監掌印及秉筆、隨堂太監獲得掌理內外奏章和「批紅」的權力，經歷了一個演變過程。這個過程大致可以分為兩個階段。從洪武到宣德為第一階段，主要是從宦官的一般衙門，成為第一署。正統而後為第二階段，司禮監的權力繼續擴大，既通過批紅制約內閣，又成為「朝廷」的代表，「掌行」國家政務。司禮監這一地位的確立，又是與當時皇位的交替、朝局的變動密切聯繫、互為作用的。

明太祖於吳元年置內使監、御用監，設監令、丞、奉御等官，其中有紀事奉御的名目。[1] 洪武六年，改御用監為供奉司，又置紀事、內正二司。紀事司顯然是由紀事奉御擴充建置的。[2] 關於內正司，《明太祖實錄》載：

> 命考究前代糾劾內官之法，禮部議置內正司，設司正一人，秩正七品；司副一人，從七品，專掌糾察內官失儀及不法者。[3]

1　《明太祖實錄》卷 25，吳元年九月丁亥。

2　《明太祖實錄》卷 83，洪武六年六月辛未；卷 84，洪武六年八月癸酉。

3　《明太祖實錄》卷 85，洪武六年十月壬辰。

《明太祖實錄》又載，洪武六年十一月十四日，「更內正司為典禮司，秩正七品」。九天後，「改典禮紀察司，升秩正六品」。[1]《明實錄》對內正司一個月內兩次改名並升秩的原因，未加說明。《皇明祖訓錄》「內官」條載典禮紀察司的職掌：

> 司正、副，掌內府一應禮儀，欽記御前一應文字；凡聖旨裁決機務，已未發放，須要紀錄親切，御前題奏；及糾劾內官內使非違不公等事；而造筆墨、表背亦屬焉。[2]

從上述記載看，典禮紀察司應是紀事司與典禮司合併而成的。這或許是它一再改名並升秩的原因。又據《皇明祖訓錄》，同時設置的還有繩頑司，其職掌是「治內官內使之犯罪者」。按繩頑司係置於洪武九年[3]，說明當時糾劾內官內使的「非違不公」、懲治他們中間的犯罪者分由兩個機構掌管。典禮紀察司從洪武六年更名起，到洪武十七年以前，一直存在。[4]而繩頑司於洪武十七年調整後就從內監機構中消失了。

洪武十七年四月，宦官機構進行了第一次全面調整，增設了司禮監。它的職掌是：「掌宮廷禮儀。凡正旦、冬至等節，命婦朝賀等禮，則掌其班位儀注，及糾察內官人員違犯禮法者。」[5]這和原內正司與典禮紀察司的職掌是一脈相承的。可見司禮監的前身就是典禮紀察司。而繩頑司可能併入

1　《明太祖實錄》卷 86，洪武六年十一月辛亥、庚申。

2　《皇明祖訓錄》（北京圖書館藏明抄本）書前有洪武六年五月御製序，然從其內官一章的內容看來，其中有一些機構係分別在洪武九年、十年、十二年所置。所以這些機構始置的年代須據他書加以考訂。《明太祖實錄》卷 242，洪武二十八年閏九月庚寅載：「上於是重定祖訓錄名為《皇明祖訓》。」

3　《明太祖實錄》卷 108，洪武九年八月己亥。

4　《明太祖實錄》卷 143，洪武十五年三月甲子，載有典禮紀察司與禮部尚書奏請改作輓鑾等制的紀事。

5　《明太祖實錄》卷 161，洪武十七年四月癸未。

了司禮監。至於原來典禮紀察司紀錄御前文字的職能雖未於司禮監職掌中提及，當仍歸司禮監掌管。

洪武二十八年，宦官機構作了第二次全面調整。司禮監職掌的內容改為：「掌冠婚喪祭禮儀、制帛與御前勘合、賞賜筆墨書畫，並長隨當差內使人等出門馬牌等事，及督光祿司供應諸筵宴之事。」[1] 從這次職掌更動可以看出兩點：一、掌冠婚喪祭禮儀，是原來掌宮廷禮儀的具體化。「糾察內官人員違犯禮法者」雖未提及，可以理解為糾察即包括在掌管職責之內。因此，洪武十七年所定司禮監的主要職掌保留下來了。二、增加了掌管御前勘合、內使人等出門馬牌、賞賜筆墨書畫、催督光祿司供應筵宴等四項內容。其中前兩項職掌均屬機要工作[2]，這當然增強了司禮監的地位。賞賜筆墨書畫一項，是典禮紀察司「造筆墨、表背匠」這一職掌的延續。總的來說，洪武二十八年調整後的司禮監，排列於內官監之後，仍然是宦官的一般衙門。

成祖朱棣以藩王起兵，奪取帝位。為了鎮壓建文舊臣的反抗、監視沿邊的藩王、加強對軍隊的掌握，他公開任用了一批「從起兵有功」的宦官擔任要職，這就使宦官的權力大為增長。永樂、洪熙年間，宦官執掌東

---

1 《明太祖實錄》卷 241，洪武二十八年九月附條。

2 如「諸司勘合」，即為御前勘合的一種。《明太祖實錄》卷 141，洪武十五年春正月甲申：「始置諸司勘合。其制：以簿冊合空紙之半而編寫字號，用內府關防印識之，右之半在冊，左之半在紙，冊付天下布政使司、都指揮使司及提刑按察使司、直隸府州衛所收之。半印紙藏於內府。凡五軍都督府、六部、都察院有文移，則於內府領紙填書所行之事，以下所司。所司以冊合其字號印文，相同則行之，謂之半印勘合，以防欺弊。」又「出門馬牌」當為「走馬符牌」的簡稱，係內使奉命出外進行緊急調發時所佩的符令。《明太祖實錄》卷 65，洪武四年五月乙卯：「命工部造……軍國調發走馬符牌。……其走馬符牌，凡有軍國急務，遣使者佩之以行。……凡造金字牌二十，銀字牌二十，文曰：符令所至，即時奉行，違者必刑。……藏之內府，遇有調發則出之。」

廠[1]，監臨京營[2]，守備南京[3]，出鎮各地[4]，遂成有明一代的定制。至於宦官出使外國，偕御史等官撫安軍民，查勘倉庫，檢核稅收等，都比洪武時更為廣泛與頻繁。[5]值得注意的是，永樂時，趙王朱高燧覬覦儲位，宦官黃儼等參與了策劃。[6]仁宗、宣宗繼位之際，都有心腹太監參預。[7]可見用事宦官在皇位交替時已處於重要的地位。

永樂、洪熙時期，為了加強對全國的控制，皇帝把可靠的宦官公開

---

1 東廠始置於永樂十八年，見王世貞《弇山堂別集》卷 90《中官考一》、沈德符《萬曆野獲編》卷 6《內監．東廠》、劉若愚《酌中志》卷 16《內府衙門職掌》。王世貞謂此說不見正史，係《會典》據大學士萬安題本推算而得。據《明史》卷 74《職官志三．宦官》：「提督東廠，掌印太監一人……舊選各監中一人提督，後專用司禮秉筆第二人或第三人為之。」至於永樂中掌東廠有過哪些宦官，專用司禮始於何時，各書均不能詳，可見當時對此事是非常諱言的。

2 查繼佐：《罪惟錄》列傳卷之 29《宦寺列傳》：「王安，女直（真）人……亦從鄭和等從燕起兵有功。永樂八年，令安監視京營。自是王彥、鄭和及脫脫相繼。預京營監視自安始。」又據同書，太監劉永誠「三扈成祖兵間有功，後歷西陲大鎮，凡總京營兵十年」。《明史》卷 74《職官志三．宦官》謂提督京營「始於景泰元年」，則宦官監京營，永樂後可能有間斷。成祖在北征中，命宦官監諸將軍，屢見記載。《弇山堂別集》卷 90《中官考一》：「（永樂）八年，都督譚青等營有內官王安、王彥、三保、脫脫。（原註：按此內臣監軍之始也。）」

3 王世貞：《弇山堂別集》卷 90《中官考一》：「洪熙元年正月丁未，命內官監太監鄭和，領下番官軍守備南京。在內與太監王景弘……協同管事。遇外有事，同襄城伯李隆、駙馬都尉沐昕計議而行。（原註：按此南京守備之始也。）」

4 王世貞：《弇山堂別集》卷 90《中官考一》：「（永樂八年）敕內官馬靖往甘肅巡視，如鎮守西寧侯宋琥處事有未到處，密與之商議，務要停當，爾卻來回話。（原註：按此內臣出鎮之始也，然職尚止巡視，事畢還京。）」同書洪熙元年下：「其年二月，敕甘肅總兵官都督費瓛、鎮守太監王安。（原註：按此鎮守之始見者也，計永樂末已有之矣。）」此後各地鎮守宦官，不斷增置。到景泰時，宦官出鎮遍於全國，嘉靖中才全部予以撤回。詳見下文。

5 永樂時宦官出使外國及參與全國庫藏稅收的勘核，《明太宗實錄》屢見記載。

6 《明太宗實錄》卷 8，永樂三年七月戊戌；卷 259，永樂二十一年五月己丑。

7 成祖於北歸途中死於榆木川，由隨駕宦官馬雲、海壽與大學士楊榮、金幼孜決策祕不發喪。「文淵閣大學士兼翰林院學士楊榮、御馬監少監海壽奉遺命馳訃皇太子。」仁宗不豫，亦急遣海壽馳召皇太子。俟皇太子還自南京，始發喪宣遺詔（分別見《明太宗實錄》卷 273，永樂二十二年七月庚寅、壬辰；《明仁宗實錄》卷 10，洪熙元年五月庚辰、六月辛丑）。

派到軍事、政治等重要職位上去，宦官的權力因而大為擴張，這是和洪武時期不同的地方。然而這些掌握權力的宦官，從《明實錄》的記載來看，他們中間許多人都不是司禮監官員。如成祖病死榆木川時，與楊榮同奉遺命馳訃仁宗的宦官海壽，是御馬監少監。曾多次率船隊出使「西洋」、洪熙初守備南京的鄭和，是內官監太監。[1] 永樂一朝奉命出使的宦官，據《明實錄》所載有四十餘人。除多次出使西域的侯顯是司禮監少監，後擢太監外[2]，沒有一人以司禮監入銜。至於為成祖所倚任，受命監京營、出鎮的宦官王安、王彥等，也沒有一個是司禮監的官員。此外，在成祖晚年居中用事的中官黃儼，曾和趙王朱高燧密謀政變，《明實錄》也沒有明載他是哪一監的官員。[3] 當然，上面提到的一些沒有列監銜的宦官，可能有些是司禮監的官員，但由於記載的疏略而無從稽考。上述總的情況可以說明，當永樂、洪熙兩朝，司禮監在宦官機構中仍屬一般衙門，司禮監官員不具有優越地位。因此，各監的宦官憑藉皇帝的寵眷，都有機會出任要職，掌握大權。

二、司禮監為宦官第一署

到了宣宗朝，司禮監的情況開始出現了變化。變化的端倪，是宣德元年（1426）正式設立內書堂，並命翰林官專授小內侍書。[4]《明史．宦官傳序》認為，宣宗這個措施破壞了太祖不許內臣讀書識字的祖制，是明代宦官專權亂政的根源之一。其實，我們只要對洪武時期宦官職掌及其任使略加考察，就知道明太祖禁止內臣讀書識字之說是可疑的。因此，《明史》作者的論斷是缺乏史實依據的。事實上，由於皇帝對宦官的任使日多，永樂

1 王世貞：《弇山堂別集》卷 90《中官考一》：「洪熙元年正月丁未，命內官監太監鄭和領下番官軍守備南京。」

2 《明史》卷 304《宦官傳．鄭和傳附侯顯傳》。

3 《明太宗實錄》卷 259，永樂二十一年五月己丑條載宦官黃儼等與朱高燧密謀政變事。

4 《明宣宗實錄》卷 19，宣德元年七月甲午；《明史》卷 74《職官志三．宦官》。

時就已開始對小宦官進行培養與訓練。《明史．宦官傳》載：

> 范弘，交趾人，初名安。永樂中，英國公張輔以交童之美秀者還，選為奄，弘及王瑾、阮安、阮浪等與焉。（弘）占對嫻雅，成祖愛之。教令讀書，涉經史，善筆札，侍仁宗東宮。宣德初，為更名，累遷司禮監太監，偕（金）英受免死詔，又偕英及御用太監王瑾同賜銀記。

明代第一個專權的司禮監太監王振，也是在永樂時選拔培養的。《明英宗實錄》載有英宗給王振的一道敕文：

> 爾振性資忠厚，度量宏深。昔在皇曾祖時，特以內臣選拔，侍我皇祖，深見眷愛。教以詩書，玉成令器。委用既隆，勤誠益至。肆我皇考，念爾為先帝所器重，特簡置朕左右。朕自春宮至登大位，前後幾二十年；而爾夙夜在側，寢食弗違。保衛調護，克盡乃心。贊翊維持，靡所不至。正言忠告，裨益實多。特敕賜給賞，擢為爾後者以官。[1]

這兩則記載充分說明，永樂時對年幼宦官的培養，目的就是為皇儲準備能處理文字的祕書人才。比之洪武時能記錄御前文字的紀事奉御，要求更高了。所以，宣宗設立內書堂，不過是把成祖的做法進一步正規化與制度化而已，說他破壞祖制是沒有根據的。

值得注意的是，從永樂到宣德，逐漸形成了一套經由內書堂、侍東

1　《明英宗實錄》卷 137，正統十一年春正月庚辰。又《弇山堂別集》卷之 90《中官考一》。引文係據《中官考》。據此敕文，《明史．宦官傳》說王振少選入內書堂之說是可信的。且振於永樂中入宮，曾侍仁宗於東宮，嗣侍英宗者又幾二十年，年歲亦相符。嚴從簡《殊域周諮錄》與查繼佐《罪惟錄》謂振由儒士為教官，九年無功，乃自宮以進，授宮人書云云，其說雖難以為據，但在當時卻流行甚廣。

宮、入司禮的宦官培養制度，這個制度後來成為宦官進入司禮監的「正途出身」，對明代政治產生了深遠的影響。就明代實際的情況而言，被選入侍東宮的宦官，常常是幼年皇儲的伴讀和「豫教」的教師。[1] 他們對未來皇帝思想、性格和興趣愛好等方面所給予的影響，遠非那些後來為太子講解經書的翰林講官們說教的效果可比擬。這些宦官和皇儲長期相處而形成的親密關係，成為他們以後擅寵專權的政治資本。王振之於英宗，劉瑾等之於武宗，就是典型的例子。

宣德時期，直接影響司禮監權位變化的關鍵事件，是宣宗令內閣條旨和伴隨而來的「批紅」。黃佐《翰林記》載：

> 唐宋以來，傳旨屬之執政……國朝始猶設中書省……其後革去，分任六部九卿衙門。中外奏章皆上徹睿覽。每斷大事、決大疑，臣下惟面奏取旨……故洪武中，批答與御前傳旨為一事……永樂、洪熙二朝，每召內閣造膝密議，人不得與聞……然批答出自御筆，未嘗委之他人也。宣廟時，始令內閣楊士奇輩……於凡中外章奏，許用小票墨書貼各疏面以進，謂之條旨，中易紅書批出，上或親書或否。及遇大事大疑，猶命大臣面議。議既定，即傳旨處分，不待批答……自正統後，始專命內閣條旨。然中每依違，或徑由中出。是時上方幼沖，委政中官王振，一至於此。[2]

這一段有關「條旨」的記載，目的是說明內閣職掌的變化，對於明了明代司禮監權位的變化同樣十分重要。太祖廢丞相後，不得不以翰林春坊官「看詳」諸司奏啟，兼司平駁，內廷還有司禮監紀事奉御之類的宦官記錄

---

1 明代歷朝都有大臣或言官上疏，請慎選老成內臣以豫教皇儲。如弘治時馬文升的《題為豫教皇儲以隆國本疏》，又隆慶時魏時亮的《懇乞聖明嚴揀宮僚近侍預養皇儲以光昭燕翼事》，分別載《明經世文編》卷 62、卷 370。可見明代君臣公認入侍東宮的內臣，是豫教皇儲的擔當者之一。

2 黃佐：《翰林記》卷 2《傳旨條旨》。

御前文字。成祖設立內閣參預機務，實際上也不可能事無大小都召閣臣密議、批答均出「御筆」，勢必假手「善筆札」的宦侍。這是明朝皇帝總攬朝政的必然結果，也是成祖要選拔小宦官並加以培養的緣由。宣宗令內閣條旨，然而對這些條旨親自批硃，仍然是難以辦到的。「上或親書或否」，大部分需由別人代為批紅。這樣，經過內書堂訓練、代替皇帝批紅的司禮秉筆太監就應運而生了。宣宗而後，英宗幼沖，實際主政的太皇太后不能與內閣面議取旨，遂「專令內閣條旨」，從此內閣擁有了票擬權。同時，批紅遂成了司禮太監的主要職掌。司禮太監參預批紅，成為皇帝處理機務最貼近、最可靠的助手，司禮監作為宦官機構第一署的地位得以確立，同時也為它逐步集中與擴充權力奠定了基礎。

第二節　司禮監職責的擴充及所謂「對柄機要」

一、司禮監職責的擴充與機構的膨脹

正統以後，司禮監作為宦官機構的第一署，首先將宦官各衙門的主要權力逐步集中於司禮監。成化以後的皇帝，除少數例外，多日處深宮，極少召見大臣。因此，司禮監經常作為皇帝的代表，到內閣議事，或監臨外廷，從而進一步擴大了它們在外廷的權力和地位。綜合起來，正統以後，司禮監陸續擴大的權勢主要表現在以下幾個方面。

其一，皇位交替之時，司禮太監與閣臣同受顧命。這是永樂以來宦官參與皇位更替機密的進一步發展。如英宗朝司禮太監牛玉、孝宗朝的司禮太監戴義，都和勛臣、輔臣同受「遺旨」。[1] 穆宗則在遺詔中正式命司禮太

1　彭時：《彭文憲公筆記》；《明孝宗實錄》卷 224，弘治十八年五月庚寅。

監馮保與閣臣同受顧命。[1] 神宗死前諭內閣，命其與司禮監協心輔佐太子。[2]

其二，出鎮內臣的派遣和調動亦歸於司禮監。從永樂到正統，出鎮內臣均由皇帝直接調派。景泰時，內臣出鎮遍於全國，調派之權逐漸歸於司禮監。至嘉靖時，世宗竟謂「各處內官亦非朕親用，皆係司禮監指名奏請」[3]，可見司禮監取得內官出鎮的調派權力已非一日。

其三，會同三法司審錄獄囚。仁宗時，曾特命大學士楊士奇等同三法司會審重囚。[4] 英宗正統時，始命司禮太監同三法司堂上官審錄獄囚，以後成為定制，謂之「大審」，每五年舉行一次。《明史．刑法志三》對此有以下描述：

> 凡大審錄，賫敕張黃蓋於大理寺，為三尺壇。(內官)中坐，三法司左右坐，御史、郎中以下捧牘立，唯諾趨走惟謹。三法司視成案，有所出入輕重，俱視中官意，不敢忤也。……內臣曾奉命審錄者，死則於墓寢畫壁，南面坐，旁列法司堂上官及御史、刑部郎引囚鞠躬聽命狀，示後世為榮觀焉。

三法司錄囚，是明王朝的最高審判。司禮太監以皇帝代表的身份監臨審判，所以聲勢不可一世，他們也以此為殊榮。到了明代中期，內臣犯法，只交司禮監審治，法司不得逮問。[5] 這些都說明司禮監享有司法方面的特權。

其四，提督京營。宦官監京營軍始見於永樂，然司禮太監與兵部同理京營軍務，則始於土木之變後司禮太監興安、李永昌同石亨、于謙整理軍

1 《弇山堂別集》卷 100《中官考十一》。

2 《明神宗實錄》卷 596，萬曆四十八年七月丙申。

3 《明世宗實錄》卷 80，嘉靖六年九月癸卯。又《明憲宗實錄》卷 51，成化四年二月庚子。

4 《明仁宗實錄》卷 3 下，永樂二十二年十月丁巳。

5 《明世宗實錄》卷 16，嘉靖元年七月庚午：「先是各內臣犯法，屢詔免逮問，唯下司禮監治。於是刑部尚書林俊等言，宮中、府中，宜為一體，諸內臣所犯，宜下法司，明正其罪。如罪之不當，自宜廢不法之官，不宜廢祖宗之法。上報有旨。」

務。[1] 宦官曹吉祥於正統時督軍出征和監督神機火器製造，後以復辟之功，天順初遷司禮太監，並總督三大營。成化以後，司禮太監提督京營成了定制。所以，京師的部分軍隊也控制在司禮太監之手。

其五，提督東廠。以司禮太監兼掌東廠的宦官，最早見於史料的，是成化時的尚銘。[2] 然而尚銘是先掌東廠，後入司禮監的。此後，正德初司禮太監王岳曾管東廠事。[3] 劉瑾專權時，自掌司禮監，並另立內行廠，酷烈甚於東、西廠。這當然是一個特例。正德以後，司禮太監掌東廠成為定制。司禮監掌印太監按例不得兼掌廠印，以防權重。但是嘉靖後期和萬曆初年，司禮掌印太監麥福、黃錦、馮保等先後破例兼掌廠印。[4] 所以成化以後，東廠的權力亦為司禮太監所掌握。

以上為司禮監權力在正統以後繼續擴展的情況。同時，在組織形式上，司禮監已形成了一個以掌印、秉筆太監為首腦的，和內閣部院相對應的龐大官僚機構。《萬曆野獲編》載：

> 司禮今為十二監中第一署，其長與首揆對柄機要。僉書、秉筆與管文書房，則職同次相。其僚佐及小內使，俱以內翰自命，若外之詞林。……內官監視吏部，掌升選差遣之事。今雖稱清要，而其權俱歸司禮矣。御馬監雖最後設，然所掌乃御廄兵符等項，與兵部相關。近日內臣用事稍關兵柄者，輒改御馬銜以出，如督撫之兼司馬中丞，亦僭擬甚矣。[5]

劉若愚在《酌中志》中將司禮太監同閣臣解讀為：「最有寵者一人以秉筆掌

1　《明英宗實錄》卷 184，正統十四年十月戊午。

2　《明憲宗實錄》卷 248，成化二十年正月壬子。

3　《明武宗實錄》卷 13，正德元年五月壬午。

4　沈德符：《萬曆野獲編》卷 6《內監．內臣兼掌印、廠》。

5　沈德符：《萬曆野獲編》補遺卷 1《內官定制》。

東廠。掌印秩尊，視元輔；掌東廠權重，視總憲兼次輔。其次秉筆，其次隨堂，如眾輔焉。」[1] 同樣把司禮掌印太監比為內閣首輔。但把掌東廠的司禮太監放在前面，這是萬曆、天啟時期政治情況的反映。其實，據史籍記載，早在成化時，禮部尚書姚夔就曾面稱司禮掌印太監懷恩為內相。[2] 可見沈德符司禮之首腦與內閣首輔對柄機要的見解是有根據的。

《酌中志》對司禮太監看本章作了具體描述：

> 每日早晨，或非朝講之日，及申時後，掌印公過司房看文書，秉筆、隨堂，人各有室，挨次細看。先看文書房外本，次看監官典簿文書……萬曆年間，先監過司房，例印公穿直身，率秉筆等，都是單身入室。其親信掌班人等，一人不得入機密禁近。[3]

這裏的「先監」是指萬曆中的司禮掌印太監陳矩，《酌中志》作者劉若愚曾隸陳矩門下，故尊其為「先監」。關於批紅的情況：

> 凡每日奏文書，自御筆親批數本外，皆眾太監分批。遵照閣中票來字樣，用硃筆楷書批之。間有偏旁偶訛者，亦不妨略為改正。[4]

雖說是「遵照閣中票來字樣」批紅，但有關除弊興利事涉內府的章奏，經常在批紅中遭到駁回或留中。所以，《明史．職官志序》說：「然內閣之擬

---

1 劉若愚：《酌中志》卷 16《內府衙門職掌》。

2 鄭曉：《吾學編餘．女后門》。

3 劉若愚：《酌中志》卷 16《內府衙門職掌》。

4 劉若愚：《酌中志》卷 16《內府衙門職掌》。

票，不得不決於內監之批紅，而相權轉歸之寺人。」[1] 總之，正統以後的司禮監，實際是內廷的另一「內閣」。司禮掌印太監實質上成了和內閣首輔對柄機要的「內相」，而且是能向皇帝面奏取旨的「內相」。在某種意義上說，司禮太監和永樂、洪熙時期的閣臣更為近似。

二、關於司禮監與內閣的「對柄機要」

不僅僅是沈德符《萬曆野獲編》對內閣和司禮監進行了比較和對照，長期在內府任職的劉若愚也將司禮監太監同內閣大學士進行比較：「最有寵者一人以秉筆掌東廠。掌印秩尊，視元輔；掌東廠權重，視總憲兼次輔。其次秉筆隨堂，如眾輔焉。」[2]

沈德符和劉若愚以明朝人論明朝事，都指出了內閣和司禮監「對柄機要」在國家事務決策中形成的雙重負責制。從上述記載中，還可以看出司禮監其實是一個龐大的辦事機關，它不僅僅與內閣「對柄機要」，還幾乎可以和內閣、部院為首的整個外廷相抗衡。秉筆、隨堂太監們並非完全「照閣票批硃」，而是在對內閣票擬的依據即各衙門的奏本、題本進行認真閱讀以後，才進行批紅。其職責實際上是對外廷一切事務進行審批，並且，這種審批是以最高統治者皇帝的名義進行的，故而具有極大的權威性。說內閣與司禮監「對柄機要」，其實是抬高了內閣的地位而沒有真正認識到司禮監的權威，或者說，是因為文人的「面子」思想而使他們不願意面對司禮監壓制內閣的事實（劉若愚實為「知識宦官」，見下文）。

從司禮監崛起的過程中，可以看出明代中央決策權力結構非常明顯的

1　《明史》卷 72《職官志一》。其實，宦官們利用身份的便利上下其手之事無處不在。于慎行記載自己因失早朝當值宦官向其賣人情事：予在南宮，一日早朝後至，點查列名，當事中貴遣閣校來言欲隱予名，以是市交。予亟遣人馳謝曰：「失朝事小，欺君罪大，忝為大臣，豈敢以欺自處？可列吾名以上，如有所隱，當上書自首，反於中貴不便。」其人慚懼而止。蓋失朝之罪不過奪俸，何忍以是欺上？且中貴以此市交，他日請託橫至，何以應之？正宜謝絕為當耳。（《穀山筆麈》卷 10《謹禮》）

2　劉若愚：《酌中志》卷 16《內府衙門職掌》。

以內制外的特徵。永樂、宣德時，內閣是作為翰林院的分支機構，確切地說是作為皇帝的顧問班子出現的，其活動方式是在御前議政論事；宣德時票擬，是代表皇帝對國家事務進行裁決，也可視為內廷機構對外廷事務的干預。這時的「內」是「內閣」，而「外」則是六部九卿，所以《明史・職官志》有「內閣權日重，即有一二吏、兵之長與執持是非，輒以敗」之說，原因在於：「宣宗內柄無大小，悉下大學士楊士奇等參可否。雖吏部蹇義、戶部夏原吉時召見，得預各部事，然希闊不敵士奇等親。」由於外廷「希闊」，而內閣與仁宗、宣宗更「親」，故能以內制外。而內閣制度的形成過程，也是內閣機構的外廷化過程。正統以後，內閣挾三楊柄政之勢，雖無宰相之名，卻有鈞衡之重，內閣票擬，已成為對在京在外各衙門事務的公開裁處。由於有了內閣的獨立裁決，司禮監的批紅也就成了代表皇帝對內閣裁決的再裁決，而內廷機構對外廷事務的干預也通過這一方式表現出來。於是，內閣由「內」而轉「外」，司禮監則崛起為「內」，形成了又一輪的「以內制外」。而其原因，很大程度上也是因為皇帝已經不面接大臣，而內閣與皇帝之間，需要司禮監進行溝通和銜接。於是便發生了宣德時曾經發生的事情，但主體已經發生了變化：內閣大學士「希闊」不敵司禮監秉筆太監們「親」。

尹直《瑣綴錄》通過所見所聞分析了成化年間內閣與司禮監關係的這一轉變。其一曰：

> 國初，革中書省不設宰相。永樂初，乃設內閣，選翰林六七儒臣居之，職知制誥，日備顧對，參決政機，隱然相職，而官不過學士。洪熙初，始升孤卿，皆潛邸舊人，而三楊同官最久。當是之時，干戈甫定，宗室未蕃，軍職尚少，經費無幾，國用有餘，民間人稀地廣，法網未密，財利無制。宣廟英武，乾綱獨斷，百司守令，久任不更，官民相安，天下號為太平，三楊之名所由以著。時福建僉憲廖謨杖死驛丞事，東楊（按：指楊榮）以鄉官欲坐償命，西楊（按：指楊士奇）以鄉故欲擬因公，互爭不決，請裁於太后。

王振因而進言：「三楊皆有私，償命過重，因公過輕，宜對品降調府同知。」太后韙之。自是振日掊摭內閣之誤，裁決一歸於振，三楊乃迭請告展省。適宗室中有遺東楊土物者，振將發其事，西楊以東楊不在京辨解之。東楊聞報，兼程造朝，觸冒瘴疹，卒於錢塘。以此振權益專，好大喜功。遂因麓川思機發、思仁發兄弟仇殺，遽有麓川之征。遣將出師，疲耗中國，濫費爵賞，所爭荒夷之地，竟何益於國家？乃致九溪苗僚乘勢不靖，兵連禍結，延至葉宗流、鄧茂七、黃蕭養輩相扇而起，極於土木之大變，此皆三楊失柄於初不能沮振之所致也。[1]

其二曰：

成化辛卯十一月末旬，彗見。廷臣建言皆謂君臣懸隔，情意不通，請時召內閣大臣面議政機。彭可齋先生（時）亦對司禮監官言：「莫謂上不得見，雖諸老太監亦不得見。」以是內臣難於諉拒，乃約一二日間，上御文華殿召見眾先生，但初見時，情未浹洽，不宜多言，姑俟再見可說。先生諾之。至期將入，復約如初。既見，可齋言：「天變可畏。」上曰：「已知，卿等宜盡心辦事。」可齋又言：「昨准御史建言，減京官皂隸與俸，文職尚可，武官不免怨望，急須傳旨仍舊，以慰安之。」上曰：「卿即傳旨與該部。」萬先生（安）遂呼「萬歲」。三人皆同聲叩頭。遂命光祿賜酒飯而退，自後再不召見。諸太監乃謂人曰：「常言不召見，及見，無一奇謀至論，止呼『萬歲』。」四方因傳為口實，曰「萬歲閣老」云。蓋中官初懼有所言，戒約至再，後喜無所言，反見譏誚。……予在內閣時，嘗欲請面見，萬循吉（安）止之曰：「往年彭可齋每面見，一語不合，即叩頭呼『萬歲』，不敢盡言，今我輩每事盡言，太監擇而轉聞，無不

1　尹直：《謇齋瑣綴錄》卷 1《翰林故事》。

允從，勝於面對。」是亦有理。[1]

顯而易見，尹直認為正統時王振為首的司禮監之所以凌駕於內閣三楊之上，是因為楊士奇與楊榮處事的不公導致了王振越俎代庖的裁決及此後的弄權。但在任何時候，官員在處理政務時都不可能做到不但無私而且無誤。一般來說，應該是皇帝或言官對宰相的過失進行糾正，但在司禮監代表「朝廷」的情況下，只能由司禮監作出裁決。因此，從正統開始司禮監凌駕於內閣之上，並不是因為楊士奇們的一兩次失誤或徇私，而是因為皇帝年幼無法親政、太皇太后限於祖制無法親自裁決政事、在宣德時又有內閣票擬與內監批紅的先例。歸根到底，是在皇帝不親政情況下「以內制外」的統治方針所致。正統時王振為首的司禮監對以三楊為中心的內閣的態勢，成為明代內廷壓制外廷總態勢的開端，或者說，明代中央決策權力結構中「以內制外」的局面，正是在此時開始形成的。及至成化，大學士們不僅難以見到皇帝，連司禮監的資深太監也難得一見，致使彭時有「莫謂上不得見，雖諸老太監亦不得見」之歎。經過萬安的一番告誡，血氣方剛的尹直接受了內閣受制於內監的事實，轉而認為內閣有事請示於內監、再由內監有所選擇地轉呈皇帝「是有亦理」。於是便有了《明史・職官志》說的另一番景象：「至世宗中葉，夏言、嚴嵩迭用事，遂赫然為真宰相，壓制六卿矣。然內閣之擬票，不得不決於內監之批紅，而相權轉歸之寺人。」但正如上文一再指出的那樣，《明史・職官志》受黃宗羲的影響，一直糾纏於「相權」的實質歸屬方。其實，真正的相權並不在「內」而在「外」，「內」代表的是「皇權」，也就是明太祖所說的「朝廷」。正統時司禮監太監王振對內閣楊士奇、楊榮說「朝廷事久勞公等」[2]，顯然是以「朝廷」自居。正德初，內閣大學士劉健、戶部尚書韓文等抨擊宦官，聲勢浩大，宦官劉瑾認

1　尹直：《謇齋瑣綴錄》卷 2《翰林故事》。

2　《明史》卷 148《楊溥傳附馬愉傳》。

為：「若司禮監得人，左班官安敢如是。」[1] 可見司禮監在以內制外這一基本設計中的地位和作用。前引成化末監察御史陳孜的奏疏，更揭示了內閣與司禮監或者說是外廷文官系統與內廷宦官系統的實質關係：「國家政務，我祖宗既設司禮監掌行，又命內閣學士共理，內外相維，可否相濟。」對於國家政務，內閣只是「共理」，司禮監才是「掌行」。但與此同時，司禮監也受着內外兩個方面的制約。按明制，司禮監掌印一般不得兼掌東廠，以免權勢過重；一旦司禮監官掌內廷出納文書機關文書房，則須轉銜內官監，以免司禮監同時掌批紅和文書出納而專權。[2] 雖然司禮監在內廷地位獨尊，但御馬監、內官監等在制度上仍具獨立性，時常與司禮監抗衡。汪直之設西廠，劉瑾之殺王岳、范亨，實際上反映了內廷對司禮監的制約。對於司禮監的越權干政，內閣可執奏，六部、六科可覆奏；對於違法內使，諸衙門均可依律懲治。因此，雖然明代宦官權重，卻也只能「為亂」而不能「為變」。而實際上，由於明代對宦官所進行的較為成功的道德教育，司禮監宦官（除極少數如魏忠賢者）對於維護明朝君主專制制度，倒是起了非常重要的作用。而整個宦官系統，其實已是明代國家權力結構中不可分割的組成部分。

在論及司禮監批紅問題時，不能不對司禮監的下屬機關文書房作一說明。文書房既是與外廷通政司對等的內廷文書出納機關，其下的宦官又相當於內閣屬官翰林院和制敕、誥敕房的司禮監屬官。《明史・職官志》說：「文書房，掌房十員。掌收通政司每日封進本章，並會極門京官及各藩所上封本。其在外之閣票，在內之搭票，一應聖諭旨意御批，俱由文書房落底簿發。凡升司禮者，必由文書房出，如外廷之詹翰也。」[3] 劉若愚則說，文書房宦官均選自二十四衙門的「有學行才識者」[4]，可見，這個衙門對於保證司禮監宦官的素質從而確立對閣票批紅的權威性，具有重要作用。

1　《明史》卷 304《宦官傳》。

2　劉若愚：《酌中志》卷 16《內府衙門職掌》。

3　《明史》卷 74《職官三・宦官》。

4　劉若愚：《酌中志》卷 16《內府衙門職掌》。

第五章

「以內制外」的保障：關於明代宦官的知識化問題

第一節　明代宦官知識化的主要途徑

一、儒士自宮及被強行閹割入宮

知識化是明代宦官全面參政的前提和條件，也是明代中央決策系統「以內制外」權力結構的基本保障。明代宦官的知識化，主要有兩條途徑：一是儒士的自宮或被強行閹割入宮，二是設內書堂對小內使進行系統的教育。

雖然明代屢頒自宮禁令，對自宮男子及其親屬也有懲罰性條例，但自宮者一直是明代宦官的重要來源。陸容《菽園雜記》論及明代京畿地方成年男子自閹及閹割幼童的風氣：

> 京畿民家，羨慕內官富貴，私自奄割幼男，以求收用。亦有無籍子弟，已婚而自奄者。禮部每為奏請，大率御批之出，皆免死，編配口外衛所，名「淨軍」。遇赦，則所司按故事奏送南苑種菜。遇缺，選入應役。亦有聰敏解事躋至顯要者。然此輩惟軍前奄入內府者，得選送書堂讀書，後多得在近侍，人品頗重。自淨者其同類亦薄之。識者以為朝廷法禁太寬，故其傷殘肢體，習以成風如此。欲潛消此風，莫若於遇赦之日，不必發遣種菜，悉奏髡為僧。私蓄髮者，終身禁錮之。則此風自息矣。[1]

1　陸容：《菽園雜記》卷 2。

陸容顯然對自閹及閹割幼童深惡痛絕。但從他的這段話，則可看出明代宦官的幾個來源：京畿百姓的自宮及閹割幼童、在戰爭中擄掠的幼童。在自宮者中，自然也不乏落第文人及知識青少年。如弘治時的著名宦官何文鼎，「少習舉業，能詩文，壯而始閹」[1]。《酌中志》的作者劉若愚，幼年從父遊遼東，於書無不讀，因父兄相繼去世，愁緒萬端，「感夢而自宮，廢儒業」[2]。魏忠賢死黨涂文輔，早年曾為塾師，後自宮冒姓入侍。[3]

查繼佐《罪惟錄》不無憤慨地記載了宣宗強行閹割儒士之事：

> 程宗，宣廟時為翰林編修，以事逮獄。宗是夕夢青鸞集五鳳樓，墮二卵而去。有百戶者，善占夢，曰：「公其宮刑乎？」三日果然須脫成宦者，召入侍孝恭皇后。后以文臣罪此，為惻然，曰：「有子乎？」對曰：「有二子。」後曰：「賴有是。不然，後世謂陛下何？」……不意宣廟之日致負此刑！翰林官稱太史公，乃真有馬遷之腐乎？或曰：宗未嘗有罪也，上酷（按：「酷」後當有「愛其文」數字），教宮人出此。即否，史不言其罪，罪未至腐刑，且刑不載腐律也。帝二失矣。宣廟好文，而詞臣得此乎？時京師人王敏，以蹴踘幸上，與其伴同召。伴內畏竄，敏被宮刑。創瘉而歸，妻驚失髭，得其故，相抱慟哭。敏後守備南京，壽終。跡此，宣廟時抑或多強腐也。[4]

關於程宗、王敏被宮刑事，《菽園雜記》也有記載，可見在當時影響甚大。按明制，為翰林院編修者只能是兩種人：一為一甲進士的二、三名，直授編修；一為二甲進士中選入翰林院為庶吉士者，散館時授編修。當然，洪

1　沈德符：《萬曆野獲編》卷6《內監．內臣何文鼎》。

2　劉若愚：《酌中志》，呂瑟所作《後序》。

3　劉若愚：《酌中志》卷15《逆賢羽翼紀略》。

4　查繼佐：《罪惟錄》列傳卷之29上《宦寺列傳上》。

武、永樂間也有以他官轉翰林官者。無論哪一種情況，都說明程宗當時是以文采而為宣宗所喜，並被強行閹割入宮的。[1] 王敏是否為儒士，尚難斷定，但因「善蹴踘」而受宮刑，可作為程宗等儒士被強行閹割的佐證。而王敏的同伴得知宣宗召其進宮，即先行逃竄，可見這類事情並非個別。

在自宮或被強行閹割入宮者中，還有一些出身於教官者。李詡《戒庵老人漫筆》記：「永樂末年，詔天下學官考績不稱者，許淨身入宮訓女官輩。時有十餘人。」[2] 陸容《菽園雜記》（卷 4）也說：「永樂中，始命吏部聽選教官入內教書。」何良俊《四友齋叢說》等書也有類似的記載。可見並非傳聞。但有關教官淨身入內教習之事，《實錄》等官修史書隻字未載，很可能是編纂者的有意遮掩。因為這類事情無論從哪個角度說，對朝廷、對當事人都並不體面。由於不體面，因此李詡、陸容、何良俊也都沒有記載淨身教官的姓名。而查繼佐《罪惟錄》直指正統時的著名宦官王振為淨身教官：

> 王振，大同人，始由儒士為教官，九年無功，當謫戍。詔有子者許淨身入內，振遂自宮以進，授宮人書，宮人呼「王先生」。宣德中，使侍太子講讀，太子雅敬憚之。[3]

關於王振的出身，史籍所載互異，雖然自宮說不甚可信，但永樂時選教官入內教習事，當是事實，而且儒士很可能是宮內教官的主要來源。然而，儒士自宮歷來為士大夫所不齒，強行閹割儒士，更為社會輿論所譴責，且人數畢竟有限。因此，明代宦官知識化的主要途徑，還是對幼年內使進行教育。而當對幼年內使的教育形成制度之後，也就鮮有強行閹割儒士之

1 按：《明清進士題名碑錄》僅有一「程宗」，為景泰二年三甲進士，南直常熟縣人。則《罪惟錄》所說程宗事件，或屬張冠李戴的訛傳，或此程宗非進士出身。

2 李詡：《戒庵老人漫筆》卷 2《教職淨身》。

3 查繼佐：《罪惟錄》列傳卷之 29 下《宦寺列傳下》。

事，教官考績不稱者許淨身入宮的做法也不再被提及。可見，二者之間其實有一個遞進過程。

二、宦官參政的培訓基地：內書堂

在明代，有一個廣為流行且言之鑿鑿的故事：洪武十年（1377）五月，有內侍以久侍內廷，言及政事，當即遭到明太祖的斥責，遣歸原籍，終身不用。為此，明太祖定制：「內臣不許讀書識字。」[1] 但是，明代對小內使進行文化教育，又恰恰是從洪武時開始的。早在吳元年九月初設內使監時，已有「典簿」一職，正八品。又有「紀事」，正六品。[2] 既為典簿、紀事，自然得識字，但當時多用自宮及因罪受腐刑的文人。至洪武十七年、二十八年定內府諸司職掌，內官監「通掌內史名籍」，司禮監「掌御前勘合」，這些文籍工作，皆「以通書算小內使為之」[3]。小內使自幼入宮，欲使其「通書算」，只可能是在入宮後對其進行教育。正如明太祖一面禁止宦官干政，一面又不斷差遣宦官出使、觀軍一樣，他一面可能因一時之激怒而禁宦官讀書識字，一面又不能不對小內使進行「書算」教育。由於資料的匱乏，當時教育小內使的具體方式尚不明其詳，但陸容《菽園雜記》（卷4）記載了明代宮中教育制度的形成過程：

> 洪武中，內官僅能識字，不知義理。永樂中，始令吏部聽選教官入內教書。正統初，太監王振於內府開設書堂，選翰林檢討、正字等官入教，於是內官多聰慧知文義者。

洪武時，內官的教育以能識字為限；永樂時，開始有教官入內教書，所授者自不限於識字；正統初年，王振正式開設書堂，教內官「文義」或「義

1 《明史》卷 304《宦官傳序》。

2 王世貞：《弇山堂別集》卷 90《中官考一》。

3 王世貞：《弇山堂別集》卷 90《中官考一》。

理」。關於永樂時內官在宮中接受教育，在前引正統十一年（1446）英宗給王振的敕諭中可以得到證實。這道敕文錄自成化時所修的《明英宗實錄》，其真實性當無問題。根據這一敕文，王振永樂時已入宮，並先後侍奉仁宗、英宗於東宮，與《罪惟錄》所說同。但敕文中所說的「教以詩書、玉成令器」，否定了《罪惟錄》關於王振以教官身份入宮的說法，倒是印證了《明史．宦官傳》中所說的「少選入內書堂」。或者說，《明史．宦官傳》採納了《實錄》及王世貞的說法。但是，是王振當權時授意內閣或翰林院通過英宗敕諭的方式掩蓋自己以教官身份入宮的不體面歷史，還是《罪惟錄》輕信嘲諷王振的傳聞以遂快意？在沒有發現新的佐證之前，尚難以定論。[1] 但無論是哪一種情形，永樂時有教官教小內使讀書毋庸置疑。內書堂則無疑是在此基礎上設立的。與內閣由臨時措施到國家定制的演變一樣，內書堂也有一個由初創到定制的過程。正是有這樣的過程，其設置時間才有記載的互異。

前引《菽園雜記》說內書堂設於正統初王振當道時。但《明史．宦官傳序》則認為內書堂的設置應在宣德時：

> 初，太祖制，內臣不許讀書識字。後宣宗設內書堂，選小內侍，令大學士陳山教習之，遂為定制。用是多通文墨、曉古今，逞其智巧，逢君作奸。

《明史》的這一說法或出於劉若愚《酌中志》：「內書堂讀書，自宣德創置，始命大學士陳山教授之。」[2] 按陳山以大學士受命授小內使書之事發生在宣

1 按：先師歐陽琛教授在《明代的司禮監》一文中認為《罪惟錄》所言「不可據」。王世貞《弇山堂別集》卷 23《史乘考誤四》說：「《閒中今古錄》言：永樂末，詔許學官考滿乏功績者，審有子嗣，願自淨身入宮中訓女官輩。時有十餘人，後獨王振官至太監，正統初，居中得寵，至張太后崩，權傾中外。……考之王振，少以選入司禮讀書，後為東宮局郎，英廟即位，遂越興安、金英，柄司禮，見實錄甚詳，無所謂教官閹割之說也。」

2 劉若愚：《酌中志》卷 16《內府衙門職掌》。

德四年（1429）十一月，則內書堂也當設置於此時。但《御批通鑒》則據《明宣宗實錄》所載「改行在刑部陝西清吏司主事劉翀為行在翰林院修撰……專授小內使書」[1]，將內書堂之設置定於宣德元年七月：

> 洪武中設內官監典簿，掌文籍，以通書算小內使為之。又設尚寶監掌玉寶圖書。皆僅識字，不明其義。及永樂時，始令聽選教官入內教習。至是開書堂於內府，改刑部主事劉翀為翰林修撰，專授小內使書。其後大學士陳山、修撰朱祚俱專是職。選內使年十歲上下者二三百人，讀書其中，後增至四五百人，翰林官四人教習以為常。[2]

《御批通鑒》的作者與陸容的觀點一致，均認為從宦官僅能識字、選教官入內教習，到劉翀、陳山、朱祚等專授小內使書，實為內書堂建置的幾個步驟。宣德三、四年間，內閣開始擬票，內監也開始代皇帝批紅，對宦官文字方面素質的要求更高、更為迫切。在這種情況下，設立內書堂的可能性自然更大。其實，到底將內書堂設置的具體年月定在宣德元年抑或四午並不十分重要，重要的是，從宣德開始，明政府對小內使的培養已經走向制度化。或者說，宦官的知識化問題，已引起最高統治者的極度重視。

劉若愚《酌中志》對內書堂的基本情況作了十分詳細的記述：

> （內書堂）自宣德年間創建，始命大學士陳山教授之，後以詞臣任之。凡奉旨收入官人，選年十歲上下者二三百人，撥內書堂讀書。本監（按：指司禮監）提督總其綱，掌司分其勞，學長司其細。擇日拜聖人，請詞林眾老師。初則從長安右門入、北安門出；後則由北安門出入。每學生一名，亦各具白蠟、手帕、龍掛香，以為束

1　《明宣宗實錄》卷 19，宣德元年七月甲午。

2　傅恆等：《御批歷代通鑒輯覽》卷 103，宣德元年七月。

> 脩。至書堂之日，每給內令一冊《百家姓》《千字文》《孝經》《大學》《中庸》《論語》《孟子》《千家詩》《神童詩》之類，次第給之。又每給刷印仿影一大張。其功課，背書、號書、判仿。然判仿止標日子，號書不點句也。凡有志官人，各另有私書自讀，其原給官書，故事而已。派年長有勢力者六人或八人為學長，選稍能寫字者為司房。凡背書不過、寫仿不堪，或損污書仿、犯規有罪者，詞林老師批數目，付提督責之。其餘小事，輕則學長用界方打手，重則於聖人前罰跪，再重扳著幾炷香。扳著者，向聖人前直立彎腰、用兩手扳着兩腳，不許體屈。屈則界方亂打如雨。或半炷香一炷香，其人必眼脹頭眩，錯暈僵仆，甚而嘔吐成疾者。此最酷、最不近理之法也。凡強凌弱、眾暴寡、長欺幼者，每賄託學長，藉公法以報私怨。此第一陋套，所宜痛革者也……遇令節朔望，亦放學一日。每日暮放學，則排班題詩，不過「雲淡風輕」之類，按春夏秋冬，隨景而以腔韻題畢，方擺列魚貫而行。有不知而攙越者，必羣打詬辱之。別衙門官遇學生排班行走，必拱手端立讓過。即司禮老公，遇之亦然。凡各衙門缺寫字者，即具印信本奏討，奉旨撥若干名，即挨名給散……凡內書房官人，已撥散將完，無人讀書，該監題知，於二十四衙門官占官下及監工，改讀書以補之。[1]

劉若愚以宦官所記內書堂事，是迄今所見有關宦官學校的最翔實記載。結合其他資料，可知明代內書堂的基本情況。

內書堂始為內官監、後為司禮監的下屬機構，由司禮監提督、掌司等官掌管學籍、學規。學生一般為二三百人，後一度增至四五百人。學生幹部稱為「學長」「司房」，由年長有勢力或粗通文字者任之，有權對犯有小過的同學進行懲罰。

在內書堂接受教育的小內使主要有四種來源。一是在戰爭中擄掠而

---

1 劉若愚：《酌中志》卷 16《內府衙門職掌》。

來的少數民族幼童。如永樂時英國公張輔征交趾，「以交童之美秀者還，選為奄」。在這些從交趾擄掠而來的少數民族幼童中，有幾位後來享有盛名，如范弘、王瑾、阮安、阮浪等。《明史．宦官傳》說他們「占對嫻雅，成祖愛之，教令讀書，涉經史，善筆札，侍仁宗東宮」。又如天順四年（1460），鎮守湖廣御馬太監阮讓擄掠並閹割苗族幼童一千五百多人。[1] 二是外國進貢的被閹幼童。如洪武二十四年，明廷一次就向高麗「索閹人二百人」，皆為幼閹。[2] 三是籍沒幼童。成化時的著名宦官、司禮監太監懷恩，就是坐族兄戴倫之罪而「被宮為小黃門」的。[3] 四是北方主要是北直地區被閹幼童。如前引《菽園雜記》所說：「京畿民家，羨慕內官富貴，私自閹割幼男，以求收用。」內書堂就是從這些幼年內使中挑選學員的。他們從小離開父母家人，身遭極刑，其性格的堅毅自非一般紈絝子弟及讀書士子可比。況且在內書堂已無民族、門第的差別，主要靠個人的才智和鑽營，因而往往能造就人才。

內書堂的學業教育由翰林院負責，以編修、檢討或修撰，甚至侍講、侍讀為教習，一般每輪四人。從師資配備看，內書堂高於明朝的最高學府南北國子監。[4] 業師歐陽琛教授從《明實錄》《酌中志》《明史》及明人筆記中，共檢得曾在內書堂任職的官員 69 人，其中有 19 人後來入閣為大學士。如景泰七年（1456）五月任命為教習的翰林詞臣四人，其中岳正、萬安、劉珝三人先後入閣[5]。萬曆二十六年（1598）正月任命韓爌、朱國禎、沈漼三人為教習，其後竟全部入閣。[6] 萬曆三十九年四月任命了六位教習，

1　《明英宗實錄》卷 313，天順四年二月己亥。

2　《明太祖實錄》卷 259，洪武二十四年五月丙子。

3　《明史》卷 304《宦官傳》。

4　按《明史．職官志二》：國子監設祭酒一人，從四品；司業一人，正六品。這兩個職務，特別是祭酒，一般由著名學者擔任。但真正從事教職的，則是五經博士及助教，多為會試下第的舉人出身，品秩僅為從八品。

5　《明英宗實錄》卷 266，景泰七年五月癸未。

6　《明神宗實錄》卷 318，萬曆二十六年正月辛亥。

有錢象坤、徐光啟、李標、來宗道四人入閣。[1] 其中更有不少飽學之士，如錢溥、焦竑、朱國禎、徐光啟等。

內書堂的法定課程，既有社會上流行的啟蒙讀物《百家姓》《神童詩》《千字文》等，又有所謂「舉業」——《大學》《中庸》《論語》《孟子》等。這些課程，與一般的官學私塾相同。值得注意的是，內書堂還有三門更為重要的課程。一為「內令」，包括太祖、太宗以來明朝歷代皇帝對宦官的戒諭。二為《忠鑒錄》，收集了各朝各代奉公守法宦官的事跡，以為明代宦官效法的楷模。萬曆二十四年，四川按察僉事張世則還編纂了一部《貂璫史鑒》，備列歷代宦官之善惡，有評、有考、有論。禮部認為：「（此書）善可為法，身享令名，國亦受福，讀之令人慕；惡可為戒，國將受害，身先誅夷，讀之令人畏。」故建議將其作為內書堂的必讀教材。[2] 三是判仿，即對具體事務的處理意見，以便日後對外廷奏章進行判答、對閣票進行批紅。從明政府為內書堂開設的課程可以看出，設置內書堂的目的，是培養小內使的傳統道德觀念和實際參政能力。

內書堂雖無固定的學習時限，但一般為三年。萬曆初年的司禮監太監馮保自言，他嘉靖十五年（1536）選入內書堂讀書、十七年撥司禮監寫字[3]，在內書堂的時間為兩至三年。萬曆、天啟間為司禮監太監的王安，萬曆六年選入內書堂，後撥至馮保名下。[4] 按馮保於萬曆十年十月被籍沒，王安撥司禮監當在此之前，其在內書堂的時間自然不會超過四年。如以每期學員二百人、每人在內書堂的時間三年計，從宣德到崇禎的二百年間，除去某些時間的變故，在內書堂讀書的內使應有一兩萬人之多。

除了儒士自宮及內書堂讀書，還有一些宦官是通過各種方式的自學而達到一定文化水平的。田藝蘅《留青日札》記載了正德時司禮監太監劉瑾

1 《明神宗實錄》卷 482，萬曆三十九年四月丁酉。

2 《明神宗實錄》卷 250，萬曆二十四年七月癸酉。

3 王世貞：《弇山堂別集》卷 100《中官考十一》。

4 劉若愚：《酌中志》卷 9《正監蒙難紀略》。

的早年經歷：

> （劉瑾）景泰初以淨身進。坐內臣李廣奸黨，充南京海子口軍，夤緣取用。乾清宮災，復發配。又召回僉書。正德元年（1506）十月，掌司禮監事。[1]

從時間上推算，劉瑾初入宮時，年紀不大，屬淨身幼童。後既為「僉書」，自當「知書」，但並無其於內書堂讀書的記載，很可能是入宮後進行自學。天啟時的司禮監秉筆太監李永貞更是此類宦官的典型。永貞五歲時因家境困苦，由父親做主被閹割，萬曆二十五年十五歲時進京，四年後選入皇城為內侍，二十一歲因事下獄，「始讀『四書』、《詩經》，後讀《易經》《左傳》《史》《漢》等古書」，如此在獄中度過十八年。天啟間因魏忠賢名下掌班劉榮的推薦，見重於魏忠賢，先入內書房，旋升為司禮監秉筆太監。[2]

第二節　「知識宦官」的出路及其與士大夫的關係

一、「知識宦官」的出身與出路

儒士自宮及一些有志向的內使的自學，特別是明政府設置內書堂進行常規教育，在一定程度上促成了明代宦官的知識化，並形成了一個特殊的階層——知識宦官階層。但由於出身的不同，知識宦官們的最終結局也不一樣。

內書堂讀書小內使們的出路，一般是撥到內府各衙門充當「寫字」。如《酌中志》所說，「凡各衙門缺寫字者，即具印信本奏討，奉旨撥若干

1　田藝蘅：《留青日札》卷 35《劉瑾》。

2　劉若愚：《酌中志》卷 15《逆賢羽翼紀略》。

名，即挨名給散」。此處的「各衙門」，自然主要是指內府十二監四司八局及其下屬機構。至各衙門後，小內使們均會歸屬於某太監名下，此太監即為「本管」；同時又有專人「照管」。如王安由內書堂分至司禮監寫字，便撥屬掌印太監馮保的名下，馮保為其「本管」；又由秉筆太監杜茂「照管」，杜茂為其「照管老叔」[1]。《酌中志》說：

> 中官規矩，本管者，視甲科之大主考，照管老叔者視房考，同官視同門。本管之於名下，照管之於姪子，猶座師之視門生，亦若父子焉。[2]

這樣，小內使一出內書堂來到內府各衙門，就已經有了靠山。這靠山不僅是身份上的，還包括此後學業上的，因而，其升遷機會自然遠比未入內書堂者多。他們開始是「寫字」，此後可漸升為掌司、典簿、僉書，而「聰明解事」、善於迎合人意者，則可得到本管、照管太監的賞識，有的還可能被選為東宮伴讀，這樣，就極有可能「躋身顯要」。況且，內書堂出身在當時的宦官中被視為「讀書正途」，分在司禮監或文書房的宦官，更自比「內翰」「清流」。沈德符《萬曆野獲編》說：

> 司禮今為十二監中第一署。其長與首揆對柄機要，僉書、秉筆與管文書房，則職同次相。其僚佐及小內使，俱以「內翰」自命，若外之「詞林」，且常服亦稍異。其宦官在別署者，見之必叩頭稱為上司。雖童稚亦以清流自居，晏然不為禮也。[3]

馮保在萬曆初歷數了自己的仕途：他於嘉靖十五年（1536）選入內書堂讀

1 劉若愚：《酌中志》卷 9《正監蒙難紀略》。

2 劉若愚：《酌中志》卷 14《客魏始末紀略》。

3 沈德符：《萬曆野獲編》補遺卷 1《內監・內官定制》。

書，十七年撥至司禮監六科廊寫字，三十二年轉入內書房，三十九年升司禮監秉筆太監、管文書房事；隆慶初以秉筆太監提督東廠，六年掌司禮監印，直至萬曆十年（1582）罷退。[1] 劉若愚則記載了萬曆時另一位司禮太監陳矩的「簡歷」：陳矩於嘉靖二十六年選入內書堂讀書，時年八歲；後撥至司禮監秉筆太監高忠名下寫字；萬曆十年時，已任典簿，二十六年以秉筆太監掌東廠，三十三年以掌東廠兼司禮監掌印。[2] 馮保和陳矩都有由幼閹入內書堂、撥司禮監寫字，然後逐漸升為司禮監秉筆、掌東廠、掌印的經歷。明代中後期的司禮監秉筆太監，尤其是掌印太監，除個別例外，大抵都有這樣的經歷。

儒士自宮及內使中的自學者，其仕途則比內書堂讀書「正途」出身者坎坷得多。如屬幼閹入宮，尚能有所依附，而儒士自宮，則被眾閹視為「異類」，備受歧視。當然，也有不少經過苦心鑽營而進入上層者，如劉瑾、涂文輔、李永貞等皆是，但也多是在非常時期依靠宦官中的派系矛盾而達到目的。劉瑾是通過攻擊司禮監太監王岳等與外廷勾結而取而代之，涂文輔、李永貞則是通過依附魏忠賢而為司禮監太監。

魏忠賢本人不識字，故只能掌東廠而不能為司禮監掌印。但其謀主王體乾、涂文輔、李永貞都是「知識宦官」。王體乾於萬曆六年入宮，選入內書堂，後升司禮監秉筆太監、掌文書房，並在天啟初年與魏忠賢合謀害死司禮監掌印太監王安而為司禮監掌印。此後，凡是批紅改票之事，「（王）體乾獨奏，忠賢默然也」[3]。涂文輔自宮前曾為塾師，在魏黨中以「有心計，善書算，通文理」而居重要地位。[4] 李永貞則在獄中苦讀了十八年，最終爬上司禮監秉筆的位置。這三人，恰恰代表着明代宦官知識化的三條途徑：內書堂讀書、儒士自宮、宮中自學。

1　王世貞：《弇山堂別集》卷 100《中官考十一》。

2　劉若愚：《酌中志》卷 7《先監遺事紀略》。

3　劉若愚：《酌中志》卷 15《逆賢羽翼紀略》。

4　劉若愚：《酌中志》卷 15《逆賢羽翼紀略》。

各太監名下的掌班及主要辦事人員，也多屬「知識宦官」。王體乾名下的田玉、趙本政、劉文忠，都曾在文書房掌文書、寫字；魏忠賢名下的劉榮、苗全、劉文正、紀用、蘇雄、陳福壽、夏鑾等，或者曾在宮內教書，或曾管文書房。這些，也都是內府諸司中的有權勢者。[1]

可見，明代宦官的知識化，又主要表現為上層宦官的知識化，準確地說，是知識宦官成為明代宦官上層的主體。這種狀況，與外廷國家機關由文官集團佔據極為相似。它適應並加速了宣德以後宦官的全面參政，推動了明代中央集權政治制度的雙軌制進程，並使得明代統治集團內部的派系鬥爭更為錯綜複雜。

二、「知識宦官」與文官派系

一般來說，內書堂出身的宦官因從小接受儒家的傳統道德思想，故比較注意自身的操守；又與翰林官有師生之誼，故與士大夫關係較為密切。當他們執掌內柄時，內、外廷的矛盾往往相對緩和，配合相對默契，政局也就相對穩定。如成化時懷恩、弘治時陳寬、萬曆時馮保和陳矩等人掌司禮監時即是。同時，他們對宦官中的一些為非作歹者，也是一種制約力量。如劉瑾專權時，先有王岳、范亨、徐智，後有李榮、黃偉等與之抗衡。魏忠賢專權時，又有王國臣、劉克毅等與其抗爭，內官監總理馬誠也「敢於逆賢面前持正不阿」。即使是王體乾，也在一些決策問題上對魏忠賢進行牽制，故崇禎初定「逆案」時得以「漏網」。[2] 明代宦官專權的可控性，與這一股力量的存在關係甚大。同時，由於他們一出內書堂便分在有權勢的太監們的名下，因此，也就不可避免地捲入權勢者們的派系鬥爭之中，其仕途的沉浮也往往由此而決定。

儒士自宮者則有所不同。他們也受過儒家思想的薰陶，對個人的品格

1 劉若愚：《酌中志》卷 12《各家經管紀略》。

2 《明史》卷 304、305《宦官傳一、二》。

操守，頗為注意。但他們多為落魄文人，飽嚐世態炎涼，帶着自卑和怨憤自殘身體，入宮後又備受歧視，一旦在內廷位居要職，這種自卑和怨憤就容易轉化為極度自尊與報復。同樣，自學者因缺乏有勢力的靠山，欲出人頭地，很是不易。這兩類身份的知識宦官雖然也想輔君主為聖明之君，但權欲極重，與內書堂「讀書正途」出身的宦官存有芥蒂，與外廷文官集團的關係也不易協調。因此，他們執掌內柄時，往往剛愎自用，其行事之出人意表就在所難免，內臣之間、內外廷之間的矛盾也容易激化。如劉瑾、李永貞等得勢時即是。

宦官的知識化，也導致了內外廷之間關係的複雜化。內書堂出身的宦官由於與翰林院文官有師生之誼，因此一旦在內廷柄政，則往往利用自己與皇帝的近密關係對其業師予以關照。如景泰初王一寧入閣，係由當年受業內侍王誠之力。[1] 嘉靖時為內書堂教習的殷士儋，隆慶時由受業之內使、司禮監太監陳洪取「中旨」入閣。[2] 而天啟時沈漼的入閣，則是藉受業內使李進忠和劉朝之力。[3] 劉若愚《酌中志》記載了不少內書堂小內使發跡後對業師感恩報德之事。當然，這一行為的背後也不排除或者更主要是在外廷尋求政治聯盟的可能。天順、成化之際發生的司禮監太監牛玉與內閣大學士李賢、陳文共同驅逐中官王綸和翰林學士錢溥之事，便反映了內書堂的師生關係而導致的內外官政治結盟的事實。王鏊《守溪筆記》載：

（錢）溥之居與（大學士）陳文鄰也，嘗教內豎。後顯來謁，必邀文與共飲。天順末，英廟不豫，中外危疑。內侍王綸，溥之所教，伴讀東宮。一日來謁，文意必召己，竟不召。乃使人微詗之。綸言上不豫，東宮未納妃如何。溥言當以遺詔行事。已而內閣草遺詔，大學士李賢當筆。文起奪其筆曰：「無庸，已有草之者矣。」遂

1　《明英宗實錄》卷 218，景泰三年七月壬寅。

2　《明史》卷 193《殷士儋傳》。

3　《明史》卷 218《沈漼傳》。

言溥、綸定計，將退賢以溥代之，退兵部尚書某，以韓雍代之。故俱及於貶。

先帝去世、新君即位，草遺詔和登極詔是大學士的例行職掌，也是革舊立新、重新組合政治力量的重要契機。但作為翰林學士的錢溥，背着內閣大學士們，密謀遺詔內容，自然被視為結黨營私。結果王綸被發往南京閒住，錢溥降廣東順德知縣，兵部右侍郎韓雍、錦衣衛都指揮僉事門達等均受牽連。嚴格地說，一批被李賢、陳文及牛玉等人視為異己的文武官員被貶謫。[1]《弇山堂別集》詳細記敘了事情的始末：

典璽局局丞王綸事上於春宮，一時羣小希進用者多與交通。侍讀學士錢溥教內書館，綸嘗受業焉。時尚寶丞朱奎以幼童陪讀館中，相親昵。至是，先帝不豫，溥意綸必預機務，有入閣望，密遣奎通款曲於綸。綸因偕奎造溥，修弟子敬，歡飲至晡而去。內閣學士陳文以鄰故知。及帝崩，奎持晉州知州鄒和所饋綸書以入。或曰此溥密草遺詔也。綸亦以例當柄用，驟驕肆。司禮監太監牛玉恐其軋己。玉姪春坊贊善（朱）綸，復與溥有隙，構之。會大行就殮，綸衰服，襲貂裘於外，上見而惡之。玉因子其過惡，勸上執下獄。又唆人發其交通事，並逮溥等。法司依律擬斬，以赦例從輕。（王）綸降內使，發南京閒住；（錢）溥降順德知縣，（朱）奎鹽課副提舉，（鄒）和瀾滄衛經歷。凡平日與綸往還者，詞連及之：兵部右侍郎韓雍降浙江左參政，順天府尹王福兩浙鹽運使、治中丘晟福州府同知，通政司左參議趙昂瑞州府同知；南寧伯毛榮、都督馬良謫廣西，都督馮宗、劉聚謫廣東，各聽總兵官調遣殺賊；錦衣衛掌衛事都指揮僉事門達，指揮同知郭英、陳綱，指揮僉事呂貴，俱調貴州邊衛，帶俸差操。[2]

---

1 《明憲宗實錄》卷 1，天順八年正月壬午。

2 王世貞：《弇山堂別集》卷 92《中官考三》。另見《明憲宗實錄》卷 1，天順八年正月壬午。

這段文字源於《明憲宗實錄》，帶有明顯的傾向性，但反映了一個基本事實，即內書堂教習與受業的關係而導致內外官的政治結盟，進而引發了一場權力鬥爭。這也是天順朝臣（包括內廷宦官和外廷文、武官員）派系鬥爭的延續。但事情並沒有就此結束。王綸、錢溥獲罪的關鍵問題是太子的婚事。而半年之後，牛玉因在新君大婚問題上的紕漏，被言官彈劾，獲罪下獄，不久即步王綸後塵，貶往南京孝陵種菜。與牛玉關係密切的一批文武官員，同樣被罷官。[1] 李賢也因「黨惡欺君」受到言官的彈劾。[2] 此伏彼起。錢溥於是被召回並官復原職，韓雍也以右僉都御史提督軍務，領兵討伐大藤峽的鬧事瑤民。而導致翻盤的關鍵人物，則是錢溥在內書堂所教的另外一個發跡了的內使——在明代以忠鯁正直著稱的司禮監太監懷恩。對於錢溥的沉浮，同時代人陸容以旁觀者的身份一語中的：「蓋原（錢）溥嘗在內書堂教書，今之近侍若懷恩輩皆多出其講下。其出以附王綸，其入以懷公之力也。」[3]

錢溥之貶官與復職，均因為結交在內書堂從其受業的內使，而同樣有在內書堂教習經歷的沈鯉，卻因為不與內使們合作，而一再受到排斥。沈鯉在隆慶時教習內書堂，又為神宗在東宮時的講官，所以萬曆時受到神宗的眷顧，一路升遷，直至禮部尚書，這在當時，是大學士的當然人選。但沈鯉自恃與神宗的關係，又自命清高，對有權有勢的宦官學生們不買賬，導致仕途坎坷。《明史．沈鯉傳》記：

> 鯉初官翰林，中官黃錦緣同鄉以幣交，拒不納。教習內書堂，侍講筵，皆數與巨璫接，未嘗與交。及官愈高，益無所假借……藩府有所奏請，賄中貴居間，禮臣不敢違，輒如志。至鯉，一切格之。中貴皆大怨，數以事間於帝。帝漸不能無疑，累加詰責……鯉

1　《明憲宗實錄》卷 8，天順八年八月癸卯。

2　《明史》卷 176《李賢傳》。

3　陸容：《菽園雜記》卷 6。

自是有去志⋯⋯帝有意大用鯉⋯⋯有老宮人從子為內豎者，走告鯉。司禮張誠亦屬鯉鄉人內豎廖某密告之。鯉並拒之，曰：「禁中語，非所敢聞。」皆恚而去。

沈鯉的不合作態度得罪了宦官中的權貴，在宦官們的讒言聲中，失去了神宗的信任，於萬曆十六年（1588）引疾歸。此後雖然多次被推入閣或為吏部尚書，均未獲准。賦閒十三年後，終於在萬曆二十九年受命入閣，時年已七十，不久即被迫致仕。[1]

《明史・選舉志》說：天順以後，「非進士不入翰林，非翰林不入內閣」「庶吉士始進之時，已羣目為儲相。通計明一代宰輔一百七十餘人，由翰林者十九。」之所以出現這種情況，既與翰林官多為皇帝東宮時或經筵時的伴讀官或講讀官而受到眷顧有關，也因為內書堂的教習均為翰林官，而操持「內柄」的司禮監太監們又多出自內書堂。在「簾遠堂高，君門萬里」的明代中後期，後一因素甚至更為重要。

第三節　明代宦官再認識

《孟子・盡心篇》說：「士窮不失義，達不離道。⋯⋯得志，澤加於民；不得志，修身見於世。窮則獨善其身，達則兼善天下。」這是中國古代知識分子的最高精神境界。而明代的一些知識宦官，也以修身重道、匡濟天下為立身處世的宗旨。

嘉靖時曾任兵部侍郎的陳洪謨，對他所推崇的一些宦官作了這樣的評述：

近時宦官，如蕭敬之文雅、陳寬之謹厚、何文鼎之忠讜，皆不

1 《明史》卷 217《沈鯉傳》。

可少。前此若金安之廉、興安之介、金英之知人、懷恩之持正、張永之剛勇、王高之雅飭，後乎此若芮景賢之安靜，皆有取焉。[1]

同時期任刑部尚書的著名學者鄭曉，對於世人稱譽名臣時不及宦官也頗有看法：

內臣如王岳、徐智、范亨、懷恩、覃昌，鎮守陝西晏宏、河南呂憲，皆忠良廉靖，縉紳所不及也。[2]

劉若愚則記載了嘉靖、萬曆時一些「頗具人品」的司禮監太監們的言行。張宏極重修身，常對人說：「我形雖廢，自有不廢者存。」而且身體力行。田義「儉樸寡言，休休有量，人不敢干以私」[3]。陳宏更以「祖宗法度」「聖賢道理」作為立身行事的準則。[4]

《明史·宦官傳》以讚揚的筆調記載了成化時司禮監太監懷恩的幾件事情：

員外郎林俊論（西廠太監梁）芳及僧繼曉下獄，帝欲誅之，恩固爭。帝怒，投以硯曰：「若助俊訕我！」恩免冠伏地號哭。帝叱之出。恩遣人告（錦衣衛）鎮撫司曰：「汝曹諂芳傾俊。俊死，汝曹何以生？」徑歸，稱疾不起。帝怒解，遣醫視恩，卒釋俊。會星變，罷諸傳奉官，御馬監王敏請留馬房傳奉者，帝許之。敏謁恩，恩大罵曰：「星變，專為我曹壞國政故。今甫欲正之，又為汝壞，天雷擊汝矣！」敏愧恨，遂死。進寶石者章瑾求為錦衣衛鎮撫，恩不可，

1 陳洪謨：《治世餘聞》下篇卷 3。

2 鄭曉：《今言》卷 2 之 115。

3 劉若愚：《酌中志》卷 5《三朝典禮之臣紀略》。

4 劉若愚：《酌中志》卷 7《先監遺事紀略》。

> 曰：「鎮撫掌詔獄，奈何以賄進？」當是時，尚書王恕以直諫名，恩每歎曰：「天下忠義，斯人而已。」憲宗末，惑萬貴妃言，欲易太子，恩固爭。帝不懌，斥居鳳陽。孝宗立，召歸，仍掌司禮監，力勸帝逐萬安、用王恕。一時正人匯進，恩之力也。

懷恩能夠如此，既因為「忠鯁無所撓」的人品及個性，更因為他與憲宗的密切關係。懷恩本姓戴，其父戴希文為太僕寺卿，宣德時因受族兄兵部侍郎戴綸的株連，被宮為小黃門，入內書堂讀書，前文所說的錢溥即是其教師，此後，為憲宗在東宮時的伴讀及教習。成化、弘治間，懷恩入宮已五六十年，故在諸太監中「班在前」。

傅維鱗《明書》記載了成化時的另一位「老閹」覃吉：「常口授孝宗以《(大)學》《(中)庸》及《論語》諸書，暇則開導以台省政務、民間疾苦，且言前代宦者專權誤國之弊尤切。嘗曰：『奴老矣，安望富貴，但得天下有賢主足矣！』」[1]「但得天下有賢主」本為古代知識分子的心願，此時卻出於一位「老閹」之口。而從這位「老閹」的姓氏看，他顯然是當年從廣西少數民族中擄掠而來的幼童，也可以斷定其出身於內書堂。萬曆初，內臣孫海、客用等以狗馬拳棒誘導神宗，司禮太監馮保則「凡事導引以文」。[2] 當然，並非所有君主都能「調教」好，神宗親政後，深居內宮，不理政事，並縱宦官以礦稅為由，敲剝天下。張宏時為司禮監掌印太監，苦諫不聽，遂「絕食數日而卒」，以死諫君。[3]

即使被視為明代宦官首惡者的王振、劉瑾，也絕不像某些士人所說的那樣一無是處。據《罪惟錄》載，王振侍英宗於東宮時，導之以禮，英宗「雅敬憚之」。英宗即位後，「嘗與小臣擊球，(王) 振至而止。詰旦，駕在閣中，振跪奏曰：『先皇帝為一球子，幾誤天下，陛下復踵其好，如社稷

---

1 傅維鱗：《明書》卷 158《宦官傳一》。

2 劉若愚：《酌中志》卷 5《三朝典禮之臣紀略》。

3 劉若愚：《酌中志》卷 5《三朝典禮之臣紀略》。

何？』上愧無所容。」大學士楊士奇等讚歎不已：「宦官中寧有是人！」[1]《菽園雜記》（卷 7）則云：

> 本朝中官自正統以來，專權擅政者固嘗有之，而傷害忠良、勢傾中外，莫如太監王振。然宣德年間，朝廷起取花木鳥獸及諸珍異之好，內官接跡道路，騷擾甚矣。自振秉內政，未嘗輕差一人出外，十四年間，軍民得以休息。是雖聖君賢相治效所在，而內官之權，振實攬之，不使氾濫四及，天下陰受其惠多矣。此亦不可掩也。

英宗復辟後全然不計蒙塵之恥，念念不忘給王振招魂以葬，並賜「旌忠」祠額，並非全無道理。[2]

陳洪謨《繼世紀聞》（卷 3）則記載了劉瑾的幾件「假竊大義」之事。谷大用因鎮守臨清太監之言，傳旨於該處開設皇店，劉瑾得知，立即予以制止，並逮捕獻策者。太監王琇令人包納錢糧，以圖私利，也為劉瑾所止。正德四年（1509），劉瑾奏鹽法四事，武宗盛稱「經畫周詳，防範嚴密」，但嘉靖初修《明武宗實錄》時只載條目而盡刪內容。談遷對此甚為不滿，認為：「逆瑾雖妄議，要未可以人廢言也。」[3]

正因為這樣，當正德初大學士劉健等奏稱宦官假公濟私、破壞祖宗「成例」時，武宗卻正色反駁：「天下事豈專是內官壞了？譬如十個人中也僅有三四個好人，壞事者十常六七，先生輩亦自知之。」[4] 嗆得劉健等人無言以對。崇禎八年（1635）八月，思宗朱由檢曾下一詔：「往以廷臣不職，

1　查繼佐：《罪惟錄》列傳卷之 29《宦寺列傳》。

2　王世貞：《弇山堂別集》卷 90《中官考一》：天順元年，詔復司禮監太監王振官爵，立祠，賜額曰：「旌忠」。

3　談遷：《國榷》卷 40。廖心一《劉瑾「變亂舊制」考略》（載《明史研究論叢》第三輯）專論劉瑾之事。

4　《明武宗實錄》卷 17，正德元年九月辛卯。陳洪謨《繼世紀聞》卷 1 亦記武宗此語：「豈獨此數人壞事？文官亦有不好的。譬諸十人，豈能皆賢？亦未免有四五人壞事者耳。」

故委寄內侍。今兵制粗立，軍餉稍清，盡撤監視、總理（內臣）。」意思很明顯，文官不稱職，才將事情託付給宦官；宦官把事情辦好，再讓文官們坐享其成。連《明史》的作者也認為：「（崇禎）帝初即位，鑒魏忠賢禍敗，盡撤諸方鎮守中官，委任大臣。繼而廷臣競門戶，兵敗餉絀，不能贊一策，乃思復用近侍。」當吏部尚書閔洪學率羣臣上疏力爭時，崇禎帝理直氣壯地責問：「苟羣臣殫心為國，朕何事乎內臣？」[1] 孝宗即位後，鑒於成化時宦官用權，也想加以控制，凡事責任文官。但當他召見吏部尚書屠滽，讓其幫助籌劃邊務時，這位頗具人望的六部首臣竟然「慚赧，久不能對，閹豎皆掩口竊笑」，「至是召見大臣鮮矣。凡遇大事，上徑自裁之」。[2] 其實是與宦官共裁之。

因此，在很大程度上說，明代宦官的全面參政，又是宦官參政素質提高和文官集團腐敗無能的結果。

宦官的知識化及部分知識宦官的躋身顯要，客觀上為一些科場失意者及窮家子弟開闢了除科舉、從軍之外的又一條出仕之路。走這一條道路，既不需要家庭或家族的財力支持，也無馬革裹屍之憂。由於經濟、文化發展的不平衡，明代科舉的受益者中，南方士人遠遠超過北方。明太祖曾經以行政手段壓抑南方士人，從而引起強烈的不滿。宦官的知識化，卻在無意之中部分地解決了這一問題。在明代中後期可以看到這樣一個事實：外廷文官固然以通過科舉入仕的南方人為多，但內廷中通詩書、有權勢者則多為北方人。二者之間的協調力量，既有「祖宗法度」，即太祖、太宗制定的條例法規，又有「聖賢道理」，即中國古代傳統的儒家道德標準。宦官的知識化程度越高，知識宦官和外廷士大夫之間的共同語言也就越多，內外廷之間的關係也就越趨於融洽。而在文官集團整體腐敗的過程中，一些被視為最可貴的道德信條，竟然是由宦官來體現和堅持的。即以崇禎帝最後自縊景山而言，與之作陪的竟然是司禮監秉筆太監王承恩。從這一點

1 《明史》卷 305《宦官傳二》。

2 陳洪謨：《治世餘聞》上篇卷 2。

來說，明代的知識宦官們也對得住皇室。至於有的知識宦官竊柄弄權、納賄受賂，也並不足為怪。知識階層本來就是良莠並存。只要我們注意到那些通過科舉而身居高位的明代士大夫在聚財時的貪婪，那麼，宦官中的種種醜惡現象，也就不足為怪了。明代的衰亡，是整個統治集團，包括皇帝、官僚士大夫集團以及宦官集團全面腐朽的結果。

第六章

明代皇帝的「事必躬親」與「垂拱而治」

在有文字記載的中國歷史中，皇權（或君權）均處於國家權力結構的頂端。只是在不同的時期內、不同的政治政體下，皇權的影響力和表現方式有所不同。在明太祖設計的明代國家權力結構中，皇權既是國家權力的起點，又是終點。一方面，國家的一切政令均以其名義發出，即使是地方的政令，也由中央任命的官員發出；另一方面，所有關係國計民生的重大事務，在理論上都由皇帝作出裁決，在國家權力能夠發揮作用的任何地區發生的任何危及國家安全及民眾生命財產的事件，在理論上也必須上報朝廷並聽候處置。儘管如此，整個國家日常事務的管理、緊急狀態的應對，並非也不可能由皇帝一人進行，而是依靠龐大的國家機器並且需要調動一切社會力量協調運作。明代皇權主要表現在以下三個方面：一、建立並維繫以各級各類衙門及軍隊為主體的國家機器，同時選拔、任命官員，並通過一定的途徑保證其恪盡職守、效忠朝廷；二、建章立制、頒佈政令，並通過一定的方式甚至暴力保證這些政令的暢通；三、對具體的國家事務進行最高裁決。但作為最高統治者的皇帝，真正做的事情，則為制禮、祀天、視朝、面議、批答。皇帝的勤政與疏懶、「事必躬親」與「垂拱而治」，也可以通過這幾件事情進行檢驗。

第一節　傳統等級制度的重新確立與釐正

一、洪武時的「制禮作樂」

孔子曾將春秋時期王室衰落、大國爭霸的局面稱作「禮崩樂壞」。可見禮與樂對於政權的生存、社會的穩定具有何等重要的意義。

在中國古代，禮有着極為豐富的內容，它是規定社會行為的一切法則、規範、儀式的總稱。司馬光《資治通鑒》開篇即對禮的重要意義進行闡述：

> 天子之職莫大於禮，禮莫大於分，分莫大於名。⋯⋯夫以四海之廣，兆民之眾，受制於一人，雖有絕倫之力、高世之智，莫敢不奔走而服役者，豈非以禮為之綱紀哉？是故天子統三公，三公率諸侯，諸侯制卿大夫，卿大夫治士庶人。貴以臨賤，賤以承貴。上之使下，猶心腹之運手足，根本之制支葉；下之事上，猶手足之衛心腹，支葉之庇本根。然後能上下相保而國家治安。故曰：天子之職莫大於禮也。[1]

要維護君主至高無上的地位和不受限制的權力，必須依靠「禮」。而禮的最大作用，則在於確定名分。從這個意義來説，禮實際上是建立和維護君主專制的基本手段，是建立國家制度、設計權力結構的基本原則。樂的作用也在於此。《明史·樂志·序》説：

> 古先聖王，治定功成而作樂，以合天地之性，類萬物之情，天神格而民志協。蓋樂者，心聲也，君心和，六合之內無不和矣。是以樂作於上，民化於下。

1　司馬光：《資治通鑒》卷1《周紀一·威烈王二十三年》。

如果說禮是外在的規範，樂則是內心的溝通。二者相輔相成，確立起「上之使下、下之事上」的嚴格等級制度和權力關係。

明太祖自幼因家貧而失去系統接受文化教育的機會，但在其天性中有對社會秩序或者說對權力結構平衡的追求本能。網羅文化人、學習傳統文化，成了他和元末羣雄的重大區別。而且，稍成氣候，他便及時重整紀綱、制禮作樂、設計權力結構。因此，在元末天下大亂之時，朱元璋集團客觀上成了秩序的代表和安定的象徵。

前文所引清順治皇帝對明太祖的讚詞「條例章程，規畫周詳」，具有非常廣泛的含義，既包括明太祖建立的一系列政治、軍事、法律、監察、教育、人事制度，也包括禮樂制度。也就是說，既包括國家權力結構，也包括設計這一權力結構的基本原則。如果從廣義的角度來看「禮」，則上述制度實為禮在各個方面的體現，是權力分配的原則在權力分配的實踐中的體現。

《明史．禮志．序》對明太祖的制禮作樂過程進行了敘述和評價：

> 明太祖初定天下，他務未遑，首開禮樂二局，廣徵耆儒，分曹究討。洪武元年命中書省暨翰林院、太常司，定擬祀典，乃歷敍沿革之由，酌定郊社宗廟議以進。禮官及諸儒臣又編集郊廟山川等儀，及古帝王祭祀感格可垂鑒戒者，名曰《存心錄》。二年詔諸儒臣修禮書。明年告成，賜名《大明集禮》。其書準五禮而益以冠服、車輅、儀仗、鹵簿、字學、音樂，凡升降儀節，制度名數，纖悉畢具。……在位三十餘年，所著書可考見者，曰《孝慈錄》、曰《洪武禮制》、曰《禮儀定式》、曰《諸司職掌》、曰《稽古定制》、曰《國朝制作》、曰《大禮要議》、曰《皇朝禮制》、曰《大明禮制》、曰《洪武禮法》、曰《禮制集要》、曰《禮制節文》、曰《太常集禮》、曰《禮書》。若夫釐正祀典，凡天皇、太乙、六天、五帝之類，皆為革除，而諸神封號，悉改從本稱，一洗矯誣陋習，其度越漢、唐遠矣。

順治帝、康熙帝對明太祖的評價看來並非虛言，明太祖的制禮作樂不僅深深地影響着明史館的大學士和翰林學士，而且成為人們的共識。而明太祖在「他務未遑」的情況下制禮作樂，奠定一代制度，又與一位不大為人注意的儒士孔克仁有很大的關係。《明史．孔克仁傳》記載了至正二十四年（1364）五月克仁與明太祖的一段對話：

> （太祖）嘗閱《漢書》，（宋）濂與克仁侍。太祖曰：「漢治道不純者何？」克仁對曰：「王霸雜故也。」太祖曰：「誰執其咎？」克仁曰：「責在高祖。」太祖曰：「高祖創業，遭秦滅學，民憔悴甫蘇，禮樂之事固所未講。孝文為令主，正當制禮作樂，以復三代之舊，乃逡巡未遑，使漢業終於如是。帝王之道，貴不違時。三代之王有其時而能為之，漢文有其時而不為，周世宗則無其時而為之者也。」

雖然明太祖否定了孔克仁關於漢制未備、責在高祖的說法，而以「遭秦滅學，民憔悴甫蘇」進行解釋，但他從至正二十七年即建元洪武的前一年就開始制禮作樂，未嘗不是受孔克仁的啟示。

明太祖的制禮作樂，主要是在吳元年至洪武四年，而《大明集禮》和《宴享九奏樂》的完成，則可視為明初大規模制禮活動的結束。《明太祖實錄》記載了這一期間的相關活動：

吳元年（1367）七月，命學士朱升、起居註熊鼎辨五音。八月，協律郎冷謙定樂律；圜丘、方丘、社稷壇成。九月，太廟成；新宮成。十月，恢復漢人習俗，命百官禮儀俱尚左；考正郊社、太廟雅樂，定舞制。

洪武元年（1368）正月，即皇帝位。二月，定郊社宗廟禮；復衣冠如唐制，禁胡服胡語胡姓。三月，詔儒臣修女誡，戒后妃毋預政。七月，以應天為南京，開封為北京。十一月，定帝后、皇太子妃嬪、百官命婦冠服之制。定皇太子及品官庶人冠禮。十二月，定皇太子、親王及士庶婚禮；定中外官親屬冠服之制。

洪武二年正月，封京師及天下城隍神。四月，定封建諸王之制。八月，命儒士徐一夔、梁寅等修禮書。

洪武三年二月，制四方平定巾頒天下。六月，定朝儀。八月，定官民房舍車器衣服之制。九月，定朝會宴享樂舞之數；《大明集禮》成。

洪武四年六月，《宴享九奏樂》成。

宋濂《洪武聖政記》對《大明集禮》的編纂情況作了記敍：

> 上以國家創業之初，禮制未備，敕中書省，令天下郡縣舉素志高潔、博古通今、練達時宜之士年四十以上者禮送至京。參考古今制度，以定一代之典……於是儒士徐一夔、梁寅、劉於、周子諒、胡行簡、劉宗弼、董彝、蔡深、滕公琰至京。時曾魯以《元史》方成，共奏留之，因命與諸儒同纂修禮書。書成，賜名曰《大明集禮》。[1]

《大明集禮》共十五卷，以吉、嘉、賓、軍、凶五禮及冠服、車輅、儀仗、鹵簿、字學、樂律為綱。

吉禮包括十四目：祭天，祭地，宗廟，社稷，朝日，夕月，先農，太歲，風、雲、雷、電、雨師，嶽鎮、海瀆、天下山川、城隍，三皇、孔子，旗纛及馬祖、先牧、馬步、馬社，祭厲，祀典神氏。

嘉禮包括五目：朝會，冊拜，冠禮，婚禮，鄉飲酒禮。

賓禮包括二目：朝貢，遣使。

軍禮包括三目：親征，遣將，大射。

凶禮包括二目：弔賻，喪儀。

樂律包括三目：鐘律，雅樂，俗樂。

冠服、軍輅、儀仗、鹵簿、字學皆一目。

《洪武聖政記》對《宴享九奏樂》的製作也作了記載：

---

1 宋濂：《洪武聖政記》，[明] 鄧士龍輯，許大齡等點校：《國朝典故》卷 9，北京大學出版社，1993 年，第 186 頁。

（洪武）四年夏六月，禮部尚書陶凱製《宴享九奏樂》成。其曲一曰《本太初》、二曰《仰大明》、三曰《民初生》、四曰《品物亨》、五曰《御六龍》、六曰《泰階平》、七曰《君德成》、八曰《聖道成》、九曰《樂清寧》。先是上厭前代樂章率用諛詞以為容悅，甚者鄙陋不稱，乃命凱等更製其詞。至是上之，命協音律者歌之。（上）謂侍臣曰：「禮以導敬，樂以宣和，不敬不和，何以為治？元時古樂俱廢，惟淫詞豔曲更唱迭和，又使胡虜之聲與正音相雜。甚者，以古先帝王祀典神祇飾為隊舞，諧戲殿廷，殊非所以導中和、崇治體也。今所製樂章，頗協音律，有和平廣大之意。自今一切流俗喧褻之樂，悉屏去之。」[1]

《大明集禮》《宴享九奏樂》以及此後制定的其他禮樂制度，對天地萬物、君臣士庶的等級關係及履行權利和義務時的儀式等，均進行了規範。在這裏，禮和樂是並重的。明太祖曾經多次強調：「治天下之道，禮樂二者而已。若通於禮而不通於樂，非所以淑人心而出治道。達於樂而不達於禮，非所以振紀綱而立大中。必禮樂並行，然後教化醇一。」[2] 當然，作為心聲的樂，也必須在禮的儀式中體現出來。因此，明太祖更偏重的還是禮：「古者帝王之治天下，必定禮制，以辨貴賤、明等威。」「禮者，國之防範，人道之紀綱，朝廷所當先務，不可一日無也。」「朝廷之禮，所以辨上下，正名分，不以賤加貴，不以卑逾尊。」[3] 中國傳統的上下、長幼、尊卑、貴賤等級，也在禮的「導敬」和樂的「宣和」中得到了恢復乃至強化。而上下、長幼、尊卑、貴賤等級觀念的恢復和強化，正是協調國家權力關係的前提和保證。

當然，只要是在階級社會中，只要有國家機器存在，就不可能只有和

1　宋濂：《洪武聖政記》，《國朝典故》卷 9，北京：北京大學出版社，1993 年，第 187 頁。

2　《明太祖寶訓》卷 2《興禮樂》。

3　《明太祖寶訓》卷 2《議禮》。

風細雨的禮樂，而無陰冷肅殺的刑罰。禮與刑從來是並存的。禮是積極的規範，是禁惡於未然的預防；刑是消極的處罰，是懲惡於已然的制裁。二者不可或缺。明太祖之所以被清順治帝譽為「古代皇帝第一」，也是因為他對刑和禮這兩個方面都不偏廢，而且運用自如。

與刑罰相比，明太祖聲稱更應重禮樂：「或者曰：有禮樂不可無刑政。朕觀刑政二者，不過輔禮樂為治耳。苟為治徒務刑政，而遺禮樂，在上者雖有威嚴之政，必無和平之風；在下者雖存苟免之心，終無格非之誠。大抵禮樂者，治平之膏粱；刑政者，救弊之藥石。」[1] 不過，空泛的聲明和實際的行動畢竟是有區別的。在禮和刑的關係上，也是世輕世重、時輕時重的。當社會穩定、階級矛盾緩和、統治階級內部關係相對協調時，禮的作用強調得更多；而當社會動盪、階級矛盾激化、統治階級內部關係緊張時，刑的使用也就提到首要位置。治亂之道，一張一弛，此之謂也。

二、洪武、永樂時的「官修經史」

中國有「盛世修志」「盛世修史」之說。從一定意義上說，修志或修史的過程，就是對社會思想進行整頓和引導的過程，也是對國家權力結構進行認定並尋求理論依據和歷史參照的過程，它與制禮作樂是相輔相成的。

在中國歷史上，除了清朝的乾隆皇帝，大概還沒有哪一位帝王比明太祖朱元璋對修書更感興趣且身體力行的了。

張德信先生在為《洪武御製全書》作序時，擇要列舉了明太祖在位期間的近六十種「御製」和「敕纂」的著作。其中「御製」有《御製文集》及《文集補》（即《明太祖文集》）、《申誡公侯鐵榜》《道德經註》《集註金剛經》《資世通訓》《御製大誥》《御製大誥續編》《御製大誥三編》《御註洪範》《御製紀非錄》《大誥武臣》《教民榜文》《祖訓錄》《皇明祖訓》等十五

1 《明太祖實錄》卷 162，洪武十七年六月庚午。

種。另有「敕纂」的四十多種。[1] 在這近六十種御製和敕纂的著作中，以禮書和律書所佔的比重為大，正體現了明太祖禮治與法治並重的治國思想，也可以看出他規劃大明帝國藍圖的苦心。而且，明太祖在萬幾叢脞之餘，竟然親自為《尚書．洪範篇》《道德經》《金剛經》作註或集註，恰恰是他「儒佛道皆為我用」思想的具體表現。特別能體現其個性及極端君主意識的，則是《孟子節文》。

反對專制和暴力、提倡為政以仁、宣揚民本思想，是孟子思想的突出特點。而這些，恰恰是與洪武時期的政治氣候和權力結構特徵格格不入的。《明史．錢唐傳》有這樣一段記載：

> 帝嘗覽《孟子》，至「草芥」「寇仇」語，謂非臣子所宜言，議罷其配享，詔有諫者以大不敬論。（錢）唐抗疏入諫曰：「臣為孟軻死，死有餘榮。」時廷臣無不為唐危。帝鑒其誠懇，不之罪。孟子配享亦旋復。然卒命儒臣修《孟子節文》云。

錢唐諫明太祖事，各書記載互異。談遷《國榷》、全祖望《鮚埼亭集》均有專論辨之，不管孟子配享事是否與錢唐有關，明太祖一度將孟子牌位從孔廟搬出去卻是事實。

按所謂「草芥」「寇仇」云云，載《孟子．離婁章句下第三節》，孟子見齊宣王曰：「君之視臣如手足，則臣視君如腹心；君之視臣如犬馬，則臣視君如國人；君之視臣如土芥，則臣視君如寇仇。」當年的齊宣王正想網羅天下人才，與強秦相抗衡，雖然覺得孟子的話有些刺耳，但畢竟還是不動聲色。明太祖以布衣取天下，又以重典治天下，孟子的話彷彿處處是在針對自己。尤其是當時的國子監和各地學校都以包括《孟子》在內的「四書」為教科書，科舉考試也以《孟子》命題，明太祖豈不是自己安下套子和自己過不去？另外，《孟子》中諸如「民為貴，社稷次之，君為輕」「君

1　張德信：《洪武御製全書序》，《洪武御製全書》，合肥：黃山書社，1995 年。

有大過則諫，反覆之而不聽，則易位」「聞誅一夫紂矣，未聞弒君也」之類的言論比比皆是。明太祖雖迫於清議，讓孟子重新配享孔廟，但畢竟心有不滿，故在二十多年後，又命翰林學士劉三吾對《孟子》進行刪節。

翰林學士們經過反覆揣摩，最後從全部《孟子》的二百五十餘條中刪去了八十五條，上文所舉的各條自然都在刪除之列。而《梁惠王章》《養氣章》等，更盡行刪除。並規定，被刪除的八十五條，「課試不以命題，科舉不以取士」。至永樂九年（1411），經孫芝等人的力爭，作為中央和地方教材的《孟子》才恢復了原貌。[1]

解縉《大庖西封事》有一段很有意思的話：

> 臣見陛下好觀《說苑》《韻府》雜書，與所謂《道德經》《心經》者，臣竊謂甚非所宜也。《說苑》出於劉向，多戰國縱橫之論；《韻府》出元之陰氏，抄輯穢蕪，略無可採。陛下若喜其便於檢閱，則願集一二志士儒英，臣請得執筆隨其後。上溯唐、虞、夏、商、周、孔，下及關、閩、濂、洛，根實精明，隨事類別，勒成一經，上接經史，豈非太平制作之一端歟？[2]

這件事發生在洪武二十一年（1388）。侯外廬等先生主編的《宋明理學史》對這個文獻給予了高度重視，認為：一、從解縉的建議看，明太祖以帝王之尊，其實並無一定的經典可讀；他的這種讀書狀況，既屬個人愛好，更本質的則是反映了統治思想的尚未確立；二、解縉的建議，實開後來明成祖修纂三部理學巨著的先聲。[3] 說解縉的建議開明成祖修纂三部理學著作的先聲是對的，說直到洪武二十一年明太祖尚無一定的經典可讀、統治思想

1 參見潘檉章：《國史考異》卷 3。

2 《明史》卷 147《解縉傳》。

3 侯外廬等主編：《宋明理學史》下卷第一編第一章，北京：人民出版社，1987 年，第 7—8 頁。

尚未確立卻是誤解，至少不了解帝王的公開宣言與個人喜好的區別。關於這一點，下文將有涉及。

所謂成祖時修纂的三部「理學巨著」，指的是《五經大全》《四書大全》和《性理大全》。

《明太宗實錄》記載了編書的緣起：

> 永樂十二年十一月甲寅，上諭行在翰林院學士胡廣，侍講楊榮、金幼孜曰：「五經」「四書」，皆聖賢精義要道，其傳註之外，諸儒議論，有發明餘蘊者，爾等採其切當之言，增附於下。其周、程、張、朱諸君子性理之言，如《太極》《通書》《西銘》《正蒙》之類，皆六經之羽翼，然各自為書，未有統會，爾等亦別類聚成編。二書務極精備，庶幾以垂後世。」命廣等總其事，仍命舉朝臣及在外教官有文學者同纂修，開館東華門外，命光祿寺給朝夕饌。[1]

從永樂十二年（1414）十一月「上諭」發佈時起，三書開始修纂。第二年九月，三書修完，前後約十個月。因「五經」是儒家的經典，故在三部「大全」中，《五經大全》的地位最高，卷帙也最多，計有《周易大全》24卷、《書傳大全》10卷、《詩經大全》20卷、《春秋大全》70卷、《禮記大全》30卷，共154卷。如果說《五經大全》經註的依據是朱學，或為朱熹本人的著作，或為朱熹弟子的著作，或為朱熹推崇的理學家著作，那麼，《四書大全》（36卷）則是朱熹《四書集註》的翻版和擴大：《大學》和《中庸》全是朱熹的集註，《孟子集註大全》和《論語集註大全》則是在朱熹的集註之後逐章逐節附入諸儒之說。至於《性理大全》（70卷）所收的「先儒」著作，除兩篇外，其他的不是朱熹所作便是朱熹所註。可見，三部「大全」都是在確立朱學的地位。

從賞賜的情況看，最後修定時在館修纂者有四十二人，都是飽學之

1　《明太宗實錄》卷158，永樂十二年十一月甲寅。

士。但由於時間過於緊迫，故內容蕪雜，「不暇精擇、未免牴牾」之處自然不少。但成祖在為三部「大全」作序時給予極高的評價：「書編成來進，朕間閱之，廣大悉備，如江河之有源委、山川之有條理，於是聖賢之道，粲然而復明。所謂考諸三王而不繆、建諸天地而不悖、質諸鬼神而無疑、百世以俟聖人而不惑。」遂令付版印行。「使天下之人，獲睹經書之全，探見聖賢之蘊。由是窮理以明道，立誠以達本，修之於身，行之於家，用之於國，而達之天下。使家不異政，國不殊俗，大回淳古之風。以紹先王之統，以成熙皞之治，將必有賴於斯焉。」[1]

可見，成祖把編纂「大全」作為統一思想、統一認識的大製作。客觀上說，明成祖的這一目的達到了。由於全國學校學的是「大全」，科舉考試考的也是「大全」，因此清朝《四庫全書總目》的作者說：「有明一代士大夫學問根柢具在於斯。」[2] 實際上，人們通常所說的程朱理學的官方地位的確立，也是以明代三部「大全」的編纂為標誌的。

「大全」之外，永樂朝還有一項規模更大的製作，那就是《永樂大典》的編纂。

《四庫全書總目》對《永樂大典》的成書過程與貯藏情況作了概述：

> 《永樂大典》，二萬二千八百七十七卷，目錄六十卷……明永樂元年七月奉敕撰，二年十一月奏進，賜名《文獻大成》。總其事者，為翰林院學士兼右春坊大學士解縉，與其事者，凡一百四十七人。既而以所纂尚多未備，復命太子少保姚廣孝、刑部侍郎劉季篪，與縉同監修……與其事者，凡二千一百六十九人，於永樂五年十一月奏進，改賜名曰《永樂大典》。並命複寫一部，鋟諸梓，以永樂七年十月訖工。後以工費浩繁而罷。定都北京以後，移貯文樓。嘉靖四十一年，選禮部儒士程道南等一百人，重錄正副二本，命高拱、

1 《明太宗實錄》卷 168，永樂十三年九月己酉。

2 紀昀等：《四庫全書總目提要》卷 36《四書大全提要》。

張居正校理。至隆慶初告成，仍歸原本於南京。其正本貯文淵閣，副本別貯皇史宬。明祚既傾，南京原本與皇史宬副本併毀。今貯翰林院庫者，即文淵閣正本，僅殘闕二千四百二十二卷。[1]

這在當時是中國有史以來規模最大的一次修書活動。如果說三部「大全」是對「先儒」學說的總結，《永樂大典》則是試圖對中國文化進行一次全面的整理。對於這一舉動，人們有多種看法。孫承澤《春明夢餘錄》說：「靖難之舉，不平之氣遍於海宇，文皇藉文墨以銷壘塊，此實係當日本意也。」[2] 也就是說，其目的，仍然在於為權力的重新分配服務。從成祖永樂元年七月敕修這部書的本意看，是有這方面因素的。其敕曰：

天下古今事物，散載諸事，篇帙浩穰，不易檢閱。朕欲悉採各書所載事物類聚之，而統之以韻，庶幾考索之便，如探囊取物爾。嘗觀《韻府》《迴溪》二書，事雖有統，而採摘不廣，紀載大略。爾等其如朕意，凡書契以來經、史、子、集百家之書，至於天文、地志、陰陽、醫卜、僧道、技藝之言，備輯為一書，毋厭浩繁。[3]

時局剛剛安定，僅僅因為《韻府》等二書「採摘不廣」就如此興師動眾，難免令人生疑。但從收拾人心出發，藉修書對前代文化進行一次大規模的整理，是完全有可能的。

當然，永樂朝最亟待修撰的書還是《明太祖實錄》。建文帝即位後，沿前朝舊制修《太祖實錄》。成祖以「靖難」為由奪取皇位，《實錄》中有關洪武時立朱允炆為皇太孫、「指斥靖難君臣為逆黨」等事，對成祖奪位的合法性十分不利。因此，成祖建文四年（1402）七月即位，十月就令侍讀

1　紀昀等：《四庫全書總目提要》卷 137《永樂大典提要》。

2　孫承澤：《春明夢餘錄》卷 12《文淵閣》。

3　《明太宗實錄》卷 21，永樂元年七月丙子。

學士解縉為總裁，重修《太祖實錄》。書成之後，成祖仍不滿意，又命內閣諸臣胡廣、黃淮、楊榮等人為總裁，三修《太祖實錄》。永樂十七年，《太祖實錄》修成，並作為定本流傳下來。雖然成祖對這次修撰表示滿意，但後人認為實是以修史為名而行篡改之實，在立儲、嫡庶等問題上，都有不少疑點。如洪武二十五年三月戊寅條記：

> 上（太祖）御東角門，召廷臣諭之曰：「朕老矣，太子不幸，遂至於此，命也。古云：國有長君，社稷之福。朕第四子賢明仁厚，英武似朕。朕欲立為太子，何如？」翰林學士劉三吾進曰：「陛下言是。但置秦、晉二王於何地？」上不及對，因大哭而罷。[1]

這是在立儲事上有代表性的修改。至於修改後的《實錄》說成祖的親生母為高皇后馬氏，吳晗先生已有專文辨正。《太祖實錄》是這樣，其他的「國史」也多有類似的問題。如《孝宗實錄》由焦芳主修，對政敵劉健、謝遷進行攻擊。如此等等，不一而足。明代史學家王世貞在《弇山堂別集．史乘考誤》的引言中有一段耐人尋味的話：

> 國史人恣而善蔽真，其敍章典、述文獻，不可廢也。野史人臆而善失真，其徵是非、削諱忌，不可廢也。家史人諛而善溢真，其讚宗閥、表官績，不可廢也。[2]

國史、野史、家史各有其優劣。人們對「野史」和「家史」之偽較有認識，也較易識辨，而由最高統治者授意、經眾多「國手」作偽的「國史」，辨偽則顯得更為困難。

由明太祖時的編律書、編禮書，到成祖時的編經書、編史書，前者奠

1 《明太祖實錄》卷 217，洪武二十五年三月戊寅。

2 王世貞：《弇山堂別集》卷 20《史乘考誤一》。

定建國的規模，後者制定立國的思想，相輔相成，循序漸進，構成了明帝國的基本統治原則和權力結構依據。

三、嘉靖時的「釐正舊章」

對於太祖、太宗制定的統治原則和治國方針，後世子孫雖然未必恪守不移，但也少有更改。世宗以外藩入繼大統，主政大臣楊廷和等人先是以「嗣皇帝」相請，後又以太子禮相迎，引起世宗的極大不滿。接着而來的是一系列表面上是有關禮儀而實質上是有關名分、有關權力關係的問題。世宗是繼承堂兄武宗皇位的。那麼，是只承帝統，還是既承帝統又承宗統，即只是作為皇位的繼承人，還是既作為皇位的繼承人，又作為已經絕後的孝宗、武宗一支的繼承人？如果作為孝宗、武宗一支的繼承人，那麼本生父母興獻王及王妃怎麼稱呼？而這些問題的焦點，便是世宗之生父興獻王的名分。興獻王的名分一解決，其他問題也就迎刃而解。

明太祖說：「禮立而上下之分定，分定而名正，名正而天下治矣。」[1] 禮儀的實質是名分，而解決名分問題又必須從制禮着手。司馬光說得好：「天子之職，莫大於禮。」既然是這樣，世宗從議禮開始，來為自己和自己的父親定名分。

正德十六年（1521）四月，世宗即位才六天，便命禮部議其父興獻王的尊號及祭祀禮儀，從而拉開了嘉靖議禮的序幕。由議禮進而更定禮制，嘉靖時期遂成為明代制禮作樂的又一重要時期。由於大禮議的實質是明朝最高統治層的權力鬥爭，而支持明世宗的張璁、桂萼等人又因行事偏頗乖戾受到輿論的指責，加上世宗一生崇信方術，中年之後更由制禮發展到專事齋醮，因此後人對嘉靖制禮多所否定。但《明史．禮志．序》說：「世宗以制禮作樂自任。其更定之大者，如分祀天地，復朝日、夕月於東西郊，罷二祖並配，以及祈穀大雩，享先蠶，祭聖師，易至聖先師號，皆能折衷

1　《明太祖實錄》卷 14，至正二十四年四月壬戌。

於古。獨其排眾議，祔睿宗太廟躋武宗上，徇本生而違大統，以明察始而以豐昵終矣。」除了反對將沒有做過皇帝的父親插在孝宗和武宗之間，清人對嘉靖時的制禮作樂基本上是肯定的。

大禮議和嘉靖制禮作樂既是相互關聯的，又是各自獨立的。如果沒有大禮議及其最終勝利，世宗不可能對制禮作樂產生興趣，即不可能「以制禮作樂自任」。但大禮議是政治鬥爭，是權力關係的重新調整；制禮作樂則基本上屬禮制範圍，也是為了鞏固調整了的權力關係。

大禮議的結果是《明倫大典》的編纂。《明倫大典》起初的名稱是《大禮全書》，收集了在大禮議中最先支持世宗的張璁、桂萼、方獻夫、席書、霍韜等五人的議禮奏疏，這是主體部分，共二卷；同時將熊浹、黃宗明、黃綰、金述、陳雲章、張少連等六人及楚王、棗陽王二宗室的議禮奏疏作為附錄，也編了二卷；另有敘述議禮過程的《纂要》上下二卷。嘉靖六年（1527），《大禮全書》編成之後，世宗認為該書「不但創行於今日，實欲垂法於萬世，以明人倫、正紀綱」，故改名為《明倫大典》，頒佈天下。[1]《明倫大典》從理論的角度肯定了世宗尊本生父母的做法，並作為對以楊廷和為首的反對派繼續進行打擊的依據。

國之大事，惟祀與戎。世宗對戎事一竅不通，況且，嘉靖時期的戎事也並無太多值得誇讚之處，於是專在祀事上即在制禮作樂上做文章，居然搞得有聲有色。「世宗」廟號之定，也是因為他在禮制改革方面有所成效。

嘉靖制禮的第一項重大舉動是改洪武以來的天地合祀為分祀，同時，恢復對朝日和夕月的祭祀，並改太祖、太宗並配為太祖獨配。

明太祖建國之初，遵周禮定祭祀，冬至祀天於圜丘，夏至祀地於方丘，並以仁祖（明太祖尊其父朱世珍為「仁祖」）配祀。洪武十年（1377），因天氣異常，明太祖從漢代名卜京房的災異說中得到啟發，認為這是分祭天地的結果，遂接受禮部尚書張籌的提議，合社、稷為一壇，合祀天地於大祀殿。建文時撤仁祖，改由太祖配祀；仁宗即位後，為尊其父成祖「靖

1 《明世宗實錄》卷 79，嘉靖六年八月庚申。

難」及定鼎北京之功，定制由太祖、太宗並配。至於天、地合祀，則仍沿洪武之舊。[1]

天、地分祀是周禮的舊制，明太祖的一系列改制都以周禮為依據，而合祀天地卻違背周禮，所以當時就有不少人持不同看法。但懾於明太祖的權威，誰也不敢公開表示異議。其後「胡獄」「藍獄」及文字獄不斷，明太祖自己無暇顧及禮制，羣臣也不敢提出改制。建文、永樂及以後的君主，無人對制禮作樂感興趣，加上明太祖有不得更改祖制的「祖訓」，天地合配也就相沿不改。世宗為爭大禮，讀了不少有關祭祀方面的書。其實，只要讀了《周禮》，就會發現天、地合祀不合古制。世宗與他的堂兄武宗以及自孝宗至成祖歷代祖宗不同的是，他有更定禮樂的興趣，同時又有對付文官的辦法，還有不達目的決不罷休的個性。如果僅就個性來說，他甚至不遜於太祖高皇帝。在他的個性面前，「祖訓」是沒有太大制約力的，何況洪武「初制」就是天地分祀。

經過一番爭論，世宗排除了來自大臣的阻力。禮部按照他的意思，於嘉靖九年十月，在北京南郊正陽門外五里的大祀殿南建起了祭天的圜丘壇；又於第二年夏天在北郊定安門外建起了祭地的方丘壇，在東郊建了朝日壇，在西郊建了夕月壇。至此，天、地分祀的改制完成。同時，撤去成祖牌位，將洪熙以來的二祖配祀改為只太祖一位配祀。

天、地分祀的順利進行，激發了世宗在制禮方面的更大興趣。也是在嘉靖九年，世宗試圖開展一次意義更為重大的改制活動，那就是對孔子的名號和祭祀進行修改。

其實，明太祖也曾試圖對孔子的祭祀制度作一些改革。洪武二年，詔孔廟春秋釋奠，止行於曲阜，天下不必通祀。刑部尚書錢唐隨即伏闕上疏說：「孔子垂教萬世，天下共尊其教，故天下得通祀孔子，報本之禮不可廢。」刑部侍郎程徐也上疏說：「古今祀典，獨社稷、三皇與孔子通祀。天下民非社稷、三皇則無以生，非孔子之道則無以立。堯、舜、禹、湯、

1　《明史》卷 48《禮志二 · 吉禮二》。

文、武、周公，皆聖人也，然發揮三綱五常之道，載之於經，儀範百王，師表萬世，使世愈降而人極不墜者，孔子力也。孔子以道設教，天下祀之，非祀其人，祀其教也，祀其道也。今使天下之人，讀其書，由其教，行其道，而不得舉其祀，非所以維人心扶世教也。」雖然明太祖當時仍堅持己意，但這天下不必通祀孔子的詔令也就此擱置。[1]

在這方面，世宗卻比太祖更有毅力。當然，也是因為太祖要思考和處理的事情太多了，而世宗全部心思只在制禮上。

從漢武帝獨尊儒術開始，孔子的地位不斷提高。司馬遷《史記》已將孔子列入《世家》，與諸侯等。漢平帝時，追謚孔子為「褒成宣尼公」。唐玄宗時，孔子被升了一格，尊為「文宣王」。到元武宗時，加尊號為「大成至聖文宣王」。世宗認為這不符合實際情況，也有違孔子自己的意願，因此，應該把孔子的「王」號去掉，祭祀的等級也應作調整，命禮部對這一問題進行討論。

世宗的這一舉動，在朝野上下引起了很大的震動。但皇帝在大禮議中不折不撓、鍥而不捨的性格以及對反對派的打擊和清算，使臣子們仍然心有餘悸。因此，雖然大臣們普遍持反對態度，但站出來公開發表看法的只有一些品級較低的翰林官及科道官。編修徐階第一個上疏，被謫為福建延平府推官。世宗親作《正孔子祀典說》，大學士張璁再一次為世宗「衝鋒陷陣」，作《正孔子廟祀典或問》，這兩個文件都下到禮部，命禮部集議。

言官們在這種情況下不能再沉默了。御史黎貫等人上疏說：「聖祖初正祀典，天下嶽瀆諸神皆去其號，惟先師孔子如故，良有深意存焉。陛下疑孔子之祀上擬事天之禮。『夫子之不可及也，猶天之不可階而升。』雖擬諸天，亦不為過。自唐尊孔子為『文宣王』，已用天子禮樂，宋儒皆無異詞；論其辨孔子不當稱王者，止吳沉一人而已。伏望博採羣言，務求至當。」給事中王汝梅等也極言不宜去孔子王號。

大禮議時世宗只是十五歲的少年，也敢獨自和楊廷和等顧命大臣相

1 《明史》卷 139《錢唐傳》。

抗，如今更不會將幾個言官放在眼裏。黎貫被革職，王汝梅等人也遭到嚴斥。禮部不敢再行延緩，按世宗的意思重新擬定孔子的祀禮。以往各代加給孔子的尊號一概被除去，只稱「至聖先師」；各地的「大成殿」也改名為「先師廟」（亦稱「文廟」），廟中一概不用塑像，只用木主；春秋兩季的祭祀，祭品為十籩十豆，樂舞用六佾；配享的四子稱復聖（顏子）、宗聖（曾子）、述聖（子思）、亞聖（孟子），其他孔子弟子也都被除去公、侯、伯等尊號，皆稱「先賢」「先儒」等；公伯寮、秦冉、荀況、劉向、馬融、杜預、吳澄等十三人罷祀，后蒼、王通、歐陽修、胡瑗、陸九淵等人增入，從祀者定為九十一人。[1]

在以後十多年的時間裏，世宗在張璁、夏言等人的幫助下，對包括三皇、海瀆、山川在內的幾乎所有舊章都進行了或大或小的釐正，並最終在嘉靖二十四年六月新太廟建成時，確定了供奉次序：太祖居中，左昭為成祖、宣宗、憲宗、睿宗，右穆為仁宗、英宗、孝宗、武宗。睿宗即世宗的父親興獻王不但被尊為「皇」，且躋於武宗之前。可以說，嘉靖制禮是以討論興獻王的尊號而開始，以確定興獻王在太廟中的地位而告終的。皇帝的絕對權威在制禮中重新得到強化，祭祀的作用則在皇權的強化過程中重新得到體現。

第二節　從「祀天」看明代皇帝的勤政與疏懶

一、太祖定制與明前期皇帝的「親祀」

《漢書・五行志》曰：「國之大事，在祀與戎。」[2]「祀」與「戎」同為國家大事。奪取政權、維護統治，需要通過「戎」即軍事力量來實現；同時，

1　谷應泰：《明史紀事本末》卷 51《更定祀典》。

2　《漢書》卷 27 中之上《五行志中之上》。

又必須通過「祀」即敬天祭祖的儀式使其合法化。雖然隨着人們對「天」「人」關係認識的變化，祭祀在整個國家事務中的地位有所下降，但仍然是歷代君主不敢忽視的重大活動。[1]

明太祖雖然出身草莽，在制禮作樂、建章立制方面卻表現出比歷代開國君主更大的積極性。《明史．禮志序》說：「明太祖初定天下，他務未遑，首開禮、樂二局，廣徵耆儒，分曹究討。洪武元年（1368）命中書省暨翰林院、太常司定擬祀典，乃歷敍沿革之由，酌定郊社宗廟，議以進。」其中，圜丘祀天、方丘祀地、太廟祭祖宗、社稷壇祭五穀為國之「大祀」，皇帝均須「親祀」。在這些「大祀」中，又以祀天為第一大典。《大明集禮》開篇第一句話就是：「天子之禮，莫大於事天。」[2] 親自到場祀天，以表明自己合法身份的同時也向臣民展示自己的形象，在一定程度上反映出皇帝有「親政」的態度，也是對深居簡出的明朝歷代皇帝意志和信念的一種考驗。

洪武元年正月初四，明太祖「祀天地於南郊」，告知天地，大明皇朝就此建立。祝文說：

> 惟我中國人民之君，自宋運告終，帝命真人於沙漠，入中國為天下主。其君父子及孫百有餘年，今運亦終。其天下土地人民，豪傑分爭。惟臣，帝賜英賢，為臣之輔，遂戡定採石水寨蠻子海牙、

1 歐陽修將「祀」拓展為「禮樂」並將其作用無限誇大，《新唐書》卷 11《禮樂志一》云：「由三代而上，治出於一，而禮樂達於天下……宮室車輿以為居，衣裳冕弁以為服，尊爵俎豆以為器，金石絲竹以為樂，以適郊廟，以臨朝廷，以事神而治民。其歲時聚會以為朝覲、聘問，歡欣交接以為射鄉、食饗，合眾興事以為師田、學校，下至里閭田畝，吉凶哀樂，凡民之事，莫不一出於禮。由之以教其民為孝慈、友悌、忠信、仁義者，常不出於居處、動作、衣服、飲食之間。蓋其朝夕從事者，無非乎此也。此所謂治出於一，而禮樂達天下，使天下安習而行之，不知所以遷善遠罪而成俗也。及三代已亡，遭秦變古，後之有天下者……其朝夕從事，則以簿書、獄訟、兵食為急，曰：『此為政也，所以治民。』至於三代禮樂，具其名物而藏於有司，時出而用之郊廟、朝廷，曰：『此為禮也，所以教民。』此所謂治出於二，而禮樂為虛名。」

2 《大明集禮》卷 1《吉禮第一．祀天．總敍》。

> 方山陸寨陳野先、袁州歐普祥、江州陳友諒、潭州王忠信、新淦鄧克明、龍泉彭時中、荊州姜珏、濠州孫德崖、廬州左君弼、安豐劉福通、贛州熊天瑞、永新周安、萍鄉易華、平江王世明、沅州李勝、蘇州張士誠、慶元方國珍、沂州王宣、益都老保等，偃兵息民於田里。今地幅員二萬餘里，諸臣下皆曰：生民無主，必欲推尊帝號。臣不敢辭，是用以今年正月四日於鍾山之陽，設壇備儀，昭告上帝皇祇，定有天下之號曰「大明」，建元「洪武」。[1]

雖然只是個儀式，但只有通過這個儀式，大明皇朝才算是合理合法，才能被民眾及周邊的屬國鄰邦認可。而明太祖也就是在這個儀式上，「即皇帝位」。所謂禱告天地，其實就是宣告天下、告示萬民。建文四年（1402）六月，成祖進南京，準備直奔皇城宣告即位，卻被當時的翰林院編修楊榮擋住馬首：「殿下先謁陵乎，先即位乎？」[2] 急於做皇帝的朱棣被提醒，當即掉轉馬頭往謁太祖孝陵。此舉固然是做給人看，但只有這樣，才有利於緩和建文舊臣的對立情緒，獲得一些社會輿論的支持。

洪武元年二月，中書省丞相李善長及翰林院學士陶安等人奉明太祖之命，根據歷代祭祀制度，制定了明朝的「祀典」，提出天、地分祀的主張，分建「圜丘」「方丘」於南郊、北郊，作為天、地的祭所，冬至祀天於圜丘，夏至祭地於方丘。當年十一月初三是冬至日，明太祖親祀「昊天上帝」於圜丘。[3] 次年五月初十為夏至日，明太祖又親祀「皇地祇」於方丘。[4] 這是明朝皇帝按「祀典」分祀天地的開始。但行之不到十年。洪武十年十一月冬至日，本來是往圜丘祀天的時間，明太祖卻在奉天殿合祀天地。其祝文曰：

1　《明太祖實錄》卷 29，洪武元年正月乙亥。

2　《明史》卷 148《楊榮傳》。

3　《明太祖實錄》卷 36 上，洪武元年十一月庚子。

4　《明太祖實錄》卷 42，洪武二年五月癸卯。

> 禮以義起，貴乎情文兩盡。曩者建國之初，遵依古制，分祀天地於南北郊。周旋九年，於心未安。誠以人君者，父母天地，仰覆載生成之恩一也，及其嚴奉禋祀，則有南北之異。揆以人事，人子事親，曷敢異處？竊惟典禮，其分祀者，禮之文也；其合祀者，禮之情也。徒泥其文而情不安，不可謂禮。方改建祀殿，功未就緒。今朝堂適成，時當冬至，講合祀於殿廷。自今以春首合祀於南郊，永為定禮。[1]

說是「遵依古制」，但從李善長等人洪武元年二月關於「祀典」的上疏看，歷代祭祀天地或「分祀」或「合祀」，並無定規。[2] 前天後地、左祖右社，中規中矩，這種選擇是符合明太祖個性的。所以，當年決定天地分祀，應該是明太祖自己的意思。如今要改天地分祀為合祀，是否真像祝文所說，只是在「情」與「文」之間選擇了「情」，抑或隨着最高統治集團內部矛盾的激化而需要集中精力，尚不可知，但至少是有化繁為簡的想法。洪武十一年底，南郊大祀殿落成，遂「合祀天地於南郊」。[3]

此後，無論太祖、成祖或仁宗、宣宗，皆於正月上辛日（當然，也可以在上辛日的前後幾天，下文所說「上辛」日亦然）親祀天地於南郊。建文帝在位的四年，由於朱棣「靖難」兵起而幾無寧日，但在建文元年、二年、三年均親祀南郊。[4] 永樂間，成祖長年經營北京、用兵漠北，除了永樂八年（1410）、十二年、十三年、十四年、十六年、十七年、十八年由太子高熾代祀，其餘都是親祀，包括去世當年永樂二十二年。當然，自永樂

1 《明太祖實錄》卷 116，洪武十年十一月丁亥。

2 《明太祖實錄》卷 30，洪武元年二月壬寅。

3 自洪武十二年正月十一日（孟春）開始，合祀天地於南郊大祀殿，此後即為定制。成祖遷都北京後，也在正陽門外修大祀殿，合祀天地。嘉靖十年，恢復洪武初制，仍於兩至日分祀天地。（見《明史》卷 48《禮志二．吉禮二．郊祀》）另見《明世宗實錄》卷 132：嘉靖十年十一月初四（甲寅）為冬至日，世宗親祀圜丘，復郊祀分祭禮。

4 見《國榷》卷 12、《明史》卷 4《恭閔帝紀》。

十八年成祖遷都北京後，這個「南郊」便是北京的南郊即正陽門外了，合祀的地點，在正陽門外圜丘的大祀殿。

英宗九歲即位，宣德十年（1435）至正統三年（1438）由衛王瞻埏代祀，正統四年遣太師英國公張輔代祀。正統五年，英宗十四歲，開始親祀，至十四年，從無間斷。其後，因「土木之變」而做了皇帝的景帝、因奪門之變重新做皇帝的英宗，以及懶惰之憲宗、弱智之孝宗[1]，也無不在每年正月上辛日赴南郊祀天。[2]而且，從正統元年開始，在楊士奇等人的策劃下，形成了有關大祀的一套儀式：大祀前三日，皇帝和羣臣開始「致齋」；大祀南郊之後，皇帝先回宮謁皇太后，然後御奉天殿接受羣臣的慶成禮；大祀的第二天，設慶成宴款待羣臣及各國各族使節。[3]

即使兒戲如武宗，對於大祀天地的儀式，即位開始也是每次親臨。而且親祀之後，必回宮向皇太后問安，並御奉天殿接受羣臣行「慶成禮」。但是，在祀天問題上的不守規矩，也是從武宗開始的。正德十年（1515）正月初十，大祀結束後，武宗至「漏下二鼓」始還宮。[4]而十二年正月大祀後武宗的行為，更讓羣臣目瞪口呆。《明武宗實錄》載其行蹤：

1　按：弘治時代夾在成化、正德之間，前有萬貴妃、汪直與西廠，後有劉瑾、八虎及內行廠，加之成化帝的內向和正德帝的荒唐，故弘治帝被明人稱為「中興之主」。清人作《明史．孝宗紀》，其讚曰：「明有天下，傳世十六，太祖、成祖而外，可稱者仁宗、宣宗、孝宗而已。仁、宣之際，國勢初張，綱紀修立，淳樸未漓。至成化以來，號為太平無事，而晏安則易耽怠玩，富盛則漸啟驕奢。孝宗獨能恭儉有制，勤政愛民，兢兢於保泰持盈之道，用使朝序清寧，民物康阜。」並稱唯有孝宗知《易》所說的「無平不陂、無往不復、艱貞無咎」之道。但黃仁宇在《萬曆十五年》中則敏銳地看到，孝宗之為文臣所稱道，就是因為他比較願意聽文臣的擺佈。而實際上，孝宗不僅為文臣擺佈，更受內臣擺佈，從其種種行事來看，應該是個智商較低或者說是一個相對弱智的皇帝。關於這個問題，擬另文討論。

2　景泰八年即天順元年，景帝病篤，仍居南郊齋宮，只是讓武清侯石亨代為行禮。英宗則在天順八年正月因病讓會昌侯孫繼宗代為行禮。二人均於大祀之後的數天病逝。

3　《明英宗實錄》卷 13，正統元年正月丙子。

4　《明武宗實錄》卷 120，正德十年正月戊辰。

> 正德十二年正月己丑，大祀天地於南郊。禮甫畢，車駕遂幸南海子。黎明，文武諸大臣追從之。上方縱獵，門閉不得入。晡時傳旨，令諸大臣先還候於承天門。夜半，駕始入，御奉天殿，羣臣行慶成禮。明日，以獐麂麅兔分賜府部大臣、翰林五品以上及科道官。初，上時出微行，猶諱之。至是特宣諭外廷，無敢力爭者。旬日間再獵南海子。西北巡邊之行自此始矣。[1]

武宗的公然出行由此開始。正德十二年的下半年，武宗幾乎都在宣府、大同一帶活動，並親自和蒙古人打了一仗。正德十三年正月初六日，鴻臚寺請升殿誓戒文武羣臣致齋，但武宗這天剛從宣府趕回，進京後並不升殿，先是向迎候的大學士楊廷和等人炫耀：「朕在榆河親斬虜首一級。」而後即「馳馬由東華門入，宿於豹房」。當時北京大雨雪，文武羣臣迎駕者「僕馬相失，曳走泥淖中，衣盡沾濕，夜半後僅得入城」[2]。初十日大祀天地，武宗親臨，行禮之後並不進宮見太后，也不升殿接受羣臣的致賀，而是「復幸南海子」[3]。武宗這一次能夠從宣府匆匆趕回北京親祀天地，固然是因為羣臣的反覆陳請，但也說明武宗對天地還有敬畏之心，對皇帝這個稱號也還有一定的職能感。

正德十三年的一年中，武宗的大部分時間也是在宣府、大同、延綏一帶度過的。七月間，在邊關的皇帝讓司禮監太監回京向內閣大學士們「傳奉聖旨」，要求他們立即起草敕諭，內容是命「總督軍務威武大將軍總兵官朱壽統率六軍」巡邊，而這個「朱壽」，正是武宗給自己取的名字。[4]

正德十四年正月十二日甲辰日，是太常寺和欽天監選定的大祀日，但武宗還在太原並且早忘記了大祀的日子。所以當太常寺因為皇帝無法回京

---

1 《明武宗實錄》卷 145，正德十二年正月己丑。

2 《明武宗實錄》卷 158，正德十三年正月丙午。

3 《明武宗實錄》卷 158，正德十三年正月庚戌。

4 《明武宗實錄》卷 164，正德十三年七月己亥。

而提出「改卜郊」時，武宗隨意就改批為顯然不可能做到的「次日」。一個月後，武宗返京，這一年的大祀終於在二月十三日丁丑日進行。

自明朝開國以來，這是第二次大祀日的改期。第一次發生在洪武六年。當時天、地分祀，十一月丙寅冬至，是祀天的日子，但推遲到二十七日後的閏十一月壬午日進行，原因是太祖的「不豫」。而這一次的改期，卻是因為武宗在宣府、大同一帶廝混，全然沒將大祀當回事，國家大事已被視作兒戲。即使二月十三日的補祀，也是給文臣們一個面子而已。

正德十四年六月十四日，寧王在南昌起兵，七月二十六日兵敗被俘，卻給了一直就想去江南的武宗名正言順的理由。七月十三日，寧王起兵的準確消息傳到北京，八月二十二日武宗「御駕親征」。離京的第二天，王守仁平叛的捷報就到了北京並在第四天送到了涿州軍前，但武宗繼續率軍南下，並乾脆在南京長住。直到正德十五年閏八月十二日，武宗才率領船隊離開南京，返程一路招搖，經鎮江、揚州、臨清，沿運河北上，十月二十六日抵通州，十二月十六日才回到北京，上距離開北京的時間整整十七個月。

皇帝在南京，正德十五年正月的大祀天地便無法舉行。這是明朝立國以來前所未有的大事情。早在上年十月，大學士楊廷和等人就上疏提醒：「郊祀天地實朝廷第一大事。」[1] 敦促武宗返京，以免誤了大祀。正德十五年正月初四日，欽天監奏定初八日為大祀日，因武宗未歸而「改卜」二月，但二月武宗尚在南京。直至十二月二十三日，武宗才補祀天地，此時距應該大祀天地的時間將近晚了一年。即使這樣，這一次的祀天也成了未完成的告別儀式。《明武宗實錄》載：「大祀天地於南郊。初獻時，上拜，嘔血於地，不能終禮。遂扶歸齋宮。」[2] 半個月後，正德十六年正月初十日，是新一年的大祀日，因皇帝「不豫」而「改卜」。[3] 但武宗的病並沒有好轉，

1　《明武宗實錄》卷 179，正德十四年十月戊辰。

2　《明武宗實錄》卷 194，正德十五年十二月丁酉。

3　《明武宗實錄》卷 195，正德十六年正月癸亥。

於三月十四日病逝。

武宗是明朝第一位缺席大祀的皇帝。正德十四年是因為南下未歸，而返京後的「補祀」又未「終禮」。正德十五年則是因為病重而未行。雖然都有原因，但主要還是因為在他的意識中，已經沒有「大祀」這個概念了。

二、世宗改制與明後期勛臣的「代祭」

比起武宗，世宗應該說是一個辦事認真的人，而且，在即位後的相當長時間裏，可以說是十分勤政。從嘉靖元年（1522）至九年，世宗每年孟春照例大祀天地於南郊，從不偷懶。在「大禮議」中挫敗了楊廷和為首的正德舊臣之後，世宗更熱衷於改革禮制，其廟號之為「世」，很大程度上即由此而來。嘉靖九年，世宗改制的興趣放在了大祀天地上，命大學士張璁等考核古今以聞，且明示合祀天地不合古禮，欲恢復天地分祀。這個想法受到包括「議禮」功臣張璁等人在內的羣臣的反對。但世宗當時「銳意欲定四郊之制」，必行之而後快。雖然兩次卜於奉天殿太祖神位前的結果均「不吉」，但御史夏言關於行「親蠶禮」的建議重新激起世宗的決心，於是世宗力排眾議，在當年的十一月冬至日，恢復洪武初年天地分祀的制度。這一年及此後的嘉靖十年、十一年的冬至日，世宗都親自到南郊行禮。方丘祭地則另遣勛臣。十二年十一月冬至日世宗因染風寒，命成國公朱希忠代祀。這實在是一件很正常的事情，正如世宗自己所說：「然雖聖人，不能無疾。」[1] 況且十三、十四、十五、十七、十八年，世宗均親祀南郊。也可以說，從即位直到嘉靖十八年，世宗都是勤政的。

事情的變化發生在嘉靖十九年。從這一年開始到嘉靖四十五年去世，

1 《明世宗實錄》卷 156，嘉靖十二年十一月丙寅條載：輔臣張孚敬以冬至不得面賀，具疏問安。上報曰：「（冬）至日大祀不親，廟享不與，兩宮壽宴不行，君臣慶筵不舉，皆朕不自慎所致也。然雖聖人，不能無疾。方陽長陰消之時，朕心歡慶，仰賴天休，與卿等同之。」

共三十六個「冬至」日，世宗再也沒有出席過與上天進行對話的「郊祀」。十九、二十、二十一年說是「因疾」，二十二年則因剛剛發生宮女謀殺的「宮闈之變」。從下年開始，便不再說缺席理由了，郊祀均由成國公朱希忠「恭代」。所以《實錄》在記載其第一次也就是嘉靖十二年因病讓勛臣代祀時指出：「大祀南郊遣代自此始。」[1] 雖然這個說法是事實，但嘉靖十二年之事是一個偶然事件。實際上從嘉靖十九年開始，或者說嘉靖二十二年開始，大祀南郊才真正是「遣代」。而這也恰恰是嘉靖朝政治的分界線，從此，世宗開始由「勤政」轉向「疏懶」，嚴格地說，是由熱衷朝政轉向熱衷齋醮。

在明代皇帝中，穆宗對文官的尊重和言聽計從甚至超過孝宗。即以祭祀而言，穆宗從隆慶元年（1567）到四年，四個冬至日都「親祀天於圜丘」；隆慶二年、三年，又兩次「親祀地於方澤」。特別是親祀方丘，這是堅持恢復天地分祀的世宗也沒有做到的。因為身體原因，隆慶四年五月祀地由朱希忠代行，隆慶五年十一月祀天由英國公張溶代行。為此，給事中張國彥等人上疏警告說：「今聖體違和，誠當頤養。但禮莫嚴於祭天，不宜委之臣下。況祠官奏請在數日之前，皇上第凝神齋戒，可保康寧。若遽先命代，恐中外聞者疑陛下之懈心從此生也。」[2] 半年之後穆宗去世，可見並非因「懈心」，而是力不從心。

神宗和英宗一樣，也是九歲即位。萬曆元年（1573）、二年冬至，神宗命英國公張溶代祀天於圜丘，但萬曆三年親祀，比英宗早了兩年。四年、五年又由張溶代祀，六年親祀。此後，郊祀不再親行，均由公、侯、駙馬代祀。

神宗的這一舉動受到言官們的持續抨擊。其中雲南道御史區大倫之疏具有代表性：

1　《明世宗實錄》卷 156，嘉靖十二年十一月壬戌。

2　《明穆宗實錄》卷 63，隆慶五年十一月甲申。

> 天者百神之主，王者所從受命。郊之祭也，王者所以致其精之德以上交於天，享必躬親，故謂之「郊」。郊而遣代，則精誠隔塞，天與人不交，而非郊矣。……乃冬至大祀，復遣公徐文璧恭代。臣不知其可矣。臣聞之：郊則報本而反始，仁之至也；郊則尊祖以配天，孝之至也。禮稱：唯聖人為能饗帝，此豈臣工之任耶？禮曰：神不歆非類。王者為天之子，氣相合而心相通，故郊焉。……今以臣子而攝天子之祭，於氣為非類，於心不相貫矣。王者祀天之道，唯儀與誠，遣官恭代，儀則具矣，誠於何有？[1]

這番言論的措詞雖然委婉，卻暗含機鋒。自稱「天子」的皇帝，應該對「天」盡孝。否則，如何要求「子民」效忠「君父」？此其一。其二，郊祀又不僅僅表示對「天」的禮儀上的尊重，更表現「天子」內心的「仁」和「孝」。也就是說，如果連祀天這樣重大的事情都不做，皇帝也就缺乏基本的為人子、為人父的品質，其皇位的合法性也就值得懷疑。同時，也違背了太祖高皇帝「天子之禮，莫大於事天」的祖訓，其作為高皇帝子孫的資格亦可被質疑。

若就事論事，世宗在嘉靖十九年之後不再親祀，神宗在位四十八年僅親祀兩次；即以前十年論，以太皇太后的深明事理及張居正、馮保等人對少年皇帝的督促和激勵，竟然也能容忍。張居正在萬曆三年冬至前神宗即將初祀南郊時所上的一道題本，卻是在提前為神宗的不親行祀天尋找理由：

> 恭遇皇上肇舉郊禋大典，臣等謹輯《郊禮新舊圖考》進呈。舊禮者，太祖高皇帝所定；新禮者，世宗肅皇帝所定也。按天地之祭，自周以來，或分或合，其禮不一，然大率合祭者為多。國朝自洪武以後，一向合祭。嘉靖年間，始建分祭之制。然議者咸以合祀為

1 《明神宗實錄》卷 292，萬曆二十三年十二月辛丑。

> 便。……夫禮因時宜，本乎人情者也。高皇帝初制，郊禮分祀者十年矣，而竟定於合祀者，良以古今異，宜適時為順。故舉以歲首，人之始也；卜以春初，時之和也；歲惟一出，事之便也；為屋而祭，情之安也。百六十餘年，列聖相承，莫之或易者，豈非其至當允協，經久而可守乎？今以冬至極寒，而裸獻於星露之下；夏至盛暑，而駿奔於炎歊之中。一歲之間，六飛再駕，以時以義，斯為戾矣。……故世宗雖分圜方之制。而中世之後，竟不親行。雖肇舉大享之禮，而歲時禋祀，止於內殿。是斯禮之在當時，固已窒礙而難行矣，況後世乎。[1]

就郊祀的問題，張居正站在當事人的立場上指出了一個言官們從來不考慮或者不以為意的問題。那就是，相對於南京來說，北京的冬天更加寒冷。而相對於天氣回暖的正月上辛日前後在祭殿之內大祀天地，十一月冬至日在露天的圜丘壇上祀天的艱苦性不可同日而語。世宗一生，前期熱衷於與朝臣公開討論改制，中後期則熱衷於齋醮禳禱，改天地合祀為天地分祀，正是這兩個方面相結合的產物。以世宗的虛弱身體及從嘉靖十三年開始就稀於上朝，卻還能夠連續多年在「冬至極寒」之時，「裸獻於星露之下」，不能不說是靠着精神力量的支撐，其中不免有顧全面子的因素。所以張居正認為，鑒於祀天的天氣條件，要求皇帝次次親行郊祀的主張「斯為戾矣」，並以世宗的「中世之後，竟不親行」為參照和依據，為少年萬曆皇帝找到了不親自郊祀的理由：「斯禮之在當時，固已窒礙而難行矣，況後世乎？」

不管張居正及其他內閣輔臣如何體諒皇帝，作為「天子」而不親行祀天，無論如何說不過去。以武宗的荒唐和穆宗的孱弱，尚且能夠勉強親行「祀天」大典。即使天啟年間魏忠賢當道，熹宗也在短短的七年裏祀了兩次天（天啟元年、三年）、祭了三次地（天啟元年、五年、六年）。而在張居

1　《明神宗實錄》卷 44，萬曆三年十一月丁酉。

正輔政的十年裏，神宗只有兩次祀天、兩次祭地。可以說，神宗此後的我行我素，很大程度上是輔臣的縱容而造成的。或許以張居正為首的輔臣們和許多務實的政治家一樣，已將祀天視為「虛文」，視為可有可無的累贅。但某些儀式或形式其實又是規矩，是規範人們行為和心理的底線。家庭的協調、政權的鞏固、社會的穩定，恰恰需要大量看上去可有可無的形式上的事情，這些事情恰恰又是不可或缺的。「祀天」即是。

《明史．神宗本紀讚》云：「論者謂明之亡，實亡於神宗。」豈止是因為萬曆年間的內憂外患，即就不親行祀天而言，也是亡國之君的徵兆。而張居正死後即被抄家，其過於急功近利、重視實務而不以「禮義」輔君、不教幼君重禮儀講規矩恐怕也是重要的原因。

第三節　明代皇帝的「視朝」「面議」與「批答」

一、「事必躬親」：洪武、天順間的「視朝」與「面議」

「祀天」已如上述，而在視朝上，同樣可以看出明代皇帝由親政到疏懶、由「事必躬親」到「垂拱而治」的轉變。

祀天的辛苦，在於置身寒冬的風雪之中，但每年畢竟只有一次，而視朝卻是每天的必修課。按明制，除了發生重大變故而免朝，皇帝每日都得上早朝，接受文武羣臣的朝賀，並現場裁決各衙門所奏事務。早朝的時間，明太祖說「夙興視朝」[1]，成祖則是「四鼓以興」[2]。弘治時大學士徐溥在奏疏中批評孝宗視朝過晚：「人君視朝，必以昧爽為節，古今常理。蓋平旦之時，志慮清明，氣象嚴肅，行政出令，恆必於斯。臣等屢以早朝為言，

1　《明太祖實錄》卷 173，洪武十八年五月戊寅。

2　《明太宗實錄》卷 50，永樂四年正月丙辰。

輒蒙聖明俯垂採納。切見數月以來，視朝漸遲，多至日出。」[1] 所謂「夙興」「昧爽」，均指黎明時分。《孔子家語·五儀》：「昧爽夙興，正其衣冠。」即此之謂。所謂「待漏五更」，亦即此意。當然，季節不同，早朝的時間也是機動的，春夏季稍早而冬季稍遲，夏至當在五點半左右，冬至則在六點半左右，但決不能在日出之後早朝。

洪武二十四年（1391）和二十九年，曾兩次規定各衙門視朝時的奏事次序。《明太祖實錄》載：

> （洪武二十四年十月乙卯）詔公侯早朝於華蓋殿叩頭畢，退於中右門伺候。次五府、六部、都察院、通政司、大理寺、斷事官奏事，畢，亦退於中左門候齊侍班。其餘各衙門依次入奏畢，應侍班者依品級序立。[2]
>
> （洪武二十九年十月丁酉），詔定各司奏事次第。禮部會議：凡奏事，一都督府、次十二衛、次通政使司、次刑部、次都察院、次監察御史、次斷事官、次吏戶禮兵工五部、次應天府、次兵馬指揮司、次太常司、次欽天監。若太常司奏祀事，則當在各司之先。每朝，上御奉天門，百官叩頭畢，分班序立，儀禮司依次贊：某衙門奏事，奏畢復入班，候各司奏畢俱退。若上御殿，奏事官升殿，以次奏畢先退，其不升殿者俱於中左中右門外兩廊伺候。奏事官出，則皆出。若於文華殿啟事，則詹事府在先，餘次第並同前。凡晚朝，唯通政使司、六科給事中、守衛官奏事，其各衙門有軍情重事者許奏，餘皆不許。詔從之。[3]

從這兩條記載看，視朝無論是對皇帝還是對百官，均十分辛苦，且不論太

1 《明孝宗實錄》卷 101，弘治八年六月丁丑。

2 《明太祖實錄》卷 213，洪武二十四年十月乙卯。

3 《明太祖實錄》卷 247，洪武二十九年十月丁酉。

祖、成祖時早朝之外還有午朝或晚朝。即以早朝論，上朝時間之早對於每個京官來說都是考驗。每天黎明上朝，風和日暖時尚可，風雨交加更覺五更之寒。皇帝耽誤了上朝的時間，要受到言官的批評；臣子沒有趕上早朝，要受到朝儀官的彈劾。其次是上朝時間之長。五府奏事，六部九卿奏事，十二衛兵馬司奏事，言官斷事官奏事，太常寺欽天監奏事。各上朝官員不奏事或奏事畢，也必須等待朝退。值班衛士更須上朝之前清場，他們和官員一樣佇立於廊階，風吹日曬雨淋之苦自不堪言。皇帝雖無風雨之苦，卻須自始至終御朝、精神飽滿地處理各衙門上奏事務。太祖、成祖固然是勵精圖治，但到晚年都顯示出一定程度的疲憊。《明太祖實錄》記載了洪武十八年太祖與侍臣的一段對白：

> 上謂侍臣曰：「朕夙興視朝，日高始退，至午復出，迨暮乃罷。日間所決事務，恆默坐審思，有未當者，雖中夜不寐。籌慮得當，然後就寢。」侍臣對曰：「陛下勵精圖治，天下蒼生之福。但聖體過勞。」上曰：「吾豈好勞而惡安？向者天下未寧，吾飢不暇食、倦不暇寢，獎勵將帥、平定禍亂。今天下已安，四方無事，高居宴樂，亦豈不可？顧自古國家未有不以勤而興以怠而衰者，天命去留，人心向背，皆決於是。甚可畏也。安敢暇逸？」[1]

《明太宗實錄》則記載永樂四年成祖和侍臣的一段對白：

> 上御右順門晚朝，百官奏事畢，皆趨出。上召六部尚書及近臣諭曰：「……朕每旦四鼓以興，衣冠靜坐。是時神清氣爽，則思四方之事、緩急之宜，必得其當，然後出付所司行之。朝退未嘗輒入宮中，閒取四方奏牘，一一省覽，其有邊報及水旱等事，即付所司施行。宮中事亦多，須俟外朝事畢，方與處置。閒暇則取經史覽

1 《明太祖實錄》卷 173，洪武十八年五月戊寅。

閱，未嘗敢自暇逸，誠慮天下之大，庶務之殷，豈可須臾怠惰？一怠惰即百廢弛矣。卿等宜體朕此意，相與勤勵，無厭斁也。自今凡有事當商略者，皆於晚朝來，庶得盡委曲。」[1]

這類文字在洪武、永樂朝可說是連篇累牘，一方面可以看出皇帝對國家事務「勵精圖治」的態度，另一方面也可以看出其絲毫不敢懈怠、「如履薄冰」的無奈。這種狀況在國家肇始之時是不難理解的，在國家承平之際卻難以維持。懈怠往往是在合情合理之中產生的。正如太祖所說，如果沒有壓力，誰又願意「好勞而惡安」？

永樂七年（1409）十月，成祖在北京對「行在」禮部尚書趙羾說：「北京冬氣嚴凝，羣臣早朝奏事，久立不堪。今後朝見畢，欲於右順門內便殿奏事，爾於羣臣斟酌可否。」這當然是羣臣求之不得的恩典。趙羾遂與戶部尚書夏原吉、內閣學士胡廣等「議奏」：除朔望御奉天殿接受朝賀之外，每日常朝，皇帝在奉天門接受百官叩頭禮後，即御右順門內使（便）殿，百官有事奏者以次為奏，無事者退治職務。[2] 這個改革可以說是具有積極意義的，一方面它縮短了部分官員早朝的時間，不需要奏事的官員可以回各自衙門處理「庶務」，另一方面也使得皇帝有充沛的精力和寬裕的時間與重臣一起討論國家的大政方略。但是，早朝也因此由皇帝親自處理政務的重要方式開始轉變為「虛應故事」的官樣文章。實質性的議事時間和地點由早朝時在奉天殿、華蓋殿或奉天門，轉為早朝後在右順門便殿。當然，在永樂時期，乃至此後的洪熙、宣德時期，右順門便殿的議事仍然屬視朝的一部分。因為無論是成祖還是仁宗、宣宗，早朝之後均接見奏事官員，並與侍臣討論國家事務。

事情在正統初發生了變化。永樂時皇帝體諒羣臣，英宗即位後輔臣也體諒少年皇帝。王錡《寓圃雜記》記載了這件事情：

1　《明太宗實錄》卷 50，永樂四年正月丙辰。

2　《明太宗實錄》卷 97，永樂七年十月乙卯。

> 自太祖、太宗列聖臨朝，每至日昃，食不遑暇，惟欲達四聰，以來天下之言。英宗以幼沖即位，三閣老楊榮等慮聖體易倦，因創權制：每一早朝，止許言事八件，前一日先以副封詣閣下，豫以各事處分陳上。遇奏，止依所陳傳旨而已。英宗既壯，三臣繼卒，無人敢言復祖宗之舊者，迄今遂為定制。[1]

這條記載後來得到了穆宗君臣的認可，《明穆宗實錄》載：

> 隆慶元年（1567）正月辛酉，吏科都給事中胡應嘉等言：「祖宗朝軍國大政皆躬臨臣下處斷。自英宗皇帝以沖年即位，輔臣偶從權宜，創為早朝奏事之例，遂相沿不改。然所奏者惟常行數條，先期擬答承旨即退，具文而已。」[2]

胡應嘉所說的「早朝奏事之例」，即王錡所說的三楊等人因為英宗年幼而作出的限制早朝奏事量的權宜之計。但這個權宜之計後來竟然成了「常例」。也就是說，早朝時只是象徵性地由有關衙門說幾件早就準備好的事情，而真正的議事，是早朝之後的「面議」。成年以後的英宗，無論是在「土木之變」以前還是在「奪門之變」以後，以及監國並即位的景泰帝，都是勤於在早朝之後與大臣「面議」的。從當時的有關記載看，他們和大臣們既面議軍國大計，也討論祖宗法度和聖賢道理。而于謙在景泰時能有「再造之功」、李賢在天順時能復興內閣並被《明史》讚為「偉哉宰相才」，除去本人的人格和才識，就因為有時時與皇帝「面議」的機會。李賢《天順日錄》說：「上躬理政務，凡天下奏章，一一親決，有難決者必召賢商議可否。」是可以相信的。

從永樂七年十一月改革早朝，到天順八年（1464）正月英宗去世，早

---

1 王錡：《寓圃雜記》卷 1《早朝奏事》。

2 《明穆宗實錄》卷 2，隆慶元年正月辛酉。

朝及早朝之後的面議是兩個不可分割的環節，或者說，面議仍為視朝的一部分。而將二者割裂、將早朝改革的積極意義轉化為皇帝懈怠理由的，是憲宗成化帝。

二、「君門萬里」：成化以後「視朝」之為虛文

成化帝並不是不講規矩的皇帝，每年孟春的大祀天地，他每次都親自祭祀。而且，從天順八年（1464）正月即位至成化二十三年（1487）八月去世，只要不是特殊原因，他也是每天視朝的。但是，視朝被改造成為一種按例走過場而不具有實際意義的儀式，正是從成化開始。

從王錡所說的三楊創「權制」到胡應嘉所說「早朝奏事之例」的形成，從有關憲宗的兩條互相矛盾的記載也可以看出。沈德符《萬曆野獲編》記：「憲宗皇帝玉音微吃，而臨朝宣旨，則琅琅如貫珠。」[1] 陸容《菽園雜記》則記：「常朝，諸司奏事御前，事當准行者，上以『是』字答之。成化十六七年間，上病舌澀，每答『是』字苦之。」後來一位名叫施純彥的鴻臚寺卿獻上「照例」二字，才解除了憲宗的窘境，施純彥也因此由寺卿而侍郎、而尚書，並有「二字尚書」的雅號。[2] 一邊說雖然口吃，但臨朝宣旨可朗朗上口；一邊說即便一個「是」字，回答起來都感覺痛苦。口吃者要將事情說得朗朗上口，必須事前有準備，而且答的時候儘可能地簡潔。憲宗視朝時用「貫珠」般的「是」字或「照例」回答，說明正統時所定每日早朝只言八事（這或許是概數，六事七事也無妨）、事前由內閣擬好處置意見、皇帝臨朝只需說「是」、幾件事情說完即散朝的「權制」已成慣例。這個慣例一形成，皇帝更可以輕鬆愉快地應付視朝了。更為嚴重的是，視朝後的面議從此取消，視朝也徹底由實事變為虛文了。

《明史．萬安傳》記載了一件在成化年間廣為流傳的事情：

1　沈德符：《萬曆野獲編》卷1《列朝．君相異稟》。

2　陸容：《菽園雜記》卷6。

> （成化）七年冬，彗見天田，犯太微。廷臣多言君臣否隔，宜時召大臣議政。大學士彭時、商輅力請。司禮中官乃約以御殿日召對，且曰：「初見，情未洽，勿多言，姑俟他日。」將入，復約如初。比見，時言天變可畏，帝曰：「已知，卿等宜盡心。」時又言：「昨御史有疏，請減京官俸薪，武臣不免觖望，乞如舊便。」帝可之。安遂頓首呼萬歲，欲出。時、輅不得已，皆叩頭退。中官戲朝士曰：「若輩嘗言不召見。及見，止知呼萬歲耳。」一時傳笑，謂之「萬歲閣老」。帝自是不復召見大臣矣。

這就是著名的「萬歲閣老」故事的由來。

趙翼《陔餘叢考》在言及成化末萬安勸阻尹直面議要求時說：「自七年召見時、輅後，至此十五六年，未嘗與羣臣相見也。」[1] 這些記載固然是事實，卻容易造成錯覺，以為憲宗不召見大臣、不面議政事是從成化七年才開始的。其實即位之初便如此。天生口吃，又幼年多艱，造成了憲宗心理上的自卑和對萬貴妃的依賴，而李賢為內閣首輔，牛玉掌司禮監，二人配合默契，故憲宗在視朝之後是否面議並不妨礙君臣的溝通和政事的處理。[2] 成化四年彭時為首輔，其權威固遠不如李賢，又是謙謙君子；次輔商輅，是有明一朝唯一的「三元」（解元、會元、狀元）進士，會讀書、習禮儀，但也是個沒有歷事經驗的書生；同在內閣的還有一位萬安，雖然與彭、商和睦相處，卻通過裙帶關係交通萬貴妃，遇事先為自己打算。這樣一來，內閣的力量大打折扣，憲宗與外廷的溝通，全由司禮監和文書房。內閣所言之事，「或留中，或下所司，多阻隔」[3]。彭時遂悒悒不得志，屢屢請求憲宗召見面議，其於成化七年十二月十三日疏云：「自古賢君及我祖宗列聖，

---

1 趙翼：《陔餘叢考》卷 18《有明中葉天子不見羣臣》。

2 關於這方面的情況，參見方志遠《（明）成化皇帝大傳》第六章《朝臣的勸諫與紛爭》（第 199—252 頁）、第八章《偏信僧道求長生》（第 292—329 頁），瀋陽：遼寧教育出版社，1994 年。

3 《明史》卷 176《彭時傳》。

未有不接大臣議論政事者。君臣情通，政是以和，今皇上視朝即退，不一接大臣，天下軍民利病何由盡知？伏望皇上日御便殿，召文武大臣忠直有職者，面議政事而可否之，則聽覽日熟而治道成矣。」[1] 可見，憲宗在視朝之後不召大臣面議，已非一朝一夕。十六日，彭時等再次請求面議，遂有十七日退朝後的「萬歲閣老」事件。

成化朝不但有「萬歲閣老」的傳聞，又有傳奉官的鬧劇[2]，還有汪直與西廠的折騰[3]，而孝宗弘治帝則因為偶爾召見了幾次大臣，又比較有耐心地聽大學士們的「嘮叨」，因而博得了「弘治中興」的美譽。孝宗不僅每年親祀天地，還幾乎每日視朝。不但有早朝，而且時常有午朝，其大小經筵在明代的皇帝中也是堅持得比較好的。但這些與憲宗成化時期並沒有太大的實質性區別，反而在視朝的問題上，還頗有不如。所以歷任吏、兵二部尚書的馬文升甚至要求孝宗效法憲宗：「我太祖高皇帝以至憲宗純皇帝，俱昧爽視朝，早朝後，日每二次裁決在京各衙門並天下一應章奏，或有大政事，復召大臣面議而行。此我朝列聖之定規也。」[4]「昧爽視朝」是事實，但說憲宗也時常召大臣面議政事，無疑是糊弄無知的孝宗。

從弘治十五年（1502）八月內閣大學士劉健等人的上疏，可以看出弘治時視朝的一般情況：

> 竊聞天下之事，未有不以勤勵而興，亦未有不以懈怠而廢……恭惟陛下聰明仁厚，聖質天成，即位之初，百度一新，遠近歡戴，誠大有為之君也。邇來勤勵之志漸異於前，每日早朝不過數刻，而起鼓或至日高。宮中奏事止得一次，而散本或至昏黑。侍衛接本之人，筋力疲憊，不得休息；百司庶府之事，文書壅滯，不得施行。

1　《明憲宗實錄》卷 99，成化七年十二月庚辰。

2　參見方志遠《「傳奉官」與明成化時代》，《歷史研究》2007 年第 1 期。

3　參見方志遠：《（明）成化皇帝大傳》第七章《宦官的參政與營私》（第 253—291 頁）。

4　馬文升：《端肅奏議》卷 1《法乾健以勤聖政事》。

一事之決，動逾旬月；一令之出，隨輒廢弛。羣寮玩習視為例。如此而欲久安長治保無禍亂，恐亦難矣。[1]

劉健等人指出了孝宗朝的三大問題：一是上朝的時間太晚而且視朝的時間又太短，二是文書批答不及時致使諸事壅滯，三是上下懶惰並習以為常。當然，劉健等人的這道奏疏，也容易使後人產生誤解，以為這類情況只發生在弘治朝的後期。而事實上，這類意見言官和內閣一直在提，最早的記載出現在弘治元年閏正月也就是孝宗即位後的不到半年。當時有位名叫楊守陳的吏部侍郎出於致君堯舜的拳拳之心，對孝宗提出了殷切期望，從中可窺見弘治初政的真實情況，疏云：

孟子曰：我非堯舜之道不敢以陳於王前。夫堯舜之道一也。精一執中，堯舜之得於內者深；詢岳達聰，堯舜之資於外者博。陛下儼然端拱，朗誦經書，未嘗降一睿問；儒臣亦肅然進退，略陳訓詁，未嘗進一詳說。則理欲危微之辯何由而明，知行精一之功何由而盡？臣恐得於內者未如堯舜之深也。今陛下朝時之所接見者，惟大臣之風儀，至於君子小人之情狀、小官遠臣之才貌，何由識之？退朝之所閱覽者，惟百官之題奏，至於諸司之條例、羣臣之情弊，何由見之？宮中之聽信者，惟內臣之詞說，至於千官百職之正論、六軍萬姓之煩言，何由聞之？臣恐資於外者未如堯舜之博也。……近日講、視朝虛應故事，凡百章奏，皆付內監條旨批答，則未有本不立而末能茂、綱不舉而目能張者也。[2]

從這段奏疏看，孝宗弘治帝不僅繼承了其父憲宗成化帝的帝位，還繼承了其父的作風，對於視朝、日講可謂一絲不苟，正如陳洪謨《治世餘聞》（卷

1 《明孝宗實錄》卷 190，弘治十五年八月己巳。

2 《明孝宗實錄》卷 10，弘治元年閏正月庚子。

2）所言：「上無日不視朝。」但視朝歸視朝，日講歸日講，孝宗「儼然端拱」，「未嘗降一睿問」，並不與大臣交接一語，故視朝、日講均是「虛應故事」。而且，諸司奏疏的批答，也都交給了司禮監代勞。孝宗比其父憲宗表現更好或者說更缺乏個性的是，對臣下提出的意見，常常表示「嘉納之」。此外，在弘治十年，孝宗曾於早朝後御文華殿，召見內閣大學士徐溥、劉健、謝遷，面議諸事，賜茶而退。《明孝宗實錄》記載了當時的情形：

> 弘治十年三月甲子（二十二日），經筵畢，上遣太監韋泰至內閣，召大學士徐溥、劉健、李東陽、謝遷至文華殿御榻前。上出各衙門題奏本曰：「與先生輩商量。」溥等每本議定批辭，乃錄於片紙以進。上覽畢，親批本面，或更定三二字，或刪去一二句，皆應手疾書，略無疑滯。有山西巡撫官本，上曰：「此欲提問一副總兵，何如？」溥等對曰：「此事輕，副總兵恐不必提，止提都指揮以下三人可也。」上曰：「然。邊情事重，小官亦不可不提耳。」又禮部本擬「是」字。上曰：「天下事亦大，還看本內事情。」因取本閱之，則曰：「是，只須一是字足矣。」又一本，健奏曰：「此本事多，臣等將下細看擬奏。」上曰：「就此商量豈不好？」既又指餘本曰：「此皆常事，不過該衙門知道耳。」因命左右賜茶而退。蓋自即位以來，宣召顧問，實自此始云。[1]

這種事情在洪熙、宣德間乃至英宗天順間可以說再平常不過，但自成化七年憲宗召見彭時、商輅、萬安之後，這是明朝皇帝第一次召見大臣，故被視為盛事。雖然《實錄》說孝宗宣召顧問「實自此始」，而事實上，直到弘治十七年八月以後，孝宗才又在早朝後召見了幾次大臣，所謂「平台召對」即是。這幾次召對對孝宗的蓋棺定論起了十分重要的作用。《實錄》

1　《明孝宗實錄》卷 123，弘治十年三月甲子。

記：「自是每有政務，時召諸大臣面諭，因事論事，從容詳悉，動數十百言，不能悉記。蒙延接者，皆感激奮勵。宣召之際，下至羣臣百執事，莫不傾耳注目，以為一代之盛典云。」[1] 後來的大臣們也將此說事，以勉勵偷懶的皇帝。楊一清在嘉靖時上疏，宣講孝宗的勤政：「孝宗皇帝弘治十三年以後，時召大學士劉健、李東陽、謝遷，並尚書馬文升、劉大夏，都御史戴珊等諮訪政務，面賜裁決。昌大休明之氣象，至今思之。」[2] 王世貞也在隆慶時上疏，重彈楊一清的老調，甚至將孝宗比配太祖：「臣竊惟我祖宗功莫盛於太祖高皇帝，德莫盛於孝宗敬皇帝。…… 孝宗皇帝簡素恬穆，後宮無偏私聲豔之寵；節儉敦謹，後乘無狗馬趫肥之嗜。御極十八年，貢獻裁損殆盡。行幸稀簡，昧爽視朝，退御經筵，諮詢治道。暇則召大學士劉健、李東陽、謝遷，尚書劉大夏、都御史戴珊等，相與講析政要，較求畫一，以故聖聰日啟，萬幾益練。」[3]

可見，隨着皇帝與大臣日漸疏遠，文官們對皇帝的要求也越來越低，即使是大學士，只要能夠和皇帝見一兩次面、被皇帝問一兩句話，就已經是莫大的榮譽，而對於國家，則是莫大的盛典。但是，明代皇帝比較守規矩的「視朝」與偶爾在視朝或經筵之後與大臣的「面議」，也由孝宗宣告謝幕。此後的武宗正德皇帝是個閒不住的頑童，他寧願在豹房和御馬監的勇士們角力鬥狠，寧願到居庸關外與蒙古人打架，寧願去大同、臨清尋花問柳，也不願待在紫禁城與大學士們坐而論道。武宗繼位後的一年，即正德元年（1506）六月，大學士劉健、李東陽、謝遷三人上言：

> 近日以來，視朝太遲、免朝太多、奏事漸晚、遊戲漸廣。茲當長夏盛暑之時，經延日講，俱各停止，臣等愚昧，不知陛下宮中何以消日？奢靡玩戲，濫賞妄費，非所以崇儉德；彈射釣獵，殺生害

---

1 《明孝宗實錄》卷 215，弘治十七年八月丁亥。

2 楊一清：《關中奏議》卷 18《提督類・獻愚忠以答聖眷事》。

3 王世貞：《弇州四部稿》卷 106《應詔陳言疏（隆慶二年）》。

物，非所以養仁心；鷹犬狐兔，田野之畜，不可育於朝廷；弓矢甲胄，戰鬥不祥之象，不可施於宮禁。[1]

這段文字的描述，大抵上概括了武宗繼位一年來的所作所為，而此後的正德皇帝，也沿着這個方向走完他的人生歷程和皇帝生涯。「視朝」「面議」「批答」基本上排除在他的思考和行為之外，國家事務的處理，也完全是司禮監和內閣的事情。對於大學士們的批評，他開始尚用「帝王不能無過，而貴於改過」[2] 進行搪塞，後來根本不置一詞。

陳洪謨《繼世紀聞》（卷 5）記載了一則很有趣的故事：寧王宸濠一面忙於籌劃兵變，並通過寵臣錢功的關係擴大特權；一面脅迫江西巡撫孫燧、巡按王金上奏其種種「善跡」，特別是稱其孝稱其勤。太監張忠與錢功有隙，遂密奏於武宗：「朱寧（按：錢功賜姓朱）與臧賢交通寧王，謀為不軌。爺爺不知乎？奏內稱王孝，譏爺爺不孝也。稱王早朝勤，譏爺爺不朝也。」可見武宗的不視朝、不親政已是天下皆知。

三、「垂拱而治」：世宗的「乾綱獨攬」與神宗的「玩世不恭」

與武宗不同，世宗由外藩入繼大統，一開始便表現出親政的熱情和姿態。正因為如此，引來了不少批評。

嘉靖元年（1522）三月，都察院向司禮監發出揭帖，提取無良宦官吳善良。司禮監欲庇護善良而將揭帖呈於世宗，世宗竟在都察院的揭帖上加「浮帖」書寫「聖旨」：「吳善良等照前旨，免提問，由司禮監奏請發落。」並將這一「浮帖」連同都察院的原帖一併發至刑科。這引起刑科給事中劉世揚的批評：「臣等竊惟祖宗之制，凡旨意批於題奏本或登聞鼓狀，發六科

1　《明武宗實錄》卷 14，正德元年六月庚午。

2　《明武宗實錄》卷 14，正德元年六月庚午條記：大學士劉健、李東陽、謝遷因災變批評皇帝「視朝太遲、免朝太多、奏事漸晚、遊戲漸廣」，即位不久的武宗十分虛心地表示：「朕聞帝王不能無過，而貴於改過。覽卿等所言，具見忠愛之誠。朕當從而行之。」

抄行；凡重大事理傳奉旨意，各衙門必補具奏本，於早朝面進。此外未有硃寫旨意出承天門外者，所以重敕旨防詐偽也。今累批浮帖，徑從中出，六科不得抄行，諸司無從補本，輕褻綸音，更張舊制，此失政之最大也。伏望鑒成憲、重命令，今後旨意，俱遵祖宗舊制。」[1] 批答奏章本來是皇帝的本分，太祖太宗時皆如此，而清代康、雍、乾諸帝更是勤於批閱。但明朝自正統以後，批答奏章反成了內閣和司禮監的事情，因此才有嘉靖初給事中鄧繼曾因世宗不經內閣票擬自行批答的上疏：「祖宗以來，凡有批答，必下內閣擬議而行。頃者中旨，事不考經，文不會理，或左右羣小竊權希寵，以至於此。」[2] 皇帝的親政竟然遭到批評。

世宗不僅執意批答奏章，從嘉靖元年至十一年，每年的大祀南郊也都躬行，而且幾乎無日不視朝，對於早朝遲到或缺席的官員則予以嚴懲。

宣德六年（1431）六月初八日發生一件事情。當日，行在鴻臚寺奏：「早朝文武官不至者五百餘人，請治其罪。」宣宗命失朝二三次者罰俸五月，一次者不問。[3] 處理得如此之輕，令人驚訝，既說明早朝不至在當時已經相當普遍，也說明朝廷上下的懶散作風正在形成。但嘉靖前期對此類事情的處理極其嚴厲。嘉靖九年十二月初九日早朝，不至者近三百人。《實錄》記載當時的情形：「上怒，下法司議。已而刑部請量加罰治，上以為曲護，命從實分別：三次者法司逮問，餘奪俸祿有差，患病者查明以聞。」[4] 嘉靖十一年十二月初七日，早朝不至者三百餘人，「各奪祿俸有差」[5]。嘉靖十二年七月初三日早朝，因朝參官少，而侍班御史柯喬、李鳳翱，序班陳進德、董效義不行糾奏，「命錦衣衛執送鎮撫司杖之」[6]。嘉靖十三年八月

1 《明世宗實錄》卷 12，嘉靖元年三月辛未。

2 《明世宗實錄》卷 36，嘉靖三年二月丁酉。

3 《明宣宗實錄》卷 80，宣德六年六月庚子。

4 《明世宗實錄》卷 120，嘉靖九年十二月乙丑。

5 《明世宗實錄》卷 145，嘉靖十一年十二月庚辰。

6 《明世宗實錄》卷 152，嘉靖十二年七月甲辰。

二十三日，早朝不至者為 184 人，命本月之內，一次未到及患病而未告假者奪俸一月，兩次未到者奪俸，三次未到者下法司逮問。[1] 這是世宗初政時的狀況。從嘉靖十三年九月開始，世宗因病不視朝，一個月後，連同兩年未行郊祀一併作出如下解釋：「因自幼受病，率五七日而解。今者病深，痰火間作，故早朝多廢，不視事者一月。固欲假此靜養，以冀消除。允為郊祀，二年不親，心甚不寧，故專一攝養，以候大報。恐羣臣不悉朕意，謂朕放諮（恣）自肆。其諭禮官播告之。」[2] 這次中斷視朝前後達兩月，並在以後的多次詔諭中為此作解釋。此後世宗間或早朝，也連續多年親祀南郊，以實踐自己的諾言，但畢竟已經邁開了不視朝的步子，嘉靖十七年開始，便不再視朝，也稀見大臣。[3]

終嘉靖一朝，世宗對外廷事務並非一無所知，甚而時時事事在意，批紅也時常親自為之。只是和祖輩不一樣，太祖、太宗乃至英宗、憲宗都宣稱以聖賢道理和祖宗法度治理國家，即以「王道」治國，世宗卻硬生生弄出一個「神道」。王世貞《弇山堂別集》收錄了嘉靖二十一年世宗給都察院的一則「手敕」：「近日人事愆違，天垂仁愛，雨澤方至，禾茂民康，今雨下竟朝矣。丞弼之臣，宜忠敬清亮者居之，故曰燮理調和之職也。朕承皇天眷命，以神、王二道裁理天下，非求仙用夷荒昧之為，止是一早朝終始不一耳。」[4] 這以「神、王二道」理天下的說法至少在明朝開國以來是沒有先例的，雖然是世宗經過深思熟慮之後為自己的不視朝和修道養生尋找的託辭，但仍然振振有詞，也無人敢持異議。世宗從此更加沉湎於修道養生，更加熱衷於和上天對話。嘉靖朝的政治也因此被戲稱為「青詞」政治，宰相自然成了「青詞」宰相。正如朱東潤先生在《張居正大傳》中所

---

1 《明世宗實錄》卷 166，嘉靖十三年八月辛酉。

2 《明世宗實錄》卷 168，嘉靖十三年十月甲辰。

3 《明世宗實錄》卷 490，嘉靖三十九年十一月丙戌：「自戊戌以後，上不復視朝，輔弼大臣，皆希得進見。」

4 王世貞：《弇山堂別集》卷 15《皇明異典述十・罷首輔特敕》。

說的那樣：「世宗對於整個的政治，仍然把持着，一步不會放鬆。他是洞內的虎豹，發怒的時候，會從洞內跳出來，打死些獐貓鹿兔，打得厭倦了，便仍回洞內，度那優裕懶散的生活。」[1]

明代的十六位皇帝中，穆宗隆慶帝是和孝宗弘治帝比較相似的人物，一樣的親祀南郊，一樣的視朝日講，一樣的極少發表意見，也一樣的極少批答文字，一樣的尊重儒臣。如果說有隔代遺傳，這或許也可以算是，只是關係疏遠了些。神宗萬曆帝與世宗嘉靖帝的相似，其血緣則是一脈相承的。不同的是，世宗的個性在某種意義上是被以楊廷和為首的大學士們激發出來的，而神宗的個性在某種意義上則是被以張居正為首的大學士們縱容出來的。

在張居正們的縱容下，神宗在位四十八年，僅僅兩次親祀南郊。而在早朝問題上，張居正們也進行了一次既寬容皇帝也寬容官員的改革。隆慶六年（1572）八月，即神宗即位的第四個月，張居正等從「有益於身心、有裨於治道」兩方面考慮，當然也不排除其他動機（如內閣可以比其他衙門的官員更多地與皇帝在一起），請改每日視朝為三六九日視朝，其餘時間則在文華殿講讀。這個提議被採納，並以神宗的名義下了一道敕諭：「朕方在諒暗，哀慕深切，日臨朝政，心實未安。今後除大禮節並朔望升殿及遇有大事不時宣召大臣諮問，其常朝外每月定以三六九日御門聽政，餘日俱免朝參，只御文華殿講讀，一應謝恩見辭人員，遇免朝之日，止於午門外行禮畢，即各供職事，不必候補。大祥之後，仍照舊行。」[2] 雖然說是「大祥之後」恢復舊制，但三六九日視朝從此成為制度，故萬曆十五年（1587）仍有言官上疏：「三日而朝，暇日尚多；早朝而退，暇時尚多。」[3]

雖然內閣在縱容，但太后對神宗的管教仍十分嚴格。于慎行《穀山筆麈》記：

1 朱東潤：《張居正大傳》，武漢：湖北人民出版社，1957 年，第 13 頁。

2 《明神宗實錄》卷 4，隆慶六年八月癸亥。

3 《明神宗實錄》卷 184，萬曆十五年三月庚戌。

慈聖內教極嚴，上或宮中不讀書，即召使長跽，面數之。每御講筵入，常戲作講臣進退之禮，進講太后前，以驗其記否。當朝日，五更至上寢所，呼曰：「帝起，今日早朝。」即呼左右掖坐，亟取水為上沃面，挈之登車以出，故上宮中起居，罔有不欽。而一二大璫，奉太后懿旨，左右夾持，時至過當。比上春秋稍長，積有所不堪，而難於發也。[1]

從某種意義上說，神宗也正是在這「時至過當」的縱容與嚴察中養成了自以為是、桀驁不馴的個性，並以玩世不恭的態度來對待羣臣的批評。《穀山筆麈》又記：

今上在御日久，習知人情，每見台諫條陳，即曰：「此套子也。」即有直言激切，指斥乘輿，有時全不動怒，曰：「此不過欲沽名爾，若重處之，適以成其名。」卷而封之。予嘗稱聖明寬度，具知情狀，有當事大臣所不及者，而太宰宋公（纁）獨愀然曰：「此反不是。時事得失，言官須極論，正要主上動心，寧可怒及言官，畢竟還有驚省，今若一概不理，就如痿痺之疾，全無痛癢，無藥可醫矣。」同列皆服其言。此後數年，百凡奏請，一切留中，即內閣密揭，亦不報聞，而上下之交日隔矣。回憶此公之言，為之三歎。[2]

有了這種人生態度，神宗自萬曆二十年以後，既不視朝也不日講，更不接見大臣。萬曆四十年十月，監察御史楊鶴上疏「時事憂危者七」，其一即云：「皇上二十年以後罷朝輟講、齋居決事。……日與宦官宮妾處而不一見士大夫之面。」[3] 雖然這種情況在嘉靖時已經發生，但萬曆朝的形勢又遠非

1　于慎行：《穀山筆麈》卷 2《紀述一》。

2　于慎行：《穀山筆麈》卷 5《臣品》。

3　《明神宗實錄》卷 500，萬曆四十年十月丙子。

嘉靖朝可比：兵備同樣廢弛，而關外女真正在崛起；民心同樣渙散，而田賦加派正在加劇；政局同樣腐敗，而派系黨爭正在形成。但此時的神宗，已經將國家大事當作一場與文官之間的遊戲和賭氣：文官們請求早立太子，他偏偏諸王同封；文官們要求讓福王之藩，他則代福王討價還價；文官們以封印辭官相激勸，他則冷眼旁觀辨真假。神宗如此為君，高拱在其即位之初就表示了擔心：

> 帝王創業垂統，必有典則貽諸子孫，以為一代精神命脈。我祖宗燕謀宏密，注意淵遠，非前代可及。聖子神孫守如一日、治如一日，猗歟盛矣。迨我穆皇，未獲有所面授。我皇上甫十齡，穆皇上賓，其於祖宗大法，蓋未得於耳聞也。精神命脈，既所未悉，將何以鑒成憲繩祖武乎？[1]

世宗不僅不見大臣，連兒子也難得一見，所以穆宗並沒有得到世宗的「面授」。神宗不到十歲即位，也未曾「耳聞」穆宗的多少教誨。在高拱看來，明朝列祖列宗的「精神命脈」至此已經失傳。雖然說法離奇，但後人認為明朝之亡亡於神宗並非沒有道理。

繼之而起的是天啟、崇禎時代。熹宗雖然在位只有七年，雖然被魏忠賢等人玩弄於股掌之中，大祀天、地卻一共去了五次（天啟元年、三年祀天，元年、五年、六年祀地），比神宗在位的四十八年還多，三六九日視朝也大抵不廢。至崇禎帝，不但祀天祭祖身體力行，視朝、面議更無寧日，各方軍情塘報也多親自批閱。清修《明史》給了崇禎帝極高的評價：「帝承神、熹之後，慨然有為。即位之初，沉機獨斷，刈除奸逆，天下想望治平。……在位十有七年，不邇聲色，憂勤惕勵，殫心治理。」同時也指出其種種失誤：「用匪其人，益以僨事。乃復信任宦官，佈列要地，舉措失當，制置乖方。」當「大勢已傾，積習難挽」之時，且不說關外女真虎

1 高拱：《本語》卷5。

視眈眈，連年用兵，僅明廷域內，也是「在廷則門戶糾紛，疆埸則將驕卒惰，兵荒四告，流寇蔓延，遂至潰爛而莫可救」。在這大廈將傾之際，崇禎帝也只能是「有心泣血、無力回天」。後世學者每每質疑其執政能力，譴責其用人不當，必欲使不足十七歲而即位的少年以個人之力挽狂瀾、扶傾廈，實不公允。

就明代皇帝行使職能的四件事情——祀天、視朝、面議、批答，在太祖、成祖及仁、宣時期應該是統一的。儘管洪武中後期有翰林、春坊官「平駁諸司奏啟」，但只能視其為一種「初審」程序；而永樂、洪熙、宣德時內閣在「御前」面議、批答，但不能獨立行使權力。這一時期的明代皇帝應該説都「事必躬親」。從宣德後期至正統、天順，圍繞批答開始形成了內閣票擬與內監批紅的局面；祀天、視朝、面議卻是一絲不苟，英宗和景泰帝的親政，主要體現在「面議」這一環節。這一時期已經為皇帝從「事必躬親」到「垂拱而治」的過渡準備了條件。從成化開始，面議基本被取消，只剩下祀天、視朝以「虛應故事」。嘉靖中後期和萬曆時期，明代皇帝連祀天和視朝的「虛應故事」也懶於理會，大抵上已經是「垂拱而治」了。但各朝的特點並不一樣。成化、弘治、隆慶、天啟是祀天、視朝但不面議、不批答、不親政；嘉靖、萬曆大抵上不祀天、不視朝、不面議，偶爾批答、偶爾親政，甚至時時別出心裁地駁回內閣票擬，但國家事務的處理，仍然由內閣和司禮監代勞。武宗正德帝和思宗崇禎帝可以説是兩個特例。武宗可以風風火火去關外和蒙古人廝殺，也可以大張旗鼓下江南和寧王宸濠拚命，但從本質上來説仍然是「垂拱」皇帝。思宗於祀天、視朝、面議、批答，無不親行，連李自成的「偽詔」也説：「君非甚黯，孤立而煬蔽恆多。臣盡行私，比黨而公忠絕少。賂通宮府，朝端之威福日移。利擅宗紳，閭左之脂膏殆盡。肆昊天聿窮乎仁愛，致兆民爰苦於祲災。」[1] 但已是有心泣血、無力回天。

1　計六奇：《明季北略》卷 23《李自成偽詔》。

第四節 「垂拱而治」狀態下明代中央決策系統的運行

趙翼《陔餘叢考》云：「自成化至天啟，一百六十七年，其間延訪大臣，不過弘治之末數年，其餘皆廉遠堂高、君門萬里。無怪乎上下否隔，朝政日非！」[1] 這在中國兩千年來的君主集權國家中都是十分罕見的。

正統以後，我們看到的是明朝中央決策系統的如下運行程序：全部政務的處理、裁決，重大問題的決策，幾乎均由各部門議定。府、部、院諸衙門該管事務，皆由各衙門先行提出處理意見，是為「部議」。弘治時左諭德曾彥在疏中就説：「諸臣章疏，皆蒙令所司議處。」[2] 官民建言奏章之重大者，先由禮部，後由六部尚書、都御史、六科給事中聚議裁處，是為「廷議」。官員的任免升黜，文歸吏部、武由兵部；在京三品以上大臣及在外督、撫員缺，則由「廷推」。重大案件的判決，有「三司會審」；難以結案者，又有「廷鞫」。所有奏章，包括部議、廷議的結果，均由內閣票擬批答。對票擬進行最後審批的是司禮監的批紅。皇帝詔令敕諭的頒佈，得由六科簽署。在整個過程中，皇帝的工作只是對章奏和閣票象徵性地「略覽一二」。儘管世宗、神宗有時也自行批答、更改閣票，但只不過是以恩威莫測的權術駕馭羣臣，以示「乾綱獨攬」。然而，所有的政務又都以皇帝的名義裁決。這種為解決皇帝無法事必躬親而又可大權獨攬而形成的決策程序，使得皇帝可以完全從具體事務中解脱出來，為皇帝的不視朝不親政、「垂拱而治」提供了條件。但這些程序，歸根到底是「公文往來」，用嘉靖時給事中章僑的話説，皇帝「高拱穆清之上，而付萬幾於章奏之間」[3]。

皇帝的不視朝、不親政，在一定程度上導致了明代中後期的宦官專權、閣臣傾軋、閣部相爭、門戶紛立。所以，正德時吏部尚書楊一清因武宗的不親政而上疏：「陛下豈不以天下政務，文武諸司分職於外、輔導之

1 趙翼：《陔餘叢考》卷 18《有明中葉天子不見羣臣》。

2 《明孝宗實錄》卷 75，弘治六年五月壬辰。

3 《明世宗實錄》卷 24，嘉靖二年三月癸亥。

臣論思於內，委任責成，可不勞而理？」[1] 隆慶時的內閣首輔高拱則直言不諱：「閣臣擬令代答，以致人主玩愒。」[2] 但是，此時統治集團內部的鬥爭與洪武時期的態勢不相同，皇帝不再是作為矛盾的一方，而是處於超乎各種矛盾之上的協調者的地位。皇帝可以不對任何決策負責，卻可以隨時追究決策失誤的責任。這樣，可以避免皇帝親政而造成的政策不易轉變、矛盾沒有緩衝餘地等弊病。

從明中葉以後的輿論來看，官僚集團更傾向於皇帝的不親政，只是措辭比較含蓄而已，稱為「垂拱」。正德、嘉靖之際為吏部尚書的王瓊，就一方面稱譽明太祖廢除丞相、加強皇權的措施「高出千古」，以抨擊內閣的權重，另一方面卻將「事皆朝廷總之」的原則偷換成了「朝廷端拱以照臨於上」，並大加讚揚。[3] 但是，作為希望有所作為的政治家，高拱對此則痛心疾首並揭示出其中的隱祕：

> 致君以格心為本，格心以誠意為本。今日輔德之事全未。且莫說朝夕納誨、格君心之非，即平日何曾講論個道理、商量個政事？縱緊急不得已事，亦只札子往來而已。書既不能盡意，而又先經內官之手拆視而後進上，機密之言，如何說得？君臣道隔，未有甚於此也。然事須面議，乃得其情，而面議不得開端，不止內官不樂人主與大臣說話，恐破其壅蔽。而輔臣亦不敢苦請面對，若忽然問一件道理，未必能知，問一件事體，未必能處，原無本領，當面說個甚，所以亦不樂於面對也。[4]

如果不是身在其位，恐怕無法有如此深的感受。原來皇帝不親政、不面接

1　《明武宗實錄》卷 120，正德十年正月庚辰。

2　高拱：《病榻遺言》。

3　張萱：《西園聞見錄》卷 26《宰相上》。

4　高拱：《本語》卷 5。

大臣，竟然是最高決策層的共同選擇：宦官不願皇帝見大臣，擔心君臣一見面、一交談，自身的營私、作弊、弄權便暴露無遺；大學士也不願意和皇帝見面，封閉既久，見面之後難以溝通，前者擔心沒有真才實學而丟面子，後者更不願在外臣面前露短。見了大家都不方便，內官不便、大學士不便、皇帝更不便，而不見大家都清心省事，於是垂拱之治成矣。

要求皇帝親政視朝的呼聲只有在兩種情況下才趨於強烈。一是宦官專權，二是內閣專權。在明代中後期，評價皇帝的優劣和政治的盛衰，不再看皇帝是否親政，而是看其是否能起到最高裁決者和協調者的作用。從一定意義來說，明朝末代皇帝崇禎帝的親政，正是萬曆末年至天啟時整個官僚集團內部的權力制衡態勢遭到嚴重破壞、國家機器運轉發生故障的結果。但明朝的統治也便江河日下、無可挽回了。

人們在評述明代的中央集權、君主專制時，總是用皇權的「至高無上」「不受任何限制」來説明其強化的程度。而事實上，任何專制君主都受到社會經濟條件、傳統道德規範的制約。我們通常所説的皇帝有至高無上的權力，只是説立法、行政、司法等方面，原則上得由皇帝作出最後的裁決，而並不意味着事無巨細，均得由皇帝決定；我們説皇權不受限制，只是説沒有對皇帝實行限制的法律條文，而決不意味着皇帝可以無所不為或為所欲為。在明代中後期，皇帝在權力結構和政治體制中至少受到以下幾個層次的「合法」限制。

一是司禮監。這是被人們視為明代君主專制腐朽之源、明朝宦官專權禍害之源的機構。但實際上，它又是皇帝越軌行為的第一道防線。皇帝的意旨，須經司禮監才能下到內閣，如果旨意不合「祖制」，司禮監可據理力爭。如成化時憲宗欲易儲，司禮監太監懷恩以社稷安定為由，「死拒不從」，並聲稱：「非敢違命，恐違法耳。」[1] 又如武宗從劉瑾等遊樂，不理朝政，司禮監太監王岳等聯合閣、部大臣，極力勸諫，並欲重懲劉瑾等。[2] 因

1 沈德符：《萬曆野獲編》卷 6《內臣 · 懷恩安儲》。

2 沈德符：《萬曆野獲編》卷 6《內臣 · 懷恩安儲》；鄭曉：《今言》卷 3 之 205。

為明代司禮監權重而內外廷矛盾時時激化，所以人們往往忽視它在限制君主獨裁方面的作用。

二是內閣。內閣的主要事務是票擬，雖說旨意到閣後擬票，但如果認為旨意有礙國計民生、有損官僚集團的利益，內閣可提出不同的意見，請皇帝收回成命，或拒不擬票，這在當時叫「執奏」。如世宗因孝宗張皇后曾抑其母蔣氏，遷怒於張后的兄弟張延齡，四諭內閣及首輔張璁，命其票擬處張延齡死刑。張璁先後上十三疏表示異議，終至減刑。[1] 又如崇禎帝欲定「從逆」案，廣為羅織，命內閣列名，首輔韓爌再三拒之：「臣等職在調旨，三尺法非所習。」[2]

三是六科。凡誥制敕文的宣行，均由六科簽署，大事覆奏、小事頒佈，如有訛誤，當封還執奏。如嘉靖二年（1523）二月，世宗親批都察院差御史巡鹽事，稍有失誤，刑科給事中黃臣等即予駁還[3]。鄧繼曾等則將未經內閣票擬的「中旨」斥為「事不考經、文不會理」。[4] 在保持各個系統、各個層次的權力相互制衡的過程中，科道的作用是不容忽視的。以「上下相維、大小相制」原則建立起來的六科十三道言官系統，是明代中央集權制度的重要組成部分，也是明朝國家權力結構的重要組成部分。在宦官干政或專權時，科道是抨擊和抗衡宦官的重要力量；在宦官勢力消退、內閣勢力擴張時，科道又是牽制內閣的重要力量。弘治時戶部主事盧錦對此看得十分透徹：「蓋必有學士，則內臣不得以自專；有都給事中，則學士、內臣不得以聲勢相倚。」[5] 而對於皇帝的越軌行為，抗爭最為激烈的，也是科道。顧炎武在評價明代科道作用時認為：「明代雖罷門下省長官，而獨存六科給事中以掌封駁之任。旨必下科，其有不便，給事中駁正到部，謂

1　張璁：《諭對錄》。

2　《明史》卷 306《閹黨》。

3　《明世宗實錄》卷 23，嘉靖二年二月丙戌。

4　《明世宗實錄》卷 36，嘉靖三年二月丁酉。

5　《明孝宗實錄》卷 11，弘治元年二月乙未。

之『科參』。六部之官無敢抗科參而自行者，故給事中之品卑而權特重。萬曆之時，九重淵默，泰昌以後，國論紛紜，而維持禁止，往往賴抄參之力。」[1]

對皇帝的這些限制，不同於一般臣下對君主的諍諫，而是以該衙門的法定職責為保證的。明代皇帝對臣下凌辱之甚，是歷代所罕見的，但受制於臣下之多，也是歷代不多見的。

從上述變化可以看出，明太祖建立的各部門相互頡頏、事皆皇帝主之的國家權力結構和政治體制，在中央決策系統中已演變為皇帝「垂拱而治」，司禮監代表「朝廷」並與內閣「對柄機要」的「以內制外」的運行模式。

1 顧炎武：《日知錄》卷 12《封駁》。

引用文獻

一、正史、官書

《明太祖實錄》，（台灣）「中研院」史語所校勘本。

《明太祖實訓》，（台灣）「中研院」史語所校勘本。

《明太宗實錄》，（台灣）「中研院」史語所校勘本。

《明太宗寶訓》，（台灣）「中研院」史語所校勘本。

《明宣宗實錄》，（台灣）「中研院」史語所校勘本。

《明英宗實錄》，（台灣）「中研院」史語所校勘本。

《明憲宗實錄》，（台灣）「中研院」史語所校勘本。

《明孝宗實錄》，（台灣）「中研院」史語所校勘本。

《明武宗實錄》，（台灣）「中研院」史語所校勘本。

《明世宗實錄》，（台灣）「中研院」史語所校勘本。

《明穆宗實錄》，（台灣）「中研院」史語所校勘本。

《明神宗實錄》，（台灣）「中研院」史語所校勘本。

《明熹宗實錄》，（台灣）「中研院」史語所校勘本。

《明實錄》（從太祖至神宗），南京圖書館藏抄本。

《皇明祖訓錄》，北京圖書館藏明抄本。

《清世祖實錄》，中華書局影印本。

《史記》，中華書局標點本。

《漢書》，中華書局標點本。

《三國志》，中華書局標點本。

《隋書》，中華書局標點本。

《新唐書》，中華書局標點本。

《宋史》，中華書局標點本。

《元史》，中華書局標點本。

《明史》，中華書局標點本。

[宋] 司馬光：《資治通鑒》，中華書局標點本。

[元] 馬端臨：《文獻通考》，《四庫全書》本。

《大明集禮》，《四庫全書》本。

正德《明會典》，上海古籍出版社影印文淵閣《四庫全書》本。

萬曆《明會典》，商務印書館《萬有文庫》本。

《嘉靖新例》，江西師範大學圖書館藏清刊本。

[明] 朱元璋：《御製文集》，《御製大誥》《大誥續編》《大誥三編》，《御製皇明祖訓》，均見張德信、毛佩琦主編：《洪武御製全書》，黃山書社 1995 年版。

[明] 戴金等：《皇明條法事類纂》，劉海年、楊一凡主編《中國珍稀法律典籍集成》本，乙編第四、五、六冊，科學出版社 1994 年版。明抄本藏日本東京大學附屬圖書館，日本古典研究會於昭和四十一年（1966）影印。

[明] 陳子龍等：《明經世文編》，中華書局 1962 年影印本。

[清] 傅恆等：《御批歷代通鑒輯覽》，《四庫全書》本。

[清] 敕修《續文獻通考》，中華書局影印本。

[清] 敕修《歷代職官表》，《四部備要》本。

[清] 薛允升：《唐明律合編》，《萬有文庫》本。

二、文集、筆記及其他文獻

《周禮》，《十三經註疏》本。

《左傳》，《十三經註疏》本。

《孟子》，《十三經註疏》本。

《墨子》，中華書局《叢書集成初編》本。

《戰國策》，中華書局《叢書集成初編》本。

《荀子》，荀況著、王天海校釋：《荀子校釋》，上海古籍出版社。

《韓非子》，中華書局標點本。

《國語》，中華書局標點本。

[漢]劉向：《説苑》，上海古籍出版社影印本。

[宋]黃履翁：《古今源流至論·別集》，《四庫全書》本。

[元]王惲：《秋澗集》，《四庫全書》本。

[明]陳洪謨：《治世餘聞》，中華書局標點本。

[明]陳洪謨：《繼世紀聞》，中華書局標點本。

[明]陳九德：《皇明名臣經濟錄》，北京出版社《四庫禁毀書叢刊》本。

[明]董其昌：《神廟留中奏疏匯要》，上海古籍出版社《續修四庫全書》本。

[明]方孝孺：《遜志齋集》，《四庫全書》本。

[明]范濂：《雲間據目抄》，《筆記小説大觀》本，廣陵古籍刻印社 1983 年版。

[明]馮夢龍：《明清民歌時調集》，上海古籍出版社 1987 年版。

[明]高拱：《病榻遺言》，《勝朝遺事初編》本。

[明]高拱：《本語》，《四庫全書》本。

[明]黃佐：《翰林記》，《四庫全書》本。

[明]黃淮：《省衍集》，《四庫全書》本。

[明]何良俊：《四友齋叢説》，中華書局標點本。

[明]何孟春：《何文簡疏議》，《四庫全書》本。

[明]海瑞：《備忘集》，《四庫全書》本。

[明]金幼孜：《金文靖集》，《四庫全書》本。

[明]焦竑：《國朝獻徵錄》，上海書店影印萬曆刻本。

[明]劉基：《誠意伯文集》，《四庫全書》本。

[明]劉若愚：《酌中志》，《叢書集成初編》本。

[明]劉辰：《國初事跡》，北京大學出版社《國朝典故》本。

[明]李賢：《天順日錄》，北京大學出版社《國朝典故》本。

[明]李詡：《戒庵老人漫筆》，中華書局標點本。

[明] 李鋕：《寓圃雜記》，中華書局標點本。

[明] 李贄：《焚書》，中華書局標點本。

[明] 林俊：《見素集》，《四庫全書》本。

[明] 陸深：《玉堂漫筆摘抄》，中華書局《叢書集成初編》本。

[明] 陸容：《蓬軒類記》，北京大學出版社《國朝典故》本。

[明] 陸容：《菽園雜記》，中華書局標點本。

[明] 羅倫：《一峰文集》，《四庫全書》本。

[明] 淩濛初：《初刻拍案驚奇》，上海古籍出版社影印本。

[明] 馬文升：《馬端肅奏議》，《四庫全書》本。

[明] 彭時：《彭文憲公筆記》，影印《紀錄彙編》本。

[明] 潘檉章：《國史考異》，中華書局《叢書集成初編》本。

[明] 潘季馴：《潘司空奏疏》，《四庫全書》本。

[明] 潘季馴：《河防一覽》，《四庫全書》本。

[明] 丘濬：《大學衍義補》，《四庫全書》本。

[明] 沈德符：《萬曆野獲編》，中華書局標點本。

[明] 宋濂：《洪武聖政記》，北京大學出版社《國朝典故》本。

[明] 田藝蘅：《留青日札》，《紀錄彙編》本。

[明] 王直：《抑庵文集》，《四庫全書》本。

[明] 王世貞：《弇山堂別集》，《四庫全書》本。

[明] 王世貞：《弇州四部稿》，《四庫全書》本。

[明] 王世貞：《嘉靖以來首輔傳》，《四庫全書》本。

[明] 王世貞：《藝苑卮言》，中華書局《歷代詩話續編》本。

[明] 王鏊：《守溪筆記》，《紀錄彙編》本。

[明] 王鏊：《震澤長語》，《紀錄彙編》本。

[明] 王恕：《王端毅奏議》，《四庫全書》本。

[明] 王守仁：《王陽明全書》，上海古籍出版社標點本。

[明] 王守仁：《王文成公全書》，《四庫全書》本。

[明] 解縉：《文毅集》，《四庫全書》本。

[明] 謝肇淛：《五雜俎》，《國學珍本文庫》本。

[明] 徐渭：《南詞敍錄》，中國戲劇出版社《中國古典戲曲論著集成》本。

[明] 徐學謨：《世廟識餘錄》，書目文獻出版社《北京圖書館古籍珍本叢刊》本。

[明] 嚴從簡：《殊域周諮錄》，影印國家圖書館藏萬曆刻本。

[明] 楊士奇：《御書閣頌有序》《三朝聖諭錄》，北京大學出版社《國朝典故》本。

[明] 楊士奇：《東里集》，《四庫全書》本。

[明] 楊榮：《楊文敏集》，《四庫全書》本。

[明] 楊一清：《關中奏議》，《四庫全書》本。

[明] 尹直：《謇齋瑣綴錄》，北京大學出版社《國朝典故》本。

[明] 于慎行：《穀山筆麈》，中華書局標點本。

[明] 余繼登：《典故紀聞》，中華書局標點本。

[明] 葉春及：《石洞集》，《四庫全書》本。

[明] 俞汝楫：《禮部志稿》，《四庫全書》本。

[明] 朱國禎：《涌幢小品》，中華書局點校本。

[明] 章懋：《楓山集》，《四庫全書》本。

[明] 張鹵：《皇明制書》，《續修四庫全書》本。

[明] 張璁：《諭對錄》，《勝朝遺事初編》本。

[明] 張萱：《西園聞見錄》，《續修四庫全書》本。

[明] 張岱：《快園道古》，浙江古籍出版社 1986 年標點本。

[明] 張瀚：《松窗夢語》，中華書局點校本。

[明] 鄭曉：《今言》，中華書局標點本。

[明] 鄭曉：《吾學編餘》，《叢書集成初編》本。

[明] 鄒元標：《願學集》，《四庫全書》本。

[清] 陳田：《明詩紀事》，上海古籍出版社 1993 年版。

[清] 傅維鱗：《明書》，《叢書集成初編》本。

[清] 顧炎武：《顧亭林詩文集》，中華書局 1959 年版。

[清] 顧炎武：《日知錄》，上海古籍出版社《日知錄集釋》影印本。

[清] 顧祖禹：《讀史方輿紀要》，中華書局 2005 年版。

[清] 顧公燮：《消夏閒記摘抄》，台灣商務印書館《涵芬樓祕笈》本。

[清] 谷應泰：《明史紀事本末》，中華書局標點本。

[清] 黃宗羲：《明夷待訪錄》，中華書局《四部備要》本。

[清] 赫舒德等：《資治通鑒綱目三編》，清刊本。

[清] 紀昀等：《四庫全書總目提要》，中華書局影印本。

[清] 計六奇：《明季北略》，中華書局標點本。

[清] 孫承澤：《天府廣記》，北京書店標點本。

[清] 孫承澤：《春明夢餘錄》，中華書局標點本。

[清] 龍文彬：《明會要》，中華書局 1956 年版。

[清] 談遷：《國榷》，中華書局標點本。

[清] 王鴻緒：《明史稿》，清康熙間敬慎堂刊本。

[清] 王士禎：《古夫于亭雜錄》，中華書局標點本。

[清] 夏燮：《明通鑒》，中華書局點校本。

[清] 趙翼：《陔餘叢考》，河北人民出版社標點本。

[清] 趙翼：《廿二史札記》，中華書局點校本。

[清] 查繼佐：《罪惟錄》，浙江古籍出版社標點本。

[清] 歐陽成：《吉水先哲碑傳集》，江西師範大學圖書館藏清刊本。

[明] 王鏊：《姑蘇志》，《四庫全書》本。

[明] 康海：《武功縣志》，《四庫全書》本。

雍正《陝西通志》，《四庫全書》本。

雍正《江南通志》，《四庫全書》本。

雍正《山西通志》，《四庫全書》本。

雍正《廣東通志》，《四庫全書》本。

雍正《浙江通志》，《四庫全書》本。

雍正《福建通志》，《四庫全書》本。

雍正《江西通志》，《四庫全書》本。

同治《贛州府志》，（台灣）成文出版社《中國地方志叢書》本。

同治《吉安府志》，（台灣）成文出版社《中國地方志叢書》本。

光緒《泰和縣志》，（台灣）成文出版社《中國地方志叢書》本。

光緒《浙江通志》，商務印書館影印本。

今（近）人論著

柏樺：《明代州縣政治體制研究》，中國社會科學出版社 2003 年版。

陳寶良：《明代儒學生員與地方社會》，中國社會科學出版社 2005 年版。

陳支平：《近 500 年來福建的家族社會與文化》，上海三聯書店 1991 年版。

常建華：《明代宗族研究》，上海人民出版社 2005 年版。

丁易：《明代特務政治》，羣眾出版社 1983 年版。

杜乃濟：《明代內閣制度》，台灣商務印書館 1967 年版。

杜婉言、方志遠：《中國政治制度通史．明代卷》，人民出版社 1996 年版。

方志遠：《（明）成化皇帝大傳》，遼寧教育出版社 1994 年版。

方志遠《明代城市與市民文學》，中華書局 2004 年版。

傅衣淩主編，楊國楨、陳支平著：《明史新編》，人民出版社 1993 年版。

高壽仙：《明代農業經濟與農村社會》，黃山書社 2006 年版。

關文發、顏廣文：《明代政治制度研究》，中國社會科學出版社 1995 年版。

賀凱：《明代中國的監察制度》，斯坦福大學出版社 1966 年版。

黃雲眉：《明史考證》，中華書局 1979—1986 年版。

黃仁宇：《萬曆十五年》，中華書局 1982 年版。

黃彰健：《明清史研究叢稿》，台灣商務印書館 1977 年版。

侯外廬等主編：《宋明理學史》，人民出版社 1987 年版。

韓延龍主編：《法律史論集》（第 2 集），法律出版社 1999 年版。

靳潤成：《明朝總督巡撫轄區研究》，天津古籍出版社 1996 年版。

李渡：《明代皇權政治研究》，中國社會科學出版社 2004 年版。

梁方仲：《明代糧長制度》，上海人民出版社 1957 年版。

柳詒徵：《中國文化史》，上海古籍出版社 2001 年版。

劉俊文等：《日本學者研究中國史論著選譯》（第 6 卷），中華書局 1993 年版。

劉俊文等：《日本學者研究中國史論著選譯》（第 8 卷），中華書局 1993 年版。

劉志偉：《在國家與社會之間：明清廣東里甲賦役制度研究》，中山大學出版社 1997 年版。

欒成顯：《明代黃冊制度新探》，中國社會科學出版社 2000 年版。

孟森：《明清史講義》，中華書局 1981 年版。

苗棣：《魏忠賢專權研究》，中國社會科學出版社 1994 年版。

聶崇岐：《宋史叢考》，中華書局 1980 年版。

譚天星：《明代內閣政治》，中國社會科學出版社 1996 年版。

唐克軍：《不平衡的治理：明代政府運行研究》，武漢出版社 2004 年版。

陶希聖、沈任遠：《明清政治制度》，台灣商務印書館 1967 年版。

王其榘：《明代內閣制度史》，中華書局 1989 年版。

王春瑜、杜婉言:《明代宦官與經濟史料初探》，中國社會科學出版社 1986 年版。

王春瑜、杜婉言：《明朝宦官》，紫禁城出版社 1989 年版。

王天有：《明代國家機構研究》，北京大學出版社 1992 年版。

王興亞：《明代行政管理制度》，中州古籍出版社 1999 年版。

韋慶遠：《明代黃冊制度》，中華書局 1961 年版。

吳晗：《朱元璋傳》，三聯書店 1965 年版。

吳晗：《讀史札記》，三聯書店 1956 年版。

吳晗：《明史講座》，北京師院學報叢書本。

吳廷燮：《明督撫年表》，中華書局 1982 年版。

徐連達等編：《中國通史》，復旦大學出版社 1986 年版。

楊樹藩：《明代中央政治制度》，台灣商務印書館 1978 年版。

張德信：《明朝典制》，吉林文史出版社 1996 年版。

張哲郎：《明代巡撫研究》，文史哲出版社 1995 年版。

張顯清、林金樹：《明代政治史》，廣西師範大學出版社 2003 年版。

趙世瑜：《吏與中國傳統社會》，浙江人民出版社 1994 年版。

趙尊嶽：《明詞彙刊》，上海古籍出版社 1992 年版。

鄭克晟：《明代政爭探源》，天津古籍出版社 1988 年版。

鄭克晟：《明清史探實》，中國社會科學出版社 2001 年版。

鄭振滿：《明清福建家族組織與社會變遷》，湖南教育出版社 1992 年版。

朱保炯、謝沛霖：《明清進士題名碑錄索引》附《明清進士題名碑錄》，上海古籍出版社 1980 年版。

朱東潤：《張居正大傳》，湖北人民出版社 1957 年版。

朱紹侯主編：《中國古代史》，福建人民出版社 1982 年版。

[法] 魏丕信：《18 世紀中國的官僚制度與荒政》，江蘇人民出版社 2003 年版。

[德] 馬克思：《摩爾根〈古代社會〉一書摘要》，人民出版社 1965 年版。

[美] 摩爾根：《古代社會》，商務印書館 1977 年版。

[美] 牟復禮、[英] 崔瑞德編：《劍橋中國明代史》，中國社會科學出版社 1992 年版。

《明清史國際學術討論會論文集》，天津人民出版社 1982 年版。

論文

柏樺：《試論明代州縣官吏》，《史學集刊》1992 年第 2 期。

柏樺：《明代知縣的關係網》，《史學集刊》1993 年第 3 期。

柏樺：《明代州縣衙署的建制與州縣政治體制》，《史學集刊》1995 年第 4 期。

柏樺：《明代州縣官的施政及障礙》，《東北師大學報》1998 年第 1 期。

柏樺：《社會環境的變化對明代州縣官施政的影響》，《明史研究》2001 年 7 輯。

陳梧桐：《論朱元璋強化封建專制中央集權的統治》，《中央民族學院學報》1980 年第 2 期。

陳尚勝：《論明代市舶司制度的演變》，《文史哲》1986 年第 2 期。

陳寶良：《明代的社與會》，《歷史研究》1991 年第 5 期。

陳寶良：《明代的保甲與火甲》，《明史研究》1993 年第 3 期。

陳柯雲：《明清徽州宗族對鄉村統治的加強》，《中國史研究》1995 年第 3 期。

曹國慶：《明代鄉約發展的階段性考察》，《江西社會科學》1993 年第 8 期。

曹國慶：《王守仁與南贛鄉約》，《明史研究》1993 年第 3 輯。

曹國慶：《明代鄉約推行的特點》，《中國文化研究》1997 年第 1 期。

曹國慶：《明代鄉約研究》，《文史》總第 46 輯，中華書局 1999 年版。

曹永和：《試論明太祖的海洋交通政策》，台北「中研院」史語所《中國海洋發展史論文集》（第一輯）。

杜婉言：《論明代內閣制度的特點》，《中國史研究》1992 年第 4 期。

段自成：《明清鄉約的司法職能及其產生原因》，《史學集刊》1999 年第 2 期。

傅衣淩：《中國傳統社會：多元的結構》，《中國社會經濟史研究》1988 年第 3 期。

方志遠：《明代的巡撫制度》，《中國史研究》1988 年第 3 期。

方志遠：《明代內閣的票擬制度》，《江西師範大學學報（哲學社會科學版）》1987 年第 4 期。

方志遠：《論明代宦官的知識化問題》，《江西師範大學學報（哲學社會科學版）》1989 年第 3 期。

方志遠：《略論西漢初期的分封與削藩》，《南昌職業技術師範學院學報》1989 年第 3 期。

方志遠：《論明代內閣制度的形成》，《文史》總第 33 輯，中華書局 1990 年版。

方志遠：《明代的鎮守中官制度》，《文史》總第 40 輯，中華書局 1994 年版。

方志遠：《明代的御馬監》，《中國史研究》1997 年第 2 期。

方志遠、李曉方：《明代蘇松江浙人「毋得任戶部」考》，《歷史研究》2004 年第 6 期。

方志遠：《「傳奉官」與明成化時代》，《歷史研究》2007 年第 1 期。

范中義：《明代海防述略》，《歷史研究》1990 年第 3 期。

范玉春：《明代督撫的職權及其性質》，《廣西師範大學學報》1989 年第 4 期。

郭厚安：《關於明代專制主義中央集權高度強化的問題》，《西北師大學報》1983 年第 4 期。

郭培貴、牛明鐸：《〈明史・職官志四〉兵備道補正》，《文史》總第 68 輯，中華書局 2004 年版。

關文發：《試論明朝內閣制度的形成和發展》，《明清史國際學術討論會論文集》，天津人民出版社 1982 年版。

關文發：《試論明代督撫》，《武漢大學學報》1989 年第 6 期。

高春平：《試論明代的巡按制度》，《山西大學學報》1990 年第 1 期。

洪煥椿：《明清封建專制政權對資本主義萌芽的阻礙》，《歷史研究》1981 年第 5 期。

懷效鋒：《明代中葉的宦官與司法》，《中國社會科學》1985 年第 6 期。

黃志繁：《鄉約與保甲：以明代贛南為中心的分析》，《中國社會經濟史研究》2002 年第 2 期。

黃忠懷：《明代縣以下區劃的層級結構及其功能》，《史學月刊》2003 年第 4 期。

李天祐：《論明清的封建專制》，《學術月刊》1980 年第 1 期。

李天祐：《明代的內閣》，《明清史國際學術討論會論文集》，天津人民出版社 1982 年版。

李熊：《明代巡按御史》，《史學月刊》1988 年第 4 期。

李文治：《明代宗族制的體現形式及其基層政權作用——論封建所有制是宗法宗族制發展變化的最終根源》，《中國經濟史研究》1988 年第 1 期。

李渡：《明代皇權與宦官關係論略》，《中國史研究》1995 年第 3 期。

梁希哲：《明代內閣與明代的官僚政治》，《史學集刊》1992 年第 2 期。

梁紹傑：《明代宦官教育機構的名稱和初設時間新證》，《史學集刊》1996 年第 3 期。

欒成顯：《洪武時期宦官考略》，《明史研究論叢》1983 年第 2 輯。

欒成顯：《明代里甲編制原則與圖保劃分》，《史學集刊》1997 年第 4 期。

冷東：《明代宦官監軍制度述略》，《汕頭大學學報》1994 年第 3 期。

冷東：《葉向高與宦官關係略論》，《汕頭大學學報》1995 年第 2 期。

林乾：《論明代的總督巡撫制度》，《社會科學輯刊》1988 年第 2 期。

林紹明：《略論明代的內閣》，《華東師大學報》1982 年第 3 期。

林紹明：《略論明代御史制度之利弊》，《歷史教學問題》1985 年第 5 期。

羅輝映：《明代都察院和監察制度》，《四川大學學報叢刊》1987 年第 34 期。

羅冬陽：《明代的督撫制度》，《東北師大學報》1988 年第 4 期。

廖心一：《劉瑾「變亂舊制」考略》，《明史研究論叢》1985 年第 3 輯。

劉秀生：《論明代的督撫》，《中國社會科學院研究生院學報》1991 年第 2 期。

劉曉東：《監閣共理與相權游移：明代監閣體制探賾》，《東北師大學報》1998 年第 4 期。

孟昭信：《試論張居正的「考成法」》，《吉林大學學報》1993 年第 5 期。

南炳文：《明初軍制初探》，《南開史學》1983 第 1、2 期。

歐陽琛：《明代的司禮監》，《江西師院學報（哲學社會科學版）》1983 年第 4 期。

歐陽琛：《論明代閣權的演變》，《江西師範大學學報（哲學社會科學版）》1987 年第 4 期。

歐陽琛：《明內府內書堂考略——兼論明司禮監和內閣共理朝政》，《江西師範大學學報（哲學社會科學版）》1990 年第 2 期。

商傳：《試論明初專制主義中央集權的社會基礎》，《明史研究論叢》1983 年第 2 輯。

田澍：《明代內閣的政治功能及其轉化》，《西北師大學報》1994 年第 1 期。

杜婉言：《明代宦官與明代經濟》，《中國史研究》1982 年第 2 期。

王躍生：《關於明清督撫制度的幾個問題》，《歷史教學》1987 年第 9 期。

王天有、陳稼禾：《試論明代的科道官》，《北京大學學報》1989 年第 2 期。

王世華：《略論明代御史巡按制度》，《歷史研究》1990 年第 6 期。

王昊：《明代鄉、都、圖、里及其關係考辨》，《史學集刊》1991 年第 2 期。

王昊：《明代鄉里組織初探》，《明史研究》1991 年第 1 輯。

王興亞：《明代實施老人制度的利與弊》，《鄭州大學學報》1993 年第 2 期。

王日根：《明清基層社會管理組織系統論綱》，《清史研究》1997 年第 2 期。

王日根：《論明清鄉約屬性與職能的變遷》，《廈門大學學報》2003 年第 2 期。

汪毅夫：《試論明清時期的閩台鄉約》，《中國史研究》2002 年第 1 期。

余興安：《明代里老制度考述》，《社會科學輯刊》1988 年第 2 期。

余興安：《明代巡按御史制度研究》，《中國史研究》1992 年第 1 期。

鄭天挺：《明代的中央集權》，《天津社會科學》1982 年第 2 期。

張德信：《明代中書省、四輔官、殿閣學士廢立述略》，《史學集刊》1988 年第 1 期。

趙軼峰：《票擬制度與明代政治》，《東北師大學報》1989 年第 2 期。

趙世瑜：《明代吏典制度簡說》，《北京師範大學學報》1988 年第 2 期。

趙世瑜：《明清時期華北廟會研究》，《歷史研究》1992 年第 5 期。

趙世瑜：《廟會與明清以來的城鄉關係》，《清史研究》1997 年第 4 期。

趙世瑜、張宏豔：《黑山會的故事：明清宦官政治與民間社會》，《歷史研究》2000 年第 4 期。

趙中男：《試論明代的「老人」制度》，《東北師大學報》1987 年第 3 期。

周紹泉：《退契與元明的鄉村裁判》，《中國史研究》2002 年第 2 期。

鄭振滿：《明清福建的里甲戶籍與家族組織》，《中國社會經濟史研究》1989 年第 2 期。

朱亞非：《明朝督撫制度淺議》，《山東師大學報》1991 年增刊。

附錄一

明代國家權力結構演進簡表

中央一　洪武十三年以前

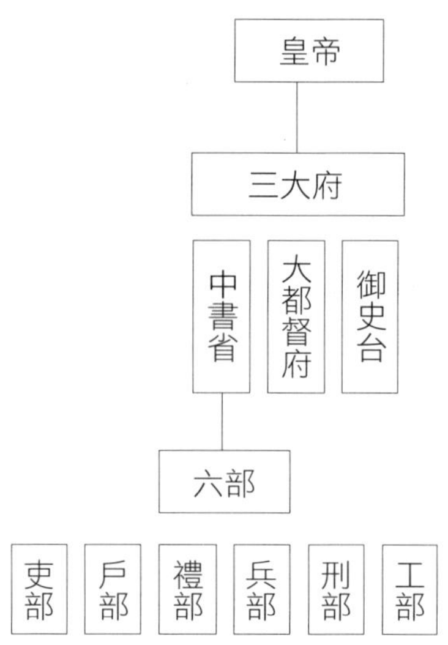

中央二　洪武十三年以後

皇帝
六科
吏科
戶科
禮科
兵科
刑科
工科
九卿
吏部
戶部
禮部
兵部
刑部
工部
都察院
通政司
大理寺
太常寺
光祿寺
鴻臚寺
翰林院
太僕寺
十三道監察御史
五軍都督府
前軍都督府
後軍都督府
中軍都督府
左軍都督府
右軍都督府
宦官各衙門

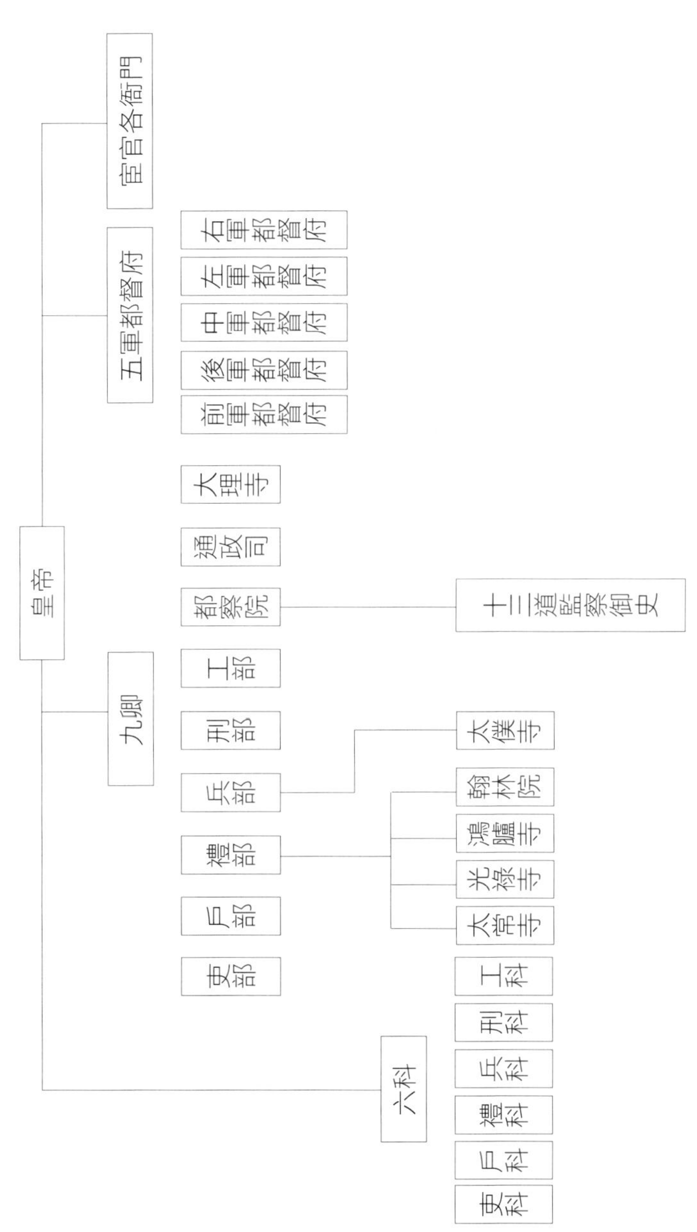

中央三 永樂以後

皇帝
六科
吏科
戶科
禮科
兵科
刑科
工科
九卿
吏部
戶部
禮部
兵部
刑部
工部
太常寺
光祿寺
鴻臚寺
翰林院
太僕寺
都察院
十三道監察御史
通政司
大理寺
五軍都督府
前軍都督府
後軍都督府
中軍都督府
左軍都督府
右軍都督府
宦官衙門
十二監
四司
八局
內閣
東廠
錦衣衛

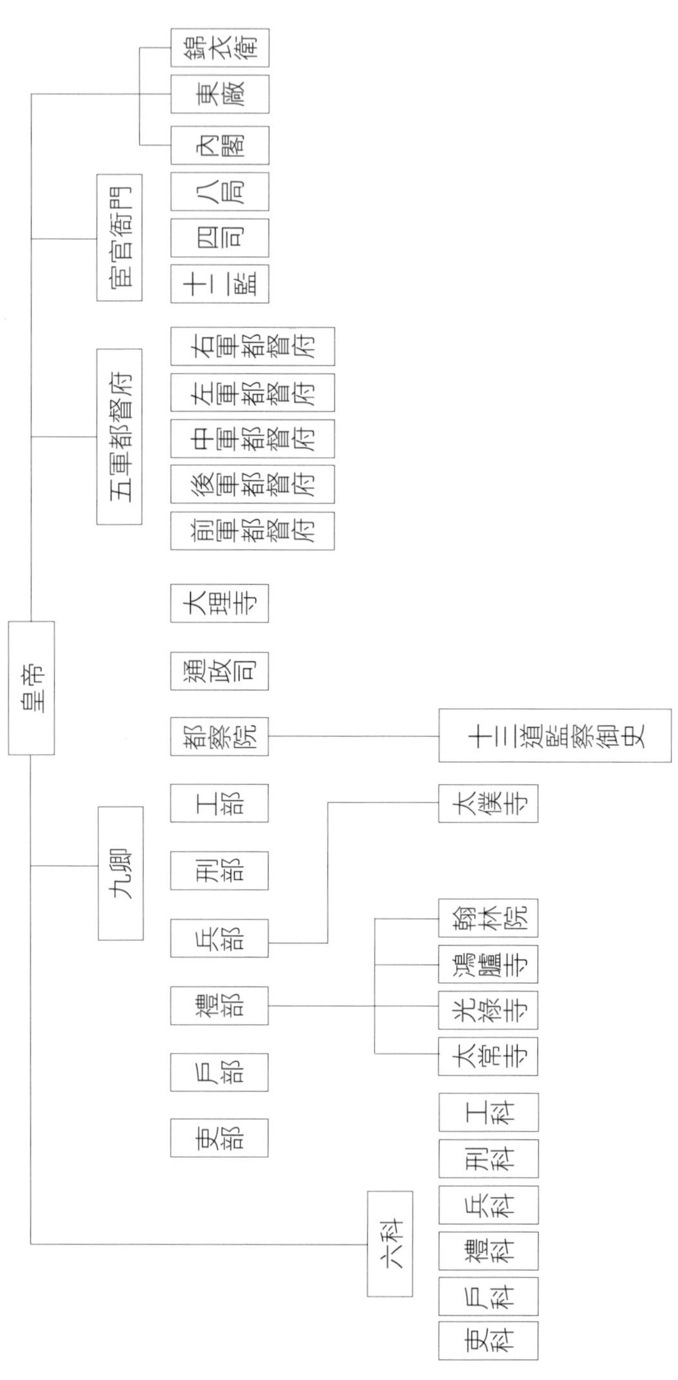

中央四　成化、弘治以後

皇帝
六科
吏科
戶科
禮科
兵科
刑科
工科
司禮監
內閣
九卿
吏部
戶部
禮部
兵部
刑部
工部
都察院
大理寺
通政司
太常寺
光祿寺
鴻臚寺
翰林院
太僕寺
十三道監察御史
五軍都督府
前軍都督府
後軍都督府
中軍都督府
左軍都督府
右軍都督府
宦官衙門
十二監
四司
八局
其他
東廠
錦衣衛

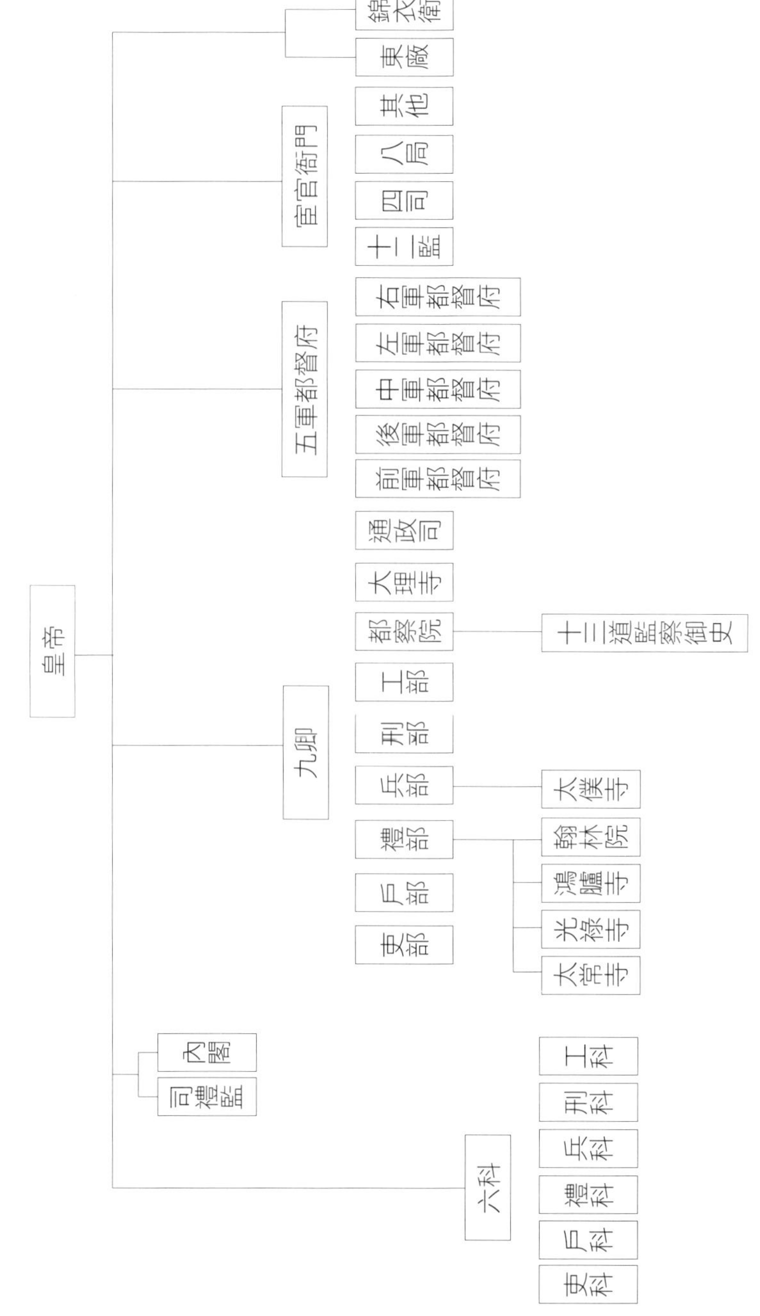

地方一　洪武時期

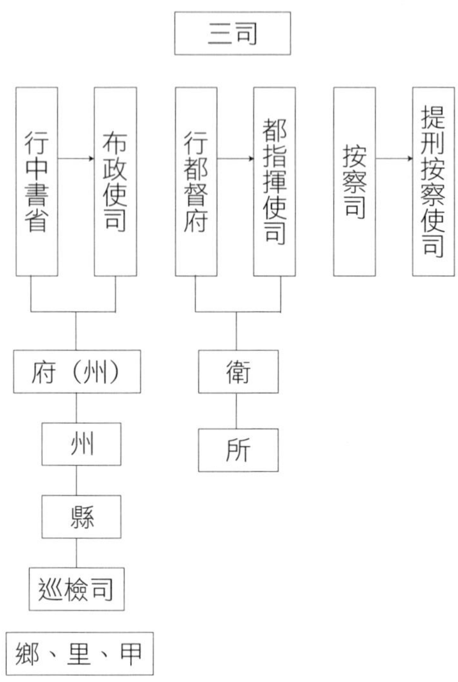

地方二　永樂以後

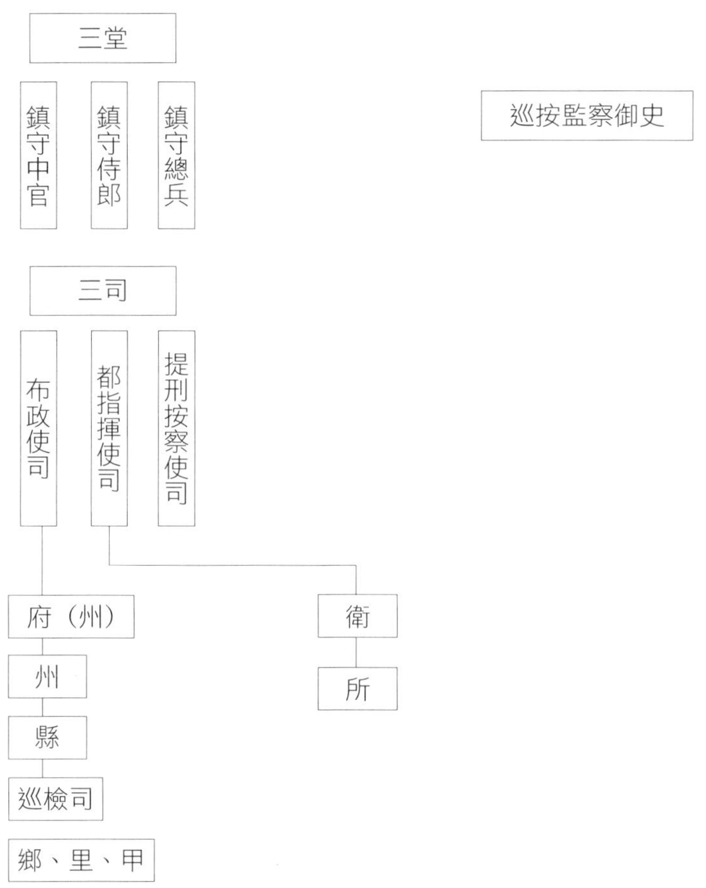

地方三　成化、弘治以後

三堂
鎮守中官
巡撫都御史
鎮守總兵
巡按監察御史
三司
布政使司
都指揮使司
提刑按察使司
分守道
分巡道
兵備道
府
州
縣
巡檢司
鄉、里、甲
衛
所

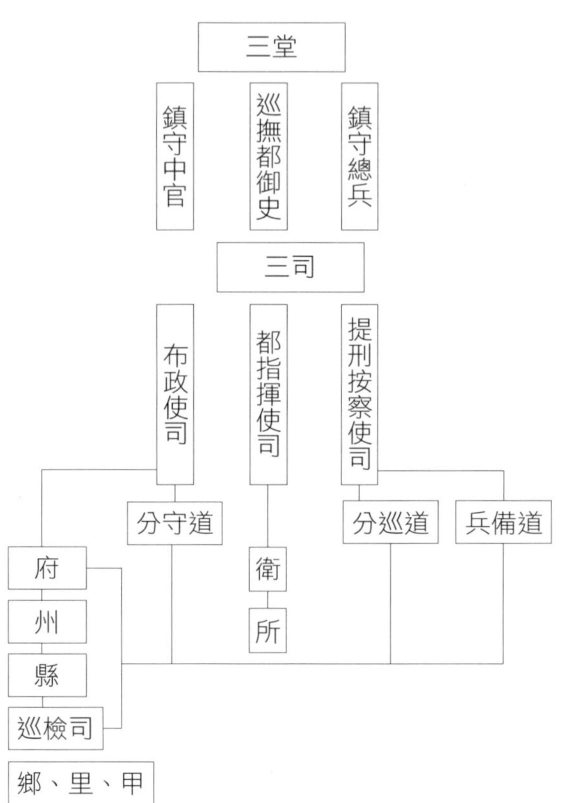

地方四　嘉靖以後

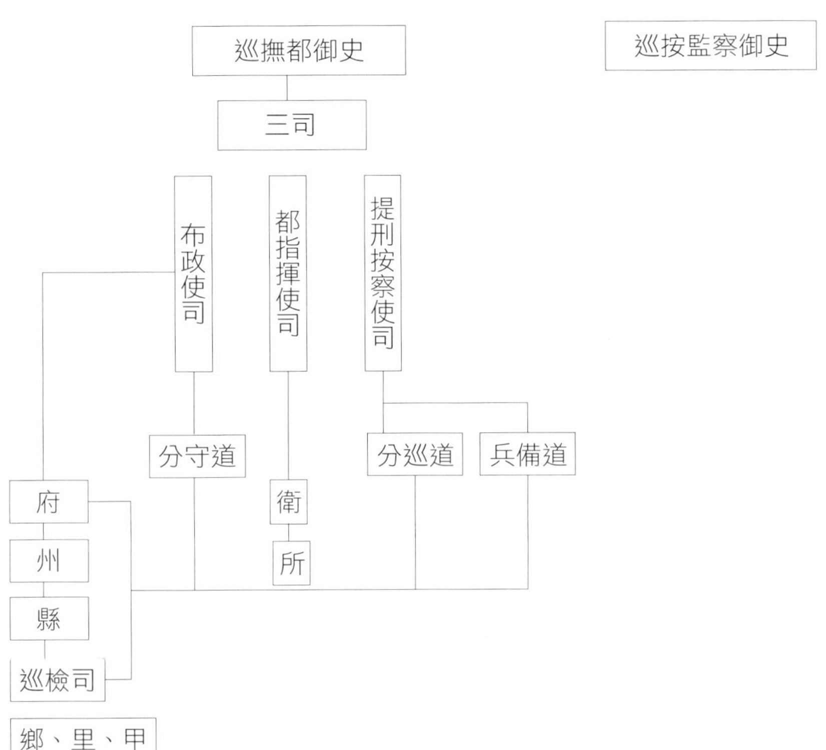

附錄二

明代中央官制簡表

區別	官稱	品秩	職掌	官屬與説明
宗人府	宗人令 左右宗正 左右宗人	正一品 同上 同上	掌皇九族之屬籍	洪武三年（公元 1370 年）置大宗正院，二十二年（公元 1389 年）更今名。正統三年（公元 1438 年）北京始建府治。有經歷一人，典出納文移。南京宗人府不置官，惟有經歷一人
三公	太師 太傅 太保	正一品 同上 同上	無職掌	明制無定員，無專授，或為加銜，或為贈官
三孤	少傅 少師 少保	從一品 同上 同上	同上	同上
東宮大臣	太子少師 太子少傅 太子少保	正二品 同上 同上	掌輔導太子	無定員，只為兼官、加官及贈官
	太子賓客	正三品	贊相禮儀，規誨過失	為尚書，侍郎加銜，間以祭酒、都給事中兼之
內閣	中極殿大學士 建極殿大學士 文華殿大學士 武英殿大學士 文淵閣大學士 東閣大學士	正五品 同上 同上 同上 同上 同上	掌勸善規過，票擬批答	有誥敕房，制敕房，均設中書舍人
六部	吏部 尚書 侍郎	正二品 正三品	掌官吏選授、封勛、考課	有司務廳及文選、驗封、稽勛、考功四清吏司，司各設郎中、員外郎、主事（各部同）

續表

<table>
<tr><th>區別</th><th colspan="2">官稱</th><th>品秩</th><th>職掌</th><th>官屬與説明</th></tr>
<tr><td rowspan="5">六部</td><td colspan="2">戶部 尚書
侍郎</td><td>正二品
正三品</td><td>掌戶口、田賦</td><td>初設四個屬部，即民部、度支部、金部、倉部，後改浙江等省十三清吏司，又有總督倉場一人，掌京通等處糧儲，萬曆間命右侍郎督遼餉，天啓間又增設督理錢法侍郎</td></tr>
<tr><td colspan="2">禮部 尚書
侍郎</td><td>正二品
正三品</td><td>掌禮儀、祭祀、宴享、貢舉</td><td>領儀制、祀祭、主客、精膳四清吏司外，又有教習附馬儀制主事，鑄印局大使、副使，教坊司奉鑾、左右韶舞、左右司樂</td></tr>
<tr><td colspan="2">兵部 尚書
侍郎</td><td>正二品
正三品</td><td>掌武衛官軍選授、簡練</td><td>領武選、職方、車駕、武庫四清吏司，並轄會同館、大通關</td></tr>
<tr><td colspan="2">刑部 尚書
侍郎</td><td>正二品
正三品</td><td>掌刑名及徒隸、勾覆、關禁</td><td>有十三省清吏司，領照磨所，司獄司</td></tr>
<tr><td colspan="2">工部 尚書
侍郎</td><td>正二品
正三品</td><td>掌百工、山澤</td><td>領營繕、虞衡、都水、屯田四清吏司及營繕所，文思院，皮作、鞍轡、寶源、顏料、軍器、雜造、抽分竹木諸局，節慎庫，織染所，柴炭司</td></tr>
<tr><td rowspan="12">南京六部</td><td rowspan="2">吏部</td><td>尚書</td><td>正二品</td><td rowspan="12">分掌六部之政</td><td rowspan="12">正統六年（公元 1441 年）定制，以北京為京師，留都南京仍設六部，亦有尚書等官，品秩同北京。南京六部，其組織較小，人數較少，弘治以後，侍郎惟設右職。此外南京尚有宗人府、都察院、通政使司、大理寺、詹事府、翰林院、國子監、太常寺、光祿寺、太僕寺、鴻臚寺、尚寶司、六科、行人司、欽天監、太醫院等機構，與六部共為中央機關之設於留都南京者</td></tr>
<tr><td>右侍郎</td><td>正三品</td></tr>
<tr><td rowspan="2">戶部</td><td>尚書</td><td>正二品</td></tr>
<tr><td>右侍郎</td><td>正三品</td></tr>
<tr><td rowspan="2">禮部</td><td>尚書</td><td>正二品</td></tr>
<tr><td>右侍郎</td><td>正三品</td></tr>
<tr><td rowspan="2">兵部</td><td>尚書</td><td>正二品</td></tr>
<tr><td>右侍郎</td><td>正三品</td></tr>
<tr><td rowspan="2">刑部</td><td>尚書</td><td>正二品</td></tr>
<tr><td>右侍郎</td><td>正三品</td></tr>
<tr><td rowspan="2">工部</td><td>尚書</td><td>正二品</td></tr>
<tr><td>右侍郎</td><td>正三品</td></tr>
</table>

續表

區別	官稱	品秩	職掌	官屬與說明
都察院	左右都御史 左右副都御史 左右僉都御史	正二品 正三品 正四品	掌糾劾百司，辨明冤枉	所屬有經歷司，司務廳，照磨所，司獄司，領十三道監察御史一百一十人
通政使司	通政使 左通政 謄黃右通改 左右參議	正三品 正四品 正四品 正五品	掌受內外章疏、敷奏、封駁之事	其屬有經歷司經歷、主事
詹事府	詹事 少詹事	正三品 正四品	掌統府、坊、局之政事，以輔導太子	有丞及主簿廳，領左右春坊
翰林院	學士 侍讀學士 侍講學士	正五品 從五品 從五品	掌制誥、史冊、文翰之事	有侍讀、侍講，五經博士，典籍，侍書，待詔，孔目，史官修撰，編修，檢討，庶吉士
五寺	大理寺 卿 左右少卿	正三品 正四品	掌審讞，平反刑獄	有左右寺丞、寺正、寺副、評事及司務廳
	太常寺 卿 少卿	正三品 正四品	掌祭祀禮樂	有少卿一人提督四夷館。其屬有丞，典簿，博士，協律郎，贊禮郎，司樂；領壇廟官、陵寢官、犧牲所、神樂觀
	光祿寺 卿 少卿	從三品 正五品	掌祭享、宴勞、酒醴、膳饈	有丞，典簿廳；領大官、珍饈、良醞、掌醢四署，及司牲司，司牧局，銀庫
	太僕寺 卿 少卿	從三品 正四品	掌牧馬之政，聽命於兵部	有丞，主簿廳，常盈庫；領各牧監，各群長。其在滁州者，為南京太僕寺。行太僕寺及苑馬寺亦掌馬政。前者掌各邊衛所、營堡之馬政；都聽命於兵部
	鴻臚寺 卿 左右少卿	正四品 從五品	掌朝會、賓客、吉凶儀禮	有左右寺丞，主簿廳；領司儀、司賓二署

續表

區別	官稱		品秩	職掌	官屬與說明
三監	國子監	祭酒 司業	從四品 正六品	掌訓導國學諸生	有繩愆廳，博士廳，典簿廳，典籍廳，掌饌廳
	欽天監	監正 監副	正五品 正六品	掌天文曆數	有主簿廳主簿，五官正，五官靈台郎，五官保章正，五官挈壺正，五官監候，五官司曆，五官司晨，漏刻博士
	上林苑監	左右監丞 左右監副	正五品 正六品	掌苑囿、畜牧、樹種	有左右監丞，典簿廳；領良牧、蕃育、林衡、嘉蔬四署
諸司院科	尚寶司	卿 少卿	正五品 從五品	掌寶璽、符牌、印章	有丞
	僧錄司	左右善世	正六品	掌有關佛教徒事務	下設闡教、講經、覺義等
	道錄司	左右正一	正六品	掌有關道教徒事務	下設演法、至靈、至義。道錄司之外又有龍虎山正一真人，法官，贊教，掌書，閣皁山、三茅山靈官，太和山提點
	行人司	司正 左右司副	正七品 從七品	掌捧節奉使之事	其屬有行人、左右行人。尋改行人為司正，左右行人為左右司副。南京惟置左司副一人
	太醫院	院使 院判	正五品 正六品	掌醫療之法	有御醫，吏目；領生藥庫，惠民藥局
	六科	都給事中	正七品	掌侍從規諫，稽察六部百司	分吏、戶、禮、兵、刑、工各科都給事中，下有左、右給事中，給事中
	中書科	中書舍人	從七品	掌書寫制誥、銀冊、鐵券	又有直文華殿東房、直武英殿西房、內閣誥敕房、制敕房諸中書舍人。品秩同中書舍人
在京軍府	五軍都督府	左右都督 都督同知 都督僉事	正一品 從一品 正二品	掌軍旅之事，各領其都司、衛所	中軍、左軍、右軍、前軍、後軍各置官如左。其屬各有經歷司
	京營	總督京營戎政 協理京營戎政		掌統五軍、神機、神樞三大營	每營各有副將、參將、遊擊、佐擊、坐營、號頭、中軍、千總、把總等官

續表

區別	官稱		品秩	職掌	官屬與說明
在京軍府	京衛	指揮使 指揮同知 指揮僉事	正三品 從三品 正四品	掌番上宿衛以護宮禁	各衛均設鎮撫司，經歷司；領千戶所多寡不等。京衛可分三個部分：(1) 上直二十六衛：其中錦衣衛掌侍衛、緝捕、刑獄之事；旗手衛掌大駕金鼓、旗纛，帥力士隨駕宿衛；府軍前衛掌統領幼軍，輪番帶刀侍衛；金吾前衛、後衛，羽林左衛、右衛、前衛，府軍衛，府軍左衛、右衛、後衛、虎賁左衛，金吾左衛、右衛，燕山左衛、右衛、前衛，大興左衛，濟陽衛，濟州衛，通州衛，共十九衛，掌守衛巡警；騰驤左右衛與武驤左右衛掌帥力士直駕、隨駕。(2) 五軍都督府所屬三十三衛。(3) 非親軍又不隸都督府者有十五衛，其中三衛係工匠，屬工部，餘者為護陵諸衛。京衛又置武學，有教授、訓導，掌教各衛幼官及應襲舍人與武生，以待科舉
南京軍府	南京守備府	守備		掌南都一切留守防護之事	有協同守備及參贊機務
	南京五軍都督府	左右都督 都督同知 都督僉事 (不全設)	正一品 從一品 正二品	分掌南京衛所	五軍各有經歷司
	南京衛指揮使司	指揮使	正三品	分屬南京五軍都督府	南京衛共四十九，設官如京衛
宦官二十四衙門	司禮監	提督太監 掌印太監 秉筆太監		掌皇城內儀禮刑名 掌理內外章奏 掌章奏文書，照閣票批硃	左列各監合稱十二監。司禮監所屬有文書房，內書堂，禮儀房，中書房，御前作，東廠；又南京正副守備太監，為司禮監外差，轄南京內府二十四衙門、孝陵神宮監等官
	內官監	掌印太監		掌工作	
	御用監	掌印太監		掌御前造辦	

續表

區別	官稱		品秩	職掌	官屬與說明
宦官二十四衙門	司設監	掌印太監		掌鹵簿帷幕	
	御馬監	掌印太監 監督太監 提督太監		掌騰驤四衛	
	神宮監	掌印太監		掌神廟灑掃	
	尚膳監	掌印太監		掌食用筵宴	
	尚寶監	掌印太監		掌寶璽敕符	
	印綬監	掌印太監		掌鐵券誥敕	
	直殿監	掌印太監		掌各殿掃除	
	尚衣監	掌印太監		掌御用冠服	
	都知監	掌印太監		掌前導警蹕	
	惜薪司	掌印太監		掌所用薪炭之事	合稱四司
	鐘鼓司	掌印太監		掌出朝鐘鼓及諸雜戲	
	寶鈔司	掌印太監		掌造粗細草紙	
	混堂司	掌印太監		掌沐浴之事	
	兵杖局	掌印太監		掌製造軍器	合稱八司。惟浣衣局不在皇城內。此外內府所屬尚有內府供用庫，司鑰庫，內承運庫，靈台，御酒房，牲口房，彈子房，刻漏房，更鼓房，甜食房，絛作，草場，十庫，漢經廠，番經廠，道經廠，南海子，林衡署，蕃毓署，嘉蔬署，良牧署，織染所，盔甲廠，安民廠，西山陵墳，京城內外寺廟，安樂堂，淨樂堂，內安樂堂，御藥房，御膳房，篦頭房，猫兒房，寶和等店
	銀作局	掌印太監		掌打造金銀器飾	
	浣衣局	掌印太監		凡宮人年老及罷退者發此居作	
	巾帽局	掌印太監		掌宮內使帽靴	
	針工局	掌印太監		掌造宮內衣服	
	內織染局	掌印太監		掌染造御用及宮內用緞匹	
	酒醋麪局	掌印太監		掌宮內食用酒醋糖漿麪豆諸物	
	司苑局	掌印太監		掌蔬菜瓜果	

續表

區別	官稱		品秩	職掌	官屬與說明
內官	尚宮局	尚宮	正五品	掌引導中宮	領司記，司言，司簿，司闈四司
	尚儀局	尚儀	正五品	掌禮儀起居事	領司籍，司樂，司賓，司贊四司；又有彤史
	尚服局	尚服	正五品	掌供服用采章之數	領司寶，司衣，司飾，司仗四司
	尚食局	尚食	正五品	掌膳饈品齊之數	領司膳，司醞，司藥，司饎四司
	尚寢局	尚寢	正五品	掌皇帝之宴寢	領司設，司輿，司苑，司燈四司
	尚功局	尚功	正五品	掌督女紅之程課	領司製，司珍，司綵，司計四司
	宮正司	宮正	正五品	掌糾察宮闈	有司正，典正，女史
	六局一司為洪武五年（公元 1372 年）所定，六局各鑄印給之。永樂後，職盡移於宦官，其宮官所存惟尚服局所屬的司宗、司衣、司飾、司仗四司而已				

初版後記

感謝王天有、商傳二位教授的推薦，感謝華夏英才基金的立項，使我能夠就自己三十年來對明代國家權力問題的思考作個小結。

1977 年高考的恢復，使我們這批所謂的「老三屆」有了重新回到課堂的機會。在當時，學什麼專業、進什麼學校，並不是十分重要的事情（儘管後來的事實證明還是很重要），重要的是可以上學。1979 年 9 月，憑着年輕人不安於現狀的鋭氣，我在讀了一年大學專科之後，考入江西師範學院（今江西師範大學）歷史系，從先師歐陽琛教授伯瑜先生，攻讀中國古代史專業明清史方向研究生。平心而論，當時只有一張初中畢業證書（即使這張證書也已經作廢，因為上面的照片被揭下來貼在了當年的招工表上）的我並不知道歷史研究是何物，也不知研究生該怎樣讀。而一年「大專」的經歷，也主要是在自學外語，準備應付研究生的入學考試。至於此後的研究方向，或者説靠什麼在學術界安身立命，根本沒有想過。入學後，先師進行的第一輪教誨便是「板凳要坐十年冷」，「可以有年輕的藝術家、科學家，但不要指望有年輕的歷史學家」。給的任務則是讀書，從《明通鑒》開始，然後是《明史》《清史稿》《明會典》《清會典》。同時開具的書目還有《馬克思恩格斯選集》，特別是第四卷中馬、恩關於歷史唯物主義的通信。這些書都要求「倒本讀」，做讀書筆記、摘錄卡片。先生一個星期檢查一次。一年下來，筆記作了好幾本，卡片也摘了近萬張，滿腦子是明清時期的人物、明清時期的政治、明清時期的制度。因此第二年開始寫畢業論文，自然也是政治，是制度。當然，要寫就要寫主要的，核心的，具有全局性的，於是選擇了明代內閣。仍然是老辦法，像過去倒本讀《明史》《清史稿》一樣，倒本讀《明實錄》。

説起來很有意思，正如我在本書《導論》中所説的那樣：「隨着學術的推進和時勢的發展，某些歷史問題往往會在一個特定的時期同時引起眾多學者的關注。」在我選擇內閣作為畢業論文題不久，天津召開了明清史國際學術會。從後來出版的論文集看，至少有兩篇關於明代內閣的文章提交到了大會。一篇是武漢大學關文發先生的《試論明朝內閣制度的形成和發展》，另一篇是華東師範大學李天祐先生的《明代的內閣》。從學術背景看，關、李二先生都是前輩學者。但事隔多年後突發奇想，僅就明代國家制度的研究而言，大家其實都處於起步階段。導致我產生這一想法的原因有兩個。其一，經過三年的「社教」和十年的「文化大革命」，大陸學術從總體上説基本中斷。如果不是一直在思考學術問題，1963 年和 1979 年的起點差不了多少。其間的差別，是學術背景。其二，大凡研究明代內閣，一般應該是一個學者研究明代國家制度的開端。任何一個「科班」的或「正統」的明代史研究者，沒有不首先關注政治及制度的；關注明代政治及制度，首先必然是內閣。在尚未見到相關的成熟學術成果前，將其作為研究對象便是符合邏輯的選擇。隨着學術的推進，在杜乃濟《明代內閣制度》(台灣商務印書館 1967 年版，但 80 年代初大陸看不到）的基礎上，在大陸學者研究內閣的基礎上，王其矩的《明代內閣制度史》1989 年由中華書局出版，譚天星的《明代內閣政治》1996 年由中國社會科學出版社出版。除非是發現了新的帶有顛覆性的材料，明智的學者是不會回過頭來研究內閣的。

1981 年春節前，先師已經得到了關、李二先生的大會論文稿，但並沒有給我看，而是要求我在不受外界干擾的情況下，按自己的思路繼續完成論文。這和今天的論文寫作先釐清「學術史」不同。因為在先師看來，撰寫畢業論文的目的不是為着發表而是為着訓練，為着訓練純粹的「讀書得間」「論從史出」的獨立研究能力。春節後，論文初稿寫完，先師出示那兩篇論文，讓我自己進行比較。最大的發現是，關文的材料依據主要是《明通鑑》，李文的材料依據主要是《明史》，而我的畢業論文主要材料依據是《明實錄》，於是有了信心。但先師告誡：會議論文大多是急就篇，不能體現學者的真實研究水平，這與研究生畢業論文可以花一兩年的時間收集資料、反覆打磨並有導師指導和修改不同。

應該說，研究明代內閣是我從事明代史研究特別是從事明代國家問題研究的起點。而在研究內閣的過程中，僅《明史・職官志》的一句話，「內閣之票擬，不得不決於內監之批紅」，便會將研究者帶向內監特別是司禮監，接着便是內府和外廷的關係。這是橫向問題。而縱向，自然是巡撫、巡按、司道、府縣、里甲。這是我當時準備系統研究明代國家權力問題的基本思路，也是本書的基本結構。

但在隨後的時間裏，我並沒有真正沿着這條路走太遠。

其一是沒有必要。因為不久即發現，有不少學者也在走同一條路。大家在路上碰上了，於是各走一段，形成了沒有計劃卻有默契的分工合作、羣體研究。有研究巡按御史的，有研究兵備道的，有研究州縣的，有研究里甲基層的，也有研究宦官的。而且每一段路都有不少學者在走。比如在研究巡撫的路上就遇上了老朋友羅東陽、王躍生、劉秀生，還有張哲郎老師、關文發老師等；在研究宦官的路上，則遇上了新朋友梁紹傑、冷東、田澍等，而且王春瑜、杜婉言先生早就在路上等着。一旦踏上州縣及基層的路，則有更多的朋友，趙世瑜、柏樺、唐力行、常建華、陳支平、鄭振滿、陳春聲、劉志偉、周紹泉、欒成顯、梁洪生、曹國慶、陳寶良、卜利等，已在前面揮手，有的甚至接近地平線了。所以，現在的這個著作雖然主要是我個人的研究心得，但也充分借鑒了這些新老朋友的成果。

其二是我在專業「背景」方面補了一些課，讀了一批明人的文集、筆記，以及清人研究明代史的著作；也讀了一批專史如政治史、法律史、經濟史、史學史等方面的著作，以及漸次進入大陸的港台、日本及西方學者的歷史學、社會學、人類學等方面的著作。給歷史系本科生開中國古代史及明清史課，是另外一種補課。因為在備課的過程中，需要在「通史」和「專史」的兩個方面強化基礎。更為集中的補課則是到南開大學明清史研究室進修，師從鄭克晟教授，專攻明史。同時得到劉澤華、馮爾康、南炳文、謝代剛諸先生及時任南開大學校長的滕維藻先生（儘管沒有謀過面）和先師早年的一個學生劉仁智先生的幫助。在「補課」的過程中，學術興趣也發生了某些轉移。

回想起來，先師一手促成我去南開進修（當時屬「計劃外」），或許也是在實現他自己的一個夙願。先師當年在西南聯大讀研究生，導師是邵循正先生，畢業論文的答辯主席則是鄭天挺先生。先師對鄭老先生心儀久之，隨着鄭老先生東赴南開，先師的情結也轉到了南開。

伯瑜先生和克晟先生都是根柢深厚的傳統型學者，講究勤讀史料，講究讀書得間，治學方法則是在讀書的過程中摘錄卡片、寫讀書札記，當積累到一定心得時，才動手撰寫論文。所以，他們的論文都不是為了發表「寫」出來的，而是通過讀書「悟」出來的。但到了我們這一輩人，情況發生變化，職稱評定、年度考核，文章大多是被「逼」出來的。數量可能不少，但真正經得起檢驗、經得起「把玩」的卻不多。所幸多年來受二位先生「悟」功的影響，在被「逼」的同時也一直在「悟」。後來寫巡撫、寫御馬監、寫鎮守中官、寫知識宦官、寫江右商與江西訟風、寫傳奉官與成化時代，也自認為「悟」的成分比「逼」的成分更多些。而且，隨着中國學術的向縱深發展，「悟」的成分自信也越來越多。故最近在接受一家學術報紙的記者採訪時，我斗膽說了一句：「越是近期發表的作品，感覺越是好些。」因為中國學術在進步，自己也應該有所進步。

在我的學習歷程中，谷霽光先生對我的影響是巨大的。谷老是具有博大氣度的學者，得以在他人生的最後幾年時間裏時時過從、聽取教誨，是我一生中的幸事。谷老關於「廣博」「專精」「融通」相結合的學術理念，關於從生產生活、從時局大勢、從人物活動、從偶然因素綜合分析歷史發展進程、揭示政治走向、理解古人行為的思維方式，對我來說可謂受用無窮。也使我對歷史唯物主義和辯證唯物主義、對黑格爾關於「存在即合理」的命題有了更深刻的認識。

在揚州大學師從王小盾教授讀中國古代文學的博士研究生，曾被同行朋友戲稱為「自墜身份」。因為王小盾教授是我大學的同班同學而非前輩學者，揚州大學又並非「名校」，我自己也已經是「教授」。但在我們這一個年齡段的學者中，乃至在至今還在職的學者中，綜括文、史、哲三大傳統學科，王小盾教授所達到的學術層次和學術境界，我不作第二人觀（至少在大陸學界如此）。否則，就是我孤陋寡聞。三年揚州並非夢，它既讓我扎扎實實地讀了一批書，同時也儘可能地嘗試像小盾師那樣，從大文化的視野和多學科的角度去思考歷史問題。因為歷史本身就是多層面的、紛繁複雜的。

猶如歷史的進程一樣，人生的道路也往往由一些偶然因素所決定（當然不排除其中的必然性）。如果不是「文化大革命」和「唯成分論」，我一直相信自己應該研究數學或天文學。而明代史研究者的行列中有我，很大程度上是出於杜婉言老師和汪聖鐸老師的「挽留」。20 世紀 80 年代大學教師的日子是拮据的，收入低、住房緊、壓力大。為了解決家庭的生計問題，我從 1981 年底即研究生剛畢業時就開始在「電大」兼課，並在當地的成人學員中闖下了比較響亮的名頭。後來，這些學員中的不少人考了律師證，成了律師，經濟收入可觀。在他們的鼓動下，我也準備參加考試，改行幹律師。如果成功（當然沒有不成功的道理，因為迄今為止，凡是參加過的考試，還沒有不成功的先例，這大概也是我至今「狂」性不改的重要原因），至少當地會有一位名律師出現。但就在準備考試的那一年，1987 年，我同時給《中國史研究》和《文史》投了稿，不久即收到用稿通知。後來知道，是杜婉言老師和汪聖鐸老師代表各自「編輯部」給我寫了修改意見。這兩篇稿子的題目是《明代的巡撫制度》和《論明代內閣制度的形成》（1981 年畢業論文的修改稿），分別發表在《中國史研究》1988 年第 3 期和《文史》第 33 輯。這兩篇論文可以說是我研究明代國家制度的基礎。而在當時的地方院校，初出道的學者沒有人推薦能在這裏發表文章是難以想像的事情。所以當時就有朋友打聽：你在那兩個地方有熟人？但杜老師和汪老師我當時並不認識，也沒有任何人打招呼。由於有他們代表這兩個刊物的挽留，於是我死心塌地搞歷史，轉眼又是二十年。如果在今後的人生中不發生戲劇性變化，此生可能也不會改行做其他事情了。

現在呈獻給讀者的這部著作，對於動態地揭示明代國家權力的內部結構和運行法則，對於客觀地認識中國古代社會國家制度的一些本質特徵，我認為是有貢獻的。也算是對自己的一個交代。但我自己對它並不滿意。

倒不是說書中討論的有些問題還沒有搞透，事實上我們所做的事情只是在接近歷史真相而不可能窮極真相。而是因為涉及的面太寬，需要關照的問題太多，而大凡「課題」，又都有時限，這就造成「悟」得不夠通達透徹，綜合分析及文化層面的揭示更顯不足。

我曾經承諾過一家出版社的朋友，爭取寫出一本自己「悟」出來的、學究氣息少些、啟示性多些，因而可能受到讀者更多歡迎的歷史著作。我想，我會實踐這個承諾的。

在本書寫作及最後校稿過程中，謝宏維博士及汪紅亮、陳剛俊二君付出了辛勤的勞動，在此謹致謝意。

方志遠

2008 年春節

江西師大北區寓所

再版後記

《明代國家權力結構及運行機制》在 2008 年出版之後，得到不少朋友的鼓勵，我也自認為它對明代國家制度、權力結構及運行機制的研究做出了一定貢獻。當然，也有諸多不滿意處，所以一度希望能夠通過「修訂」以後再版，彌補其中的一些遺憾。剛一着手，便打消了這個念頭，原因有三：

第一，本書是對明代國家制度和權力結構的整體性研究和描述，而不是對某個環節的專題討論，如果修訂，工程浩大，而且未必能夠修補得更好。

第二，本書代表我當年的認知水平，其中不少內容是和同行學者討論的成果，如果修訂，場景便發生了變化，對自己、對他人都是不負責任。

第三，進入本世紀後，我的學術研究的旨趣和方法發生了一些變化，更多地站在社會進程的角度思考明朝、思考明代的問題，這些思考，集中在幾篇論文之中。這些論文被有些朋友稱為「新政治史」研究，正在考慮一些朋友的建議，打算編成一個集子，以《走進明朝：從嚴峻冷酷到自由放任》的書名出版，以彌補本書的某些缺憾。從這個角度看，《走進明朝》實為續篇。回過頭來再度審視明朝國家制度和權力結構，認為即使在今日，本書的整體認識仍然是到位的，所以，最終放棄了「修訂」的打算，只是對明顯的錯字、誤用的標點及個別文獻進行了修正。

學生俞翊、施睿哲、汪浩東等在校讀的過程中，付出了艱辛的勞動，發現多處過去「抄卡片」時留下的問題。

在沒有電腦、沒有網絡、沒有數據庫的時代，所有歷史學者的資料和信息，幾乎都是通過查找紙質文獻、抄錄卡片積累的。這種方法一直延續到 1990 年代中期。後來雖然用了電腦，電腦仍然是作為輸入資料和寫作的工具，就像那個時候手機只是用來通話一樣。本書的大部分資料，就是這樣積累起來的。抄錄卡片時，只會註明作者、書名、卷帙及細目，編年史則標明年、月、日，這在當年已經是十分規範了。隨着「和國際接軌」、隨着學術的「規範化」，大概從 2005、2006 年開始，一些刊物開始要求論文的註釋精確到文獻的頁碼，極大程度消除引用文獻的錯誤，但對著作，當時還沒有這種要求。這次再版本書，本想補上頁碼，但因工作量太大而放棄。所以，儘管責任編輯和校對投入了大量的勞動，恐怕還是無法完全消除錯誤，不能不說是一個遺憾。但坦率地說，要求對所有古籍標註頁碼，我還是有一些牴觸。同時也認為，人文社會科學著作在這方面留下個別無妨大旨的缺憾、留下少許不影響整體品質的錯誤，也沒有什麼不好。突發奇想，留下少許錯誤，還便於發現個別轉引文獻不註明來源的作者。因為你的引文錯了，他也跟着錯，從我的論文和著作中犯這種轉引錯誤的，不小心發現了兩三起。從另外一個角度說，史料頁碼標得如此明白，是否也為轉引史料提供了方便？

遺憾的是，當年向華夏英才基金推薦本書的王天有、商傳二位教授，已先後駕鶴仙去。本書的再版，也是對他們的懷念。

方志遠

2023 年 2 月 18 日

廣東惠州富力灣寓所